조리원리

강경심 · 윤재영 · 이진미 · 최영진 · 최은정

창지사

머리말

모든 식품은 섭취하기 위해 식품 재료의 특성에 따라 다양한 처리 과정을 거치게 되며 이러한 과정을 조리라고 한다. 조리는 식품 본연이 가지고 있는 맛과 영양적인 가치를 높이고, 소화 · 흡수가 잘 되게 함으로써 인체의 건강을 도모하는 과정이라고 할 수 있다. 식품의 다양한 특성을 이용하여 더 과학적이고 합리적인 조리를 하기 위해서는 식품의 물리적인 성질과 조리에 사용되는 물과 열의 역할 등 조리 시 일어나는 변화 등에 대해 논의할 필요가 있다.

이 책은 총 15개의 챕터로 이루어져 있으며 조리원리의 기본 이론을 체계적으로 학습한 다음 식품 재료로 사용되는 곡류, 밀가루, 당류, 서류, 두류, 채소류, 과일류, 수조육류, 어패류, 난류, 우유 및 유제품류, 해조류 및 버섯류, 유지류 등의 종류와 특성을 알아볼 수 있도록 구성하였다. 또한, 각각의 식재료마다 이루고 있는 구조 및 구성성분, 조리 특성과 조리 특성에 따른 효율적인 이용 방법을 다룸으로써 조리 및 식품 관련 분야를 전공하는 학생들이 식품의 성분과 조리원리를 이해하는 데 도움이 될 수 있도록 구성하였다.

특히 조리과정에서 일어나는 식품의 물리적, 화학적 변화를 이해하기 쉽도록 하기 위해 상세한 설명과 함께 그림으로 표현하였으며, 관련 팁과 최신의 정보를 제공함으로써 본 교재에 제시된 조리원리를 실생활과 실무현장에 보다 쉽게 적용할 수 있도록 구성하였다.

조리나 식품 관련 전공자에게 조리원리에 대한 지식은 식품 재료를 이용하여 보다 나은 조리법 개발과 식품 관리를 하기 위한 필수적인 요소라고 할 수 있다. 본 교재를 통해 전공자들의 지식과 역량이 향상됨으로써 관련 분야의 전공 이수와 나아가 실무에서도 활용될 수 있는 필독서가 되었으면 하는 바람을 가져 본다.

그간 이 책이 나올 수 있도록 많은 배려와 지원을 해 주신 창지사의 김기섭 사장님을 비롯한 편집부 여러분과 더운 여름 바쁜 일정 속에서도 원고 마감일을 지켜 가며 함께 해 주신 집필진들께도 감사의 인사를 드린다.

2018년 8월

저자일동

목차

Chapter 01

조리원리의 기본 개념

모든 식품은 섭취하기 위해 식품 재료의 특성에 따라 다양한 처리 과정을 거치게 된다. 식품 재료가 이런 과정을 거쳤을 때 식품(食品)이라고 하며, 이런 처리 과정을 조리라고 한다.

1. 조리의 정의 및 목적

1) 조리의 정의

> **식품**
>
> 어느 정도의 조리와 가공을 거쳐 먹을 수 있는 조건을 가진 것

> **식품 재료**
>
> 식품으로서 섭취할 수 있는 조건을 가지고 있지만 조리나 가공을 하지 않은 것

조리는 식품 재료(food material)에 물리적 · 화학적 조작을 하여 식품 재료의 기능을 최대한 살리고 영양 공급 효과를 높임으로써 먹기 좋은 상태의 음식물로 만드는 과정이다. 넓은 의미의 조리는 식사 계획에서부터 식품 재료를 준비하고 조리하는 조작 등을 통해 식탁을 구성하는 모든 과정을 의미한다.

2) 조리의 목적

식품은 조리 과정을 거쳐 기능이 증진된다. 조리는 식품 본연이 가지고 있는 맛과 영양적인 가치를 높이고, 소화 · 흡수가 잘 되게 함으로써 인체의 건강을 도모하는 과정이다.

(1) 식품 위생의 향상과 영양 효율 증진

식품은 세척과 물리적 조작, 가열처리 등의 조리 과정을 통해 유해 물질이 제거되면서 식품의 위생적인 안정성이 향상되고, 소화 · 흡수되기 쉬운 상태로 변화하며, 영양소의 파괴가 최소화됨으로써 영양 효율이 증진된다.

(2) 식품의 기호성 증진 및 경제적 가치 향상

식품은 조리 과정을 거치면서 색, 맛, 냄새, 온도, 식감 등이 향상되고, 다양한 식재료와의 조화, 적절한 조리 방법의 적용, 용기 담기 등을 통해 식품 자체의 가치를 향상시킬 수 있다.

(3) 식품의 운반 및 저장성 향상

식품은 건조, 살균, 데치기, 삶기, 소금절임, 훈연, 냉동 등의 조리 과정을 통해 식품의 부피를 감소시킬 수 있다. 또한 이러한 처리 과정에서 효소 불활성화, 성분 변화가 방지되어 운반이 편리해지고 저장성이 향상된다.

2. 조리 원리의 기초

조리는 식품의 다양한 특성을 이용하여 더 맛있고 위생적이면서 저장성을 증진하기 위해 거치는 과정이라고 할 수 있다. 더 과학적이고 합리적인 조리를 위해 식품의 물리적인 성질과 조리에 사용되는 물의 역할, 조리에서 열이 가해질 때 일어나는 변화 등을 구체화할 필요가 있다.

1) 식품의 물성

조리에 적용되는 식품의 대표적인 물리적 성질은 점성과 콜로이드성, 거품과 표면장력, 유화 등이 있다.

(1) 점성(viscosity)

점성은 외부에서 힘을 가할 때 흘러가는 정도, 즉 유체의 흐름에 대한 저항을 말하며, 점성이 크면 용액의 흐름이 둔하여 유동성이 떨어진다. 점성은 용매와 용질의 종류, 온도와 압력, 용질의 분자량, 첨가물질에 따라 달라지며, 온도가 높으면 점성이 감소하고 압력이 높으면 점성이 증가한다. 동일한 농도에서 용질의 분자량이 클수록 점도는 증가한다. 조리에 점성을 이용한 것은 잼, 조청, 물엿, 소스 등이다.

(2) 콜로이드(colloid)

콜로이드란 우유, 사골국 등과 같이 가늘고 작은 입자가 균일하게 분산되어 있는 상태를 말한다. 콜로이드 용액은 분산질이 브라운 운동을 하여 입자 간 동일한 전하를 띠고 서로 반발하여 분산된 상태가 된다. 이 중 분산매가 액상이고 분산상이 고체 또는 액체, 즉 곰국과 같이 액체에 콜로이드입자가 분산되어 흐를 수 있는 상태를 졸(sol)이라 하며, 달걀, 우유, 두유 등이 있다. 졸은 온도가 높을수록, 농도가 낮을수록 잘 흐른다. 이러한 졸의 상태가 여러 요인에 의하여 분산상끼리의 인력에 의해 3차원의 망상구조를 만들어 내는데, 그 망상구조(net structure)에 물 분자가 포함된 반고체 상태를 겔(gel)이라고 한다. 졸 상태의 식품으로 푸딩, 커스터드, 달걀찜, 양갱, 두부, 치즈, 묵 등이 있다.

브라운 운동(brownian motion)

액체 혹은 기체 안에 떠서 움직이는 작은 입자의 불규칙한 운동. 물에 떠 있는 꽃가루의 운동, 냄새의 확산현상 등

젤라틴이나 한천은 다량의 물을 함유한 채 분산상이 서로 접촉하여 망상구조를 만들어 겔 상태를 형성한 것이며, 이를 가열하면 망상조직이 파괴되어 다시 졸이 되고, 냉각시키면 다시 겔이 되는데 이러한 성질을 가역성이라 한다. 족편과 생선조림 국물, 곰국 국물 등은 식으면 굳어져 겔이 되지만 가열하면 졸이 된다. 반면 푸딩이나 달걀찜과 같이 가열해도 졸의 상태로 되돌아가지 않는 성질을 비가역성이라 한다.

(3) 거품(foam)과 표면장력

액체에 기체가 분산되어 있는 형태가 거품이며, 액체 또는 고체인 콜로이드 용액이 분산매이고, 기체가 분산질이다. 거품의 안

표면장력(surface tension)

액체의 자유표면에서 표면을 작게 하려고 작용하는 힘

정성은 액체의 표면장력에 영향을 받으며 표면장력이 크면 거품이 잘 생기지 않아도 안정성이 크지만, 표면장력이 작으면 거품이 쉽게 생기나 안정성이 적어 쉽게 꺼진다. 빵이나 케이크를 구울 때 거품 속 공기에 의해 다공성의 텍스처가 형성되고 부피가 증가된다.

(4) 유화(emulsion)

계면장력(interfacial tension)

물질이 가지는 세 가지 상태 중 서로 다른 두 가지 상태의 물질이 만났을 때, 경계면의 넓이를 감소시키려고 하는 일반적인 힘

유화는 유화제를 이용하여 서로 섞이지 않는 두 가지 액체 물질인 극성 물질(친수성 물질)과 비극성 물질(소수성 물질) 간의 계면장력을 낮춤으로써 두 물질이 잘 혼합되어 있는 상태를 말한다.

유화액은 분산매와 분산질의 종류에 따라 기름이 미세한 입자 상태(분산질)로 물(분산매)에 존재하는 것을 수중유적형(oil in water emulsion, O/W)이라고 하며 마요네즈, 크림, 아이스크림, 그레이비 등이 해당한다. 물이 분산질이고 기름이 분산매로 존재하는 것을 유중수적형(water in oil emulsion, W/O)이라고 하며, 식품의 예로 버터, 마가린, 쇼트닝 등이 있다.

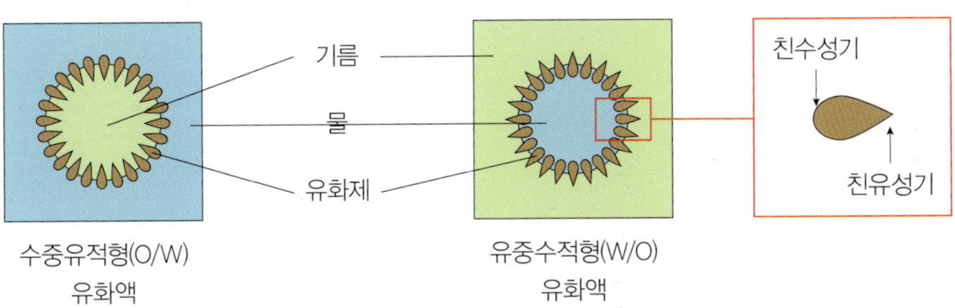

[그림 1-1] 유화액의 구조

2) 조리와 물

적절한 조리를 위해 가장 많이 사용되는 성분은 물이다. 조리에 영향을 주는 물의 요소로는 식품 속 물의 형태, 물의 기능, 조리 시 물의 분산 형태 등이 있다.

(1) 식품 속 물의 형태

① 자유수와 결합수

식품 속의 물은 두 가지의 형태로 존재한다. 물이 단백질, 탄수화물, 지질 등의 용질과 결합되어 있을 때 결합수라고 하며, 물이 이들과 분리되어 나올 때 자유수라고 한다. 분리되어 나온 자유수는 효소나 미생물이 이용할 수가 있어 변패할 수 있는 반면, 결합수는 미생물이 잘 이용하지 못한다.

식품은 수분 함량을 낮추어야 미생물의 번식을 억제할 수 있으며, 수분활성도(Water Activity: aw)를 낮추기 위한 방법으로 동결, 건조, 염장, 당장 등의 저장법을 사용하게 된다.

〈표 1-1〉 자유수와 결합수의 차이점

구분	자유수	결합수
형태	식품 내 단순한 물로 존재	식품의 구성 물질과 결합
용매작용	수용성 성분 용해	작용하지 못함
동결	0℃ 이하에서 동결	0℃ 이하에서 동결되지 않음
미생물	번식과 발아에 이용	번식과 발아에 이용되지 못함
탈수	압착 시 제거 가능	큰 압력을 가해도 제거되지 않음
밀도	물과 동일	물보다 큼

② 식품의 수분활성도와 저장

수분활성도는 미생물이 이용 가능한 자유수를 나타내는 지표이기도 하다. 순수한 물은 식품 성분과 결합되어 있지 않으므로 수분활성도(aw)가 1이며, 식품 중의 수분활성도는 탄수화물, 단백질, 지질 등의 용질이 녹아 있으므로 수분활성도가 1보다 작다. 용질의 농도가 높을수록 수분활성도는 낮아진다.

대부분의 세균은 수분활성도가 0.9 이상일 때만 세균 번식이 가능하고, 곰팡이는 0.6 정도에서도 생육이 가능하다. 따라서 수분활성도를 0.6 미만으로 낮추면 미생물이 성장, 번식하기 어렵게 된다. 수분활성도를 낮춘 저장 방법으로 냉동법, 건조법, 당장법, 염장법 등이 있다.

〈표 1-2〉 **주요 식품의 수분 함량과 수분활성도(aw)**

식품명	수분 함량(%)	수분활성도(aw)
과일, 채소	85~90	0.98~0.99
주스	92	0.05~0.99
육류	70~80	0.96~0.98
생선류	65~80	0.98~0.99
달걀	72~78	0.97~0.99
식빵	38	0.90~0.95
건조과일	18~22	0.72~0.80
젤리	18	0.64~0.69
곡류, 두류	13~16	0.60~0.64
국수	12	0.50~0.54

〈참고자료 1-1〉 **수분활성도**

수분활성도(Water Activity: a_w)는 임의의 온도에서 식품 내 물의 수증기압(P)을 그 온도에서 순수한 물이 가지는 수증기압(P_0)으로 나눈 비율로, 아래의 식과 같이 계산된다.

$$\text{수분활성도}(a_w) = \frac{\text{식품 내 물의 증기압}}{\text{순수한 물의 증기압}} = \frac{P}{P_0}$$

(2) 조리에서 물의 기능

① 열전달 매체

습열조리 시 식품 재료를 익힐 때 물이 없는 상태에서 가열을 하면 재료가 익기 전에 타기 쉽지만 물을 넣게 되면 물이 냄비 바닥의 열을 흡수하여 식품 재료를 태우지 않고 익힐 수 있다. 전자레인지 가열조리 등에서도 물이 식품에 열을 전달하는 전달매체로서 기능을 한다.

② 용매와 분산매

극성공유화합물인 물은 다양한 물질을 용해하는 용매로 작용한다.

> **극성화합물(polar compound)**
>
> 분자가 극성을 가지는 화합물로 물의 극성은 주로 물의 촉매 특성을 결정함

식품이 함유하고 있는 수용성 성분은 물에 용해되어 조리 과정에서 손실될 수도 있고, 맛 성분이 용출되어 국물의 맛을 좌우하기도 한다. 또한 쓴맛과 떫은맛, 기타 불쾌한 맛 등을 내는 성분은 물에 용해되어 일부 제거될 수 있다. 농도 차이에 의한 삼투압 저장법도 여기에 해당한다.

(3) 조리 시 물의 분산 상태

식품 중의 용액은 분산되어 있는 분자 또는 입자(분산질)의 크기에 따라 진용액, 교질용액(콜로이드), 현탁액으로 분류할 수 있다. 분산 상태는 식품의 종류에 따라 다르며, 분산액을 분산매라 하고, 녹아 있는 용질을 분산질이라 한다.

① 진용액(true solution)

설탕, 소금, 수용성 비타민 등과 같이 분자량이 적고 크기가 작은 물질이 물에 완전히 용해된 상태이며, 용액의 온도가 높아지면 용질의 용해도가 증가한다.

② 교질용액(colloid solution)

우유, 두유, 마요네즈, 난황 등과 같이 진용액의 분산질보다 크기가 커서 완전히 용해되거나 침전되지 않고 분산되어 퍼져 있는 상태로 불안정하여 외부 조건에 의해 안정성을 잃고 쉽게 침전한다. 콜로이드 용액은 물질을 흡착하는 성질이 있어, 비린내나 잡냄새를 없애기 위해 우유에 담가 두거나 계란 등을 풀어 제거하는 데 사용될 수 있다.

- 졸(sol): 액체에 콜로이드 입자가 분산되어 흐를 수 있는 상태
- 겔(gel): 온도, pH 등의 요인에 의해 졸 상태의 용액이 흐르지 않고 굳은 상태
- 유화액(emulsion): 하나의 액체가 서로 섞이지 않는 다른 액체 내에 작은 방울로 분산되어 있는 콜로이드 상태로 종류에 따라 수중유적형과 유중수적형으로 분류

③ 현탁액(suspension)

콜로이드 입자보다 큰 고체 입자가 물에 용해되지 않고 분산되어 있는 액체로, 용액을 저어 주면 뿌옇게 부유하고 있는 상태이나 그냥 두면 가라앉아 위는 맑은 용액 상태가 된다. 물에 전분이나 밀가루를 풀어 놓은 것이나 물에 된장을 넣고 섞었을 때처럼 매우 불안정하여 쉽게 침전된다. 현탁액을 가열하면 교질용액으로 변화한다.

〈표 1-3〉 미립자의 크기에 따른 용액의 구분

0.1mμ	1mμ	0.01μ	0.1μ	1μ	10μ	100μ	1mm
용액	⋮	교질액	⋮	현탁액			
관찰 불능 여과기 투과		현미경 관찰 가능 여과기 투과		현미경 관찰 가능 여과기 투과 불능			

강영희(2014). 생명과학대사전. 여초.

3) 조리와 열

대부분의 식품 재료들은 완성하고자 하는 음식의 특성에 맞는 열전달 방법과 열전달 매체를 활용하여 조리한다. 조리의 열전달 방법에는 전도, 대류, 복사가 있고, 열전달 매체에는 물, 기름, 공기 등이 있다.

(1) 조리의 열전달 방법

① 전도(conduction)

전도는 물체가 열원에 직접 접촉하였을 때 한 분자의 에너지가 다른 분자로 이동됨으로써 열이 그 물체를 따라 이동하는 현상을 말한다.

열이 전달되는 정도를 열전도율이라고 하며, 열전도율이 좋은 양도체이면 열이 빨리 전달되어 가열시간이 단축된다. 열전도율이 큰 금속 물질은 열을 빨리 전달하나 보온성이 낮고, 열전도율이 낮은 도자기나 유리류의 물질은 온도 상승은 느리지만 보온성이 높다.

볶기나 철판구이 등 간접적인 가열로 식품 재료를 넣고 익히는 방법이 여기에 해당한다.

② 대류(convection)

대류는 액체나 기체의 흐름에 의해 열이 전달되는 것으로 공기, 물, 기름 등을 통해서 액체나 기체가 상하로 움직이며 열을 전달하는 현상이다.

액체나 기체는 열에 의해 팽창되면 부피가 커지고 밀도가 낮아져서 가벼워지므로 위로 올라가고, 윗부분의 온도가 낮은 물질은 아래로 내려오면서 순환하면서 균일성을 유지하여 온도가 점차 상승하게 된다. 점도가 낮은 액체는 대류가 잘 일어나 빨리 데워지나, 점도가 높은 액체는 대류가 원활하지 못해 자주 저어야 한다.

삶기, 데치기와 같이 물을 이용하거나, 튀기기와 같이 기름을 이용하는 방법, 오븐구이나 찌기와 같이 공기나 증기를 이용하여 식품을 익히는 가열방법이 여기에 해당한다.

③ 복사(radiation)

복사는 오븐이나 전자레인지처럼 열원으로부터 중간 매체의 도움 없이 물체로 직접 열이 전달되는 현상이다. 복사열은 장애물 없이 직접 식품에 전달되므로 빠르고 탈 염려가 없다. 오븐 조리의 경우 조리기구의 표면이 검고 거친 것일수록 복사에너지를 잘 흡수하여 온도가 쉽게 올라가면서 조리시간이 단축된다. 숯불구이, 석쇠구이, 토스터에 의한 조리 방법 등이 복사열을 활용한 예이다.

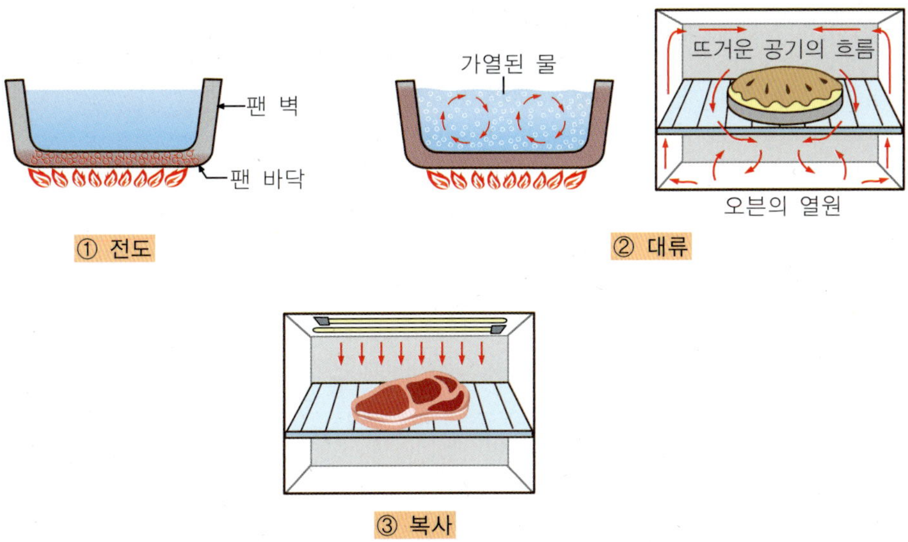

[그림 1-2] 열의 전달 방법

〈참고자료 1-2〉 식품 가열 시 나타나는 현상

- 비위생적인 성분과 물질을 제거하여 위생적으로 안전한 상태를 만든다.
- 소화율을 높여 영양 가치를 상승시킨다.
- 식품의 저장성을 높인다(가수분해효소 및 산화효소의 불활성화, 미생물의 살균).
- 식품의 풍미를 높인다.
- 식품의 색을 변화시킨다.
- 식품 성분의 물리적 변화로 물성을 호전시킨다.
- 식품 내 열에 약한 성분을 파괴시켜 영양상 손실을 초래한다.

(2) 조리의 열전달 매체

① 물

식품을 조리할 때 가장 많이 사용하는 열전달 매체이며, 끓이기, 삶기, 데치기 등의 습열조리 시 가열된 냄비의 열이 물의 대류를 통해 식품으로 전달되는 것이다. 찜(steaming)은 수증기가 보유하고 있던 증발열을 식품 표면에 전달하는 것이다.

② 기름

기름의 대류를 이용한 방법으로 냄비나 팬 등을 통해 전달된 열은 기름에 고르게 분산되어 온도가 올라가고, 가열된 기름은 식품 속으로 들어가 익히게 된다. 이러한 기름은 비열이 낮아 열전달 속도가 빠를 뿐만 아니라 끓는점이 높아, 높은 온도에서 재료가 빨리 익으므로 다른 매체보다 조리시간이 단축되며, 영양소의 손실이 적다.

③ 공기

오븐에 열이 가해지면 공기가 뜨거워지면서 밀도는 낮아진다. 밀도가 낮아진 가열된 공기는 위로 올라가고, 밀도가 낮은 찬 공기는 밑으로 내려오는 원리이다. 공기의 대류를 이용하여 열을 전달하는 방법인 로스팅(roasting), 베이킹(baking), 브로일링(broiling) 등의 건열조리법은 대류, 복사열 모두에 관여한다.

3. 조리 방법 및 조리 도구

조리의 표준화를 위한 기본은 정확한 계량이라고 할 수 있다. 정확한 계량을 위해서는 식품 재료의 특성에 맞는 적절한 계량 방법과 계량 도구의 사용이 필요하다. 외식산업의 발달에 따라 조리의 표준화에 대한 요구가 높아지고 있으므로 정확한 계량 방법과 계량 도구의 사용법을 익히는 것은 조리의 중요한 요소라고 할 수 있다.

1) 계량

식품의 정확한 계량은 조리의 표준화를 위한 중요한 과정으로 조리시간의 절약과 식품 재료 낭비의 방지, 표준이 되는 맛의 연출을 위해서는 적절한 계량 도구와 계량 방법 사용이 필수적이다.

(1) 계량 단위(measuring unit)

식품의 중량을 측정하는 단위는 주로 미터법(metric system)을 적용하며 g, kg 등으로 나타내고 있으나, 야드법(yard system)인 온스(ounce), 파운드(lb)를 쓰기도 한다. 반면, 식품의 부피를 측정하는 단위는 표준 쿼트(standard quart)를 따르고 쿼트(quart), 온스 등으로 나타낸다.

미터법

미터(m) 및 킬로그램(kg)을 기본으로 한 십진법의 국제적인 도량형 단위계

야드-파운드법

주로 영국과 미국에서 사용되고 있는 도량형 단위계

〈표 1-4〉 **표준 계량단위**

계량단위	기호	부피	비교단위
1tea spoon	tsp	5ml	1/3Tsp
1table spoon	Tsp	15ml	3tsp
1cup	C	240ml	16Ts
1pint	pt	470ml	2C, 1/2qt
1quart	qt	940ml	4C, 2pt
1gallon	gal	3.8L	16C, 4qt, 8pt
1ounce	oz	28.35g	1/16pound
1pound	lb	453.6g	16oz

(2) 계량 도구

① 부피(volume)

식품의 부피를 측정하는 도구는 계량스푼, 계량컵이 있으며, 주로 간장, 기름 등의 액체를 계량할 때 사용한다. 계량스푼은 1/4컵보다 적은 양일 때 주로 사용하며, 1Tsp, 1tsp, 1/2tsp, 1/4tsp이 한 세트로 구성되어 있다. 계량컵은 1C, 1/2C, 1/3C. 1/4C이 한 세트로 구성되어 있으며, 1C의 국제 표준용량은 1/4qt(쿼트)로 약 240ml이나 한국은 200ml를 1C으로 지정하고 있다.

계량스푼 계량컵 액체용 계량컵

[그림 1-3] **계량컵과 계량스푼**

② 무게(weight)

식품의 무게를 측정하기 위해 일반적으로 1kg, 2kg 정도의 저울을 사용하며,

고기, 생선, 야채 등과 같은 고체나 가루제품의 무게를 측정한다. 저울로 계량할 때는 평평한 곳에 놓고 바늘이 0점(zero point)에 위치하도록 맞춘 후 사용한다. 저울접시의 중앙에 식품을 올려놓고 정면에서 숫자를 읽는다.

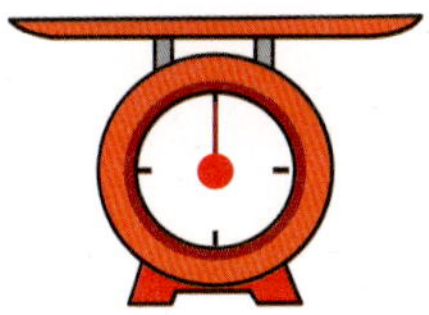

눈금저울

전자저울

[그림 1-4] 저울

③ 온도

조리 과정에서 식품의 내부온도나 용매온도를 측정하기 위해 온도계가 사용되며, 온도계는 보통 100~300℃까지 측정할 수 있는 것이 좋다. 조리에 사용되는 온도단위는 섭씨(celcius, ℃)와 화씨(fahrenheit, ℉)로 나타낸다. 섭씨는 물의 끓는점을 100℃로 하고, 어는점을 0℃로 구분하여 그 사이를 100등분하여 구분한 것으로 세계에서 공용되는 온도 단위이다. 화씨는 미국에서 많이 사용되며, 물의 어는점을 32℉, 끓는점을 212℉로 하여 이 두 점 사이를 180등분하여 구분한 것이다.

〈참고자료 1-3〉 **섭씨온도와 화씨온도 환산법**

℃ = 5/9℉−32　　℃ = (℉−32)/1.8
℉ = 9/5℃+32　　℉ = (1.8×℃)+32

온도계의 종류는 즉석 온도계, 제빵용 온도계, 튀김용 온도계가 있으며, 측정원리에 따라 수은 온도계, 알코올 온도계, 적외선 온도계가 있다.

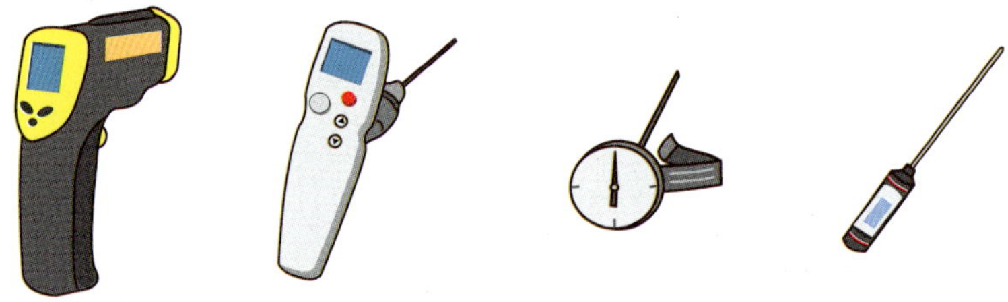

[그림 1-5] 온도계의 종류

(3) 계량 방법

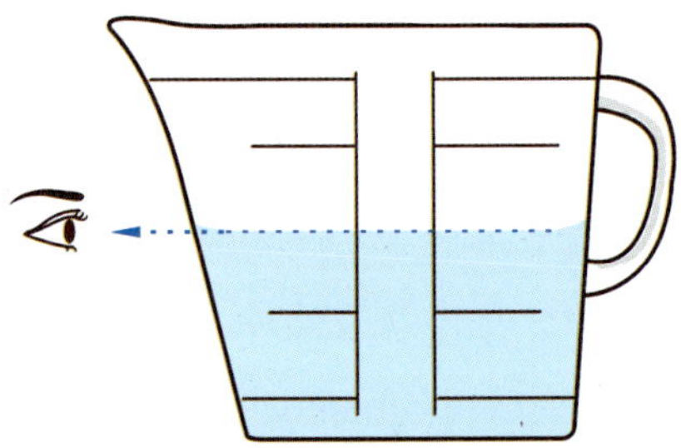

[그림 1-6] 액체 계량 방법

① 액체

액체식품은 투명한 재질의 계량컵을 사용하며, 평평한 곳에 놓고 눈높이에서 보아 눈높이와 액체의 아랫면이 일치되게 하여 눈금을 읽는다. 고추장, 조청, 물엿 등과 같이 농도가 있는 액체는 흘러내리기 전까지 채워서 측정한다. 그릇으로 옮길 때도 부드러운 고무주걱을 사용하여 여분이 남지 않도록 하여야 정확한 계량 무게를 사용할 수 있다.

② 고체

버터, 마가린, 쇼트닝 등은 상온에 두어 반고체 상태로 부드럽게 되었을 때 계량컵에 빈 공간이 없도록 채워서 평평한 것으로 윗면을 깎아 계량한다. 고추장이나 된장, 다진 고기도 마찬가지 방법으로 계량한다. 쌀, 콩 등의 알갱이 형태의 고체는 계량용기에 가득 담아 살짝 흔든 후 윗면을 깎아 계량한다.

③ 가루

가루 식품은 계량하기 전에 체에 쳐서 공기를 함유하게 함으로써 부드러운 상태가 되도록 한 다음 계량컵이나 계량스푼을 사용하여 수북하게 담아 위를 편평하게 깎은 후 계량한다. 흑설탕이나 황설탕과 같이 입자가 서로 달라붙는 식재료는 단단하게 눌러서 채워 담은 후 계량컵의 윗면을 수평으로 깎은 후 계량한다.

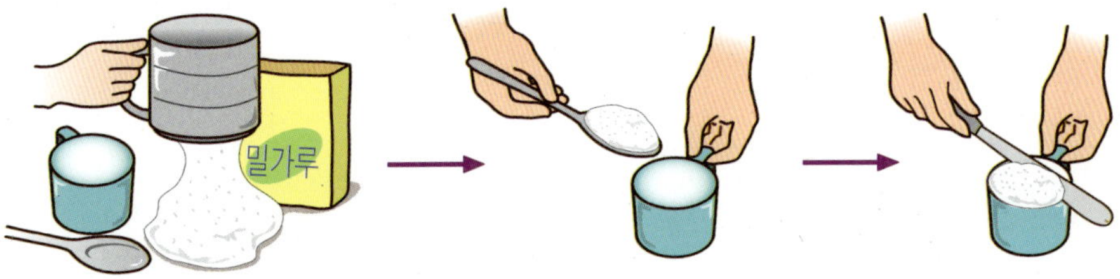

[그림 1-7] 가루 계량 방법

2) 기본조리 과정

(1) 다듬기

식품 재료를 조리하기 위해 전처리하는 과정으로 비가식 부위를 제거하는 것을 말한다. 식품 전체 무게 중 비가식 부위에 해당하여 버리는 비율을 폐기율이라 한다.

〈참고자료 1-4〉 **폐기율 계산방법**

$$폐기율(\%) = \frac{폐기되는\ 식품의\ 무게(g)}{식품\ 전체의\ 무게(g)} \times 100$$

(2) 씻기

씻기는 식품에 부착된 불순물이나 유해성분을 제거하거나 아린 맛, 떫은맛 등 나쁜 맛 성분을 제거하기 위한 과정이다. 씻기 과정을 거칠 때는 수용성 영양소의 손실을 최소화하기 위해 단시간에 씻는다. 어패류 등은 2~3%의 소금물을 이용하여 씻는 것이 좋고, 표면이 매끈하지 않은 과일이나 채소 등은 야채 세정제를 사용하여 씻는 것이 좋다.

(3) 담그기, 불리기

담그기는 식품을 물이나 조미액에 담그는 과정으로 단단한 식품의 연화, 조미료 침투, 불미 성분의 제거, 조리시간 단축, 식품의 변색 방지 등의 효과가 있다.

불리기는 미역, 곡류 등 건조한 식품을 물에 담가 물을 흡수시키는 과정과 갈변 방지를 위해 껍질을 벗긴 후 물, 소금물, 설탕물, 식초물 등에 담가 공기와의 접촉을 방지하는 과정, 삼투압에 의해 맛 성분이 식품 전체에 고루 스며들게 하여 맛을 증진시키는 과정, 도라지, 고사리, 우엉, 토란 등의 떫은맛이나 쓴맛, 아린 맛 성분을 제거하는 과정이 있다.

(4) 썰기

식용으로 사용하지 못하는 부분을 제거하고 표면적을 증가시켜 열전달과 맛 성분이 쉽게 스며들도록 하기 위해 또는 완성된 음식의 외관을 돋보이게 하기 위해 적절한 모양으로 자르는 과정이다. 썰기는 조리시간 단축과 적당한 크기와 모양으로 조절하여 섭취하기에 편리하도록 하는 효과가 있다.

(5) 분쇄와 마쇄(갈기, 다지기)

블렌더(blender)나 그라인더(grinder)를 사용하여 고체 형태의 식품을 작은 입자로 만드는 과정으로 분쇄는 쌀가루, 미숫가루, 고춧가루 등의 가루 형태로 만드는 것이며, 마쇄는 식품을 갈기, 으깨기, 다지기 등을 통해 작은 입자로 만드는 것을 말한다. 식품 재료의 조직이 균일해지고 표면적이 넓어져 소화율 향상, 조리시간 단축 등의 효과가 있으나 산화효소의 활성화로 인해 갈변이 촉진되기도 한다.

(6) 혼합(섞기)

섞기는 재료를 혼합하는 과정으로 믹싱 또는 블렌딩이라고 하며, 믹싱은 재료를 혼합하는 것이고, 블렌딩은 기구를 사용하여 재료가 하나의 물질이 되도록 섞어주는 것을 뜻한다. 믹싱은 양념과 열을 골고루 배분할 수가 있어 맛을 증진시킬 수 있으며, 블랜딩은 각각의 재료를 섞는 과정을 통해 물리적 특성 변화, 풍미와 색, 향의 증진을 가져올 수 있다.

(7) 냉장과 냉동

냉장과 냉동은 미생물의 번식 억제와 식품 중의 효소작용 및 산화작용을 방지하여 품질 저하를 막는 과정이다.

냉장은 미생물 번식 억제와 원하는 맛의 질감, 성형 등을 목적으로 음식의 온도를 낮추는 과정으로 냉장 중에도 식품의 변질이 일어날 수 있으므로 장기간 냉장하는 것은 바람직하지 않다.

냉동은 식품을 어는점 이하로 동결시켜 장기간 저장하는 것으로 미생물 번식과 효소작용을 억제함으로써 식품의 장기 저장이 가능하지만 식품 조직의 파괴를 줄이기 위해서는 -40℃ 이하에서 급속으로 동결시키는 것이 유리하다. 오랫동안 냉동저장 시 미생물 번식과 전분의 노화는 억제되지만 단백질 변성, 유지 산패 등으로 품질 변화가 발생한다.

(8) 해동

해동은 냉동한 식품을 조리하기 쉬운 상태로 만드는 과정으로 해동 온도와 시간은 식품의 조직감, 색, 외관, 미생물의 총균수 등에 영향을 끼칠 수 있다. 또한 냉동식품을 해동할 때는 식품 내 수분과 함께 맛 성분이 용출될 수 있으므로, 냉장고 내에서 해동(냉장해동)하거나 흐르는 물에서 천천히 해동(완만해동)하는 것이 효과적이다.

완만해동

냉장고 온도에서 또는 찬물에서 천천히 해동하는 방법, 해동 후 드립 최소화

급속해동

전자레인지나 뜨거운 물 등을 이용하여 해동하는 방법. 해동과정에서 드립으로 인한 수분과 영양소 손실, 색 및 조직감 변화, 미생물 오염 등의 품질 저하 야기

〈표 1-5〉 조리작업의 분류

구분	조리작업	종류
물리적 조리작업	씻기	씻기, 담그기, 불리기, 헹구기
	섞기, 젓기	섞기, 무치기, 휘젓기, 반죽하기, 거품 내기, 묻히기
	자르기	다듬기, 자르기, 벗기기, 썰기, 깎기
	분쇄	갈기, 다지기, 부수기, 으깨기, 짓이기기
	압착, 여과	누르기, 짜기, 쥐기, 거르기
	냉각, 냉동	식히기, 얼리기
가열 조리작업	습열조리	삶기, 데치기, 찌기, 끓이기
	건열조리	굽기, 볶기, 튀기기
	유도전기조리	전자레인지, 전자조리기
화학적 조리작업	발효	김치, 된장, 고추장, 간장, 젓갈, 장아찌, 요구르트, 식초
	응고	두부, 치즈, 곤약, 양갱, 묵

김갑영 · 박혜원(2012). 조리와 과학의 만남. 공주대학교.

3) 비가열조리(생식품조리)

비가열조리는 열에 의해 식품 재료를 익히지 않고 생채, 샐러드, 장아찌, 쌈, 회 등의 방법으로 섭취하는 것이다. 생식은 가열조리에 비해 영양가의 손실이 적

고, 식품 고유의 향과 식감을 살릴 수 있으며, 조리시간이 짧은 등의 장점이 있으나 씻는 과정에서 생으로 섭취할 수 있도록 철저한 위생관리가 이루어져야 하며, 요리에 따라 적절한 소스나 드레싱이 필요하고, 생채, 샐러드, 회 등은 저장 기간이 짧은 점에 유의해야 한다.

4) 가열조리

가열조리법은 열전달 매체에 따라 물이나 증기를 이용하는 습열조리법과 공기나 기름, 뜨거운 쇠 등 수분 없이 가열하는 건열조리법, 초단파를 이용하는 방법으로 구분된다. 식품 재료는 가열에 의해 질감의 연화, 풍미 증진, 안전성 증가, 불미성분 제거 등이 가능하며, 지나치게 가열하게 되면 질감이나 풍미 손상, 영양소 파괴의 우려가 있으므로 유의해야 한다.

(1) 습열조리(moist heat method)

① 끓이기와 삶기(boiling)

끓이기는 100℃ 이상의 끓는 물이나 조미액 속에서 재료가 익을 때까지 가열하는 방법으로, 전분의 호화, 조직의 연화, 단백질 응고, 수용성 성분의 용출 등이 일어난다. 수육이나 편육 조리의 경우, 수용성 성분 용출을 최소화하기 위해 국물이 끓을 때 고기를 넣으며, 국물요리는 찬물에서부터 조리하는 것이 표면 단백질이 응고되기 전에 수용성 단백질의 용출이 일어나 국물의 맛을 높일 수 있다. 삶기는 끓이기와 같은 가열방법이나 특별히 다른 양념으로 맛을 내지 않는 점이 끓이기와 다르며, 마른국수, 연근, 감자 등 큰 재료를 익히는 데 주로 사용된다.

② 데치기(blanching)

데치기는 식품의 색이나 질감을 유지하기 위해 끓는 물에 재료를 넣어 순간적으로 익혀내는 조리법으로 주로 채소나 어패류의 조리에 이용한다. 데치기는 단시간 가열하기 때문에 채소나 어패류의 색을 고정시켜 주거나 좋은 질감을 유지시켜 주며, 육류의 불쾌한 냄새를 없애 준다. 장기간 저장할 채소는 데쳐서 냉동 혹은 건조를 하면 효소의 불활성화로 갈변을 막을 수 있다.

③ 시머링(simmering)

끓는점 이하의 낮은 온도에서 오랫동안 서서히 끓이는 방법으로 조직의 연화, 단백질 응고, 지방의 제거, 감칠맛 성분의 용출 등이 필요한 조리에 사용된다. 설렁탕이나 곰국, 스톡 끓이기 등이 여기에 속한다.

④ 조리기(stewing)

조리기는 음식 재료에 양념을 넣은 후 처음에는 센 불로 가열하여 조미액이 속까지 스며들도록 한 다음 거의 익으면 약한 불에서 국물이 졸아들도록 은근하게 오랫동안 가열하는 방법으로 생선이나 육류, 콩 등을 조릴 때 이용한다. 서양요리에서는 고기, 야채 등을 기름에 볶은 후 낮은 온도에서 뭉근하게 끓이는 방법을 스튜잉(stewing)이라고 한다.

⑤ 찌기(steaming)

물이 100℃에서 끓어 발생한 수증기의 기화열(539kcal/g)을 이용하여 식품을 익히는 조리법으로, 식품의 모양을 유지할 수 있고 재료의 맛과 영양성분의 손실이 적어 색과 풍미 유지에 유리하나 가열시간이 비교적 길다. 물이 끓기 전에 식품을 넣으면 증기가 응축되어 생긴 수분이 식품에 흡수되어 질감이 좋지 않을 수 있다.

기화열(heat of vaporization)

증발열 또는 잠열이라고도 함. 액체가 기체로 바뀔 때 외부에서 흡수하는 열량

⑥ 포칭(poaching)

솔 모르네(sole mornay)

넙치 위에 모르네이 소스를 끼얹은 요리

거품이 거의 일지 않는 정도인 65~80℃의 물이나 조미액에서 재료를 익히는 조리법으로, 낮은 온도에서 조리하므로 부드러운 조직감을 만든다. 주로 생선이나 달걀, 채소 등 형태를 유지하기 어려운 재료의 조리에 많이 사용한다. 샤부샤부, 수란 등처럼 식품을 물이나 조미액에 완전히 잠기도록 조리하는 딥 포칭(deep poaching)과 생선 조림이나 솔 모르네(sloe mornay)와 같이 재료가 물이나 얕은 팬에 조미액이 반 정도 잠기게 하여 조리하는 섈로 포칭(shallow poaching)이 있다.

(2) 건열조리(dry heat method)

① 굽기

물이나 기름을 사용하지 않고 고열로 가열하는 방법으로, 직화로 복사열을 이용하여 굽는 직접구이(브로일링, broiling)와 팬이나 철판을 사용하여 전도열로 굽는 간접구이(그릴링, grilling)가 있다. 처음에는 높은 온도로 시작해서 온도를 낮추어 낮은 온도에서 조리해야 맛 성분의 용출을 줄일 수 있다. 또한 오븐을 사용한 굽기 조리법으로 빵을 구울 때 많이 사용하는 방법인 오븐 굽기(baking)와 육류, 가금류 등을 통째로 조리하거나 큰 덩어리의 고기를 지방이 위쪽으로 오게 하여 오븐에 굽는 방법인 로스팅(roasting)이 있다. 컴벡션 오븐(comvection oven)은 복사열과 뜨거운 열을 받아 빨리 조리할 수 있는 장점이 있다.

② 볶기(sauteing)

프라이팬에 소량의 기름을 넣고 단시간 고온(160~240℃)에서 조리하는 방법으로, 영양소 손실이 적으며 기름에 의해 풍미가 증진되고, 지용성 영양소의 흡수를 좋게 한다. 식재료를 작게 썰어 표면적을 넓게 하여 단시간에 조리할 수 있으나 팬을 자주 흔들고 돌리면서 조리해야 타는 것을 방지할 수 있다.

③ 지지기(pan frying)

넓고 두꺼운 판에 약간의 기름을 넣고 조리하는 방법으로, 지지는 재료에 따라 식품 그대로 지지는 경우도 있고, 밀가루나 달걀을 입혀 지지기도 한다. 지지는 방법에 따라 꼬치에 꿰거나 꿰지 않고 지지는 방법도 있다. 지지기는 발연점이 높은 기름을 이용하는 것이 좋고, 뚜껑을 닫고 조리하면 수분 증발을 막아 식감이 부드럽게 조리되며, 조리시간을 단축시킬 수 있다.

④ 튀기기(deep fat frying)

재료가 충분이 잠길 정도의 기름을 사용하는 조리법으로, 기름의 끓는점(150~220℃)이 높아 단시간에 조리가 가능하여 영양소의 파괴를 줄일 수 있다. 튀기는 재료에 따라 식품 그대로 튀기는 경우와 튀김옷을 입히는 경우가 있고, 식품의 종류에 따라 튀기는 온도와 시간이 달라진다. 어패류는 180~190℃, 채소류는 170~180℃가 적당하며, 튀기는 도중 화력 조절이 중요하다.

(3) 초단파조리(microwave cooking)

초단파 전자 오븐으로 고열로 짧은 시간에 조리할 때 사용하는 방법이다. 920~2,450MHz/s의 주파수를 이용하여 식품 내부의 물분자를 진동시켜 발생한 마찰열에너지에 의해 식품을 내부에서부터 가열하는 것이 특징이다. 초단파는 동시에 내외부가 같은 열로 투시되면서 조리되기 때문에 열의 이동이 없고 열효율이 높아 빠른 시간에 조리가 가능하다. 초단파는 적외선보다 파장이 짧은 극초단파로 공기, 유리, 도자기, 종이, 플라스틱 등은 투과하지만, 금속은 반사하는 성질이 있다.

〈표 1-6〉 가열조리 방법에 의한 분류

분류		특징	조리 예
열전달 방법	전도	열원에 직접 가열된 물질의 한 분자에너지가 다른 분자로 이동되어 열이 전달되는 방법	볶기, 철판구이
	대류	가열된 공기나 액체(물이나 기름)의 흐름에 의해 에너지가 전달되는 방법	삶기, 데치기, 튀기기, 오븐구이, 증기찜
	복사	열원에 직접 가열되어 에너지가 전달되는 방법	숯불구이, 토스터구이
열원에 따른 조리법	습열조리	물이나 증기를 열원으로 이용	끓이기, 삶기, 데치기, 포칭, 시머링, 조리기, 찌기
	건열조리	가열된 건조공기나 기름을 열원으로 이용	오븐구이, 직화구이, 볶기, 지지기, 튀기기
	초단파조리	초단파에너지를 열원으로 이용	전자레인지 조리

Chapter 02

곡류와 전분의 조리원리

1. 곡류

곡류는 주로 화본과(벼과, graminae)에 속한다. 곡류는 쌀(미곡), 맥류, 잡곡으로 분류하는데, 맥류에는 보리, 밀, 호밀, 귀리 등이 있으며, 잡곡에는 옥수수, 조, 피, 수수, 메밀, 기장 등이 속한다. 곡류는 탄수화물의 함량이 약 75%로 인류에게 에너지 급원으로 매우 중요한 식량자원이며, 지역이나 민족에 따라 주로 섭취하는 곡류의 종류는 다르다. 한국, 중국, 일본과 동남아시아에서는 쌀을 주로 섭취하는데, 우리나라에서는 예로부터 쌀, 보리, 조, 콩, 기장을 오곡이라 하여 중요하게 여겼다. 밀은 유럽이나 중국, 미국과 캐나다 등지에서, 옥수수는 멕시코, 남미 등의 중남미 국가에서 주로 가공하여 섭취하고 있다. 곡류는 밥, 팝콘 등과 같이 알곡 그대로 조리해서 먹기도 하고 제분 과정을 거쳐 떡, 빵, 면류나 과자를 만들어 먹기도 한다. 또한 당화하거나 발효시켜 식혜, 술, 감미료 등을 만들기도 한다.

〈표 2-1〉 곡류의 일반성분(가식부 100g 기준)

식품명	에너지 kcal	수분 g	단백질 g	지질 g	회분 g	탄수화물 g	칼슘 mg	철 mg	인 mg	칼륨 mg	나트륨 mg	베타카로틴 μg	비타민 B_1 mg	비타민 B_2 mg	나이아신 mg	비타민 C mg
멥쌀(백미)	345	13.4	6.4	0.4	0.4	79.5	7	1.3	87	170	8	4	0.23	0.02	1.2	0
멥쌀(현미)	324	10.3	7	2.3	1	79.4	8	3.3	233	128	3	0	0.25	0.06	1.2	0
찹쌀(백미)	359	9.6	7.4	0.4	0.7	81.9	4	2.2	151	191	3	0	0.14	0.08	1.6	0
찹쌀(현미)	316	12.9	7.3	2.8	1.3	75.7	15	1.3	228	218	5	0	0.33	0.05	6.0	0
쌀보리	316	13.5	9.3	1.81	1	74.39	30	2.6	206	282	4	0	0.057	0.162	1.822	0
겉보리	316	13.4	8.74	1.66	0.82	75.38	30	2.4	161	202	9	1	0.234	0.051	2.017	0
통밀	330	9.2	13.2	1.5	1.5	74.6	24	5.2	290	780	-	57	0.52	0.23	2.6	0
옥수수	138	55.3	5.34	2.06	1.04	36.26	4	1.0	157	270	0	3	0.484	0.089	2.283	5.43
수수	243	14.2	9.85	2.96	1.49	71.5	9	2.3	358	440	2	9	0.352	0.196	2.773	0
조	345	72.7	3.14	1.13	0.32	22.71	15	3.6	302	279	1	23	0.599	0.166	1.173	0
기장	360	11.3	11.2	1.9	1	74.6	15	2.8	226	233	6	0	0.42	0.09	2.9	0
쌀귀리	334	9.7	14.3	3.8	1.7	64.9	18	7.0	183	383	3	0	0.15	0.46	2.2	0
메밀	345	13.1	13.64	3.38	2.04	67.84	21	2.8	453	444	1	7	0.46	0.225	5.189	0

농업진흥청 국립농업과학원(2016). 국가표준 식품성분표 제9 개정판.

1) 쌀

쌀은 밀, 옥수수와 더불어 세계 3대 식량작물 중의 하나이다. 쌀은 열대, 온대 지역에서 광범위하게 재배되는데, 중국과 인도를 비롯한 아시아에서 90% 이상 생산된다. 우리나라의 벼농사는 신석기시대 후기 또는 청동기시대에 중국으로부터 전래되었으며, 통일신라시대에는 전국적으로 보급되었고 고려시대에 전국적 정착과정을 거쳐 조선시대에 완성되어 쌀을 주식으로 하는 반상차림이 완성되었다.

(1) 쌀의 종류 및 특성

① 형태에 따른 분류

쌀의 품종은 크게 단립종(japonica type), 중립종(javanica type)과 장립종(indica type)으로 나눌 수 있다. 단립종은 쌀알이 짧고 한국, 일본, 중국 등 온난한 지역에서 많이 재배되며, 세계 쌀 생산량의 약 20%를 차지한다. 단립종은 밥을 지었을 때 세포막이 얇아서 호화에 의해 파괴되므로 부드럽고 점성이 있는 밥이 지어진다. 장립종은 쌀알이 길고 주로 동남아시아, 중국 남부, 미국, 브라질 등의 고온다습한 열대 및 아열대 지역에서 재배되며, 세계 쌀 생산량의 약 80%를 차지한다. 장립종은 아밀로오스와 단백질의 함량이 높으며 세포막이 두꺼워 밥의 윤기와 점성이 적다.

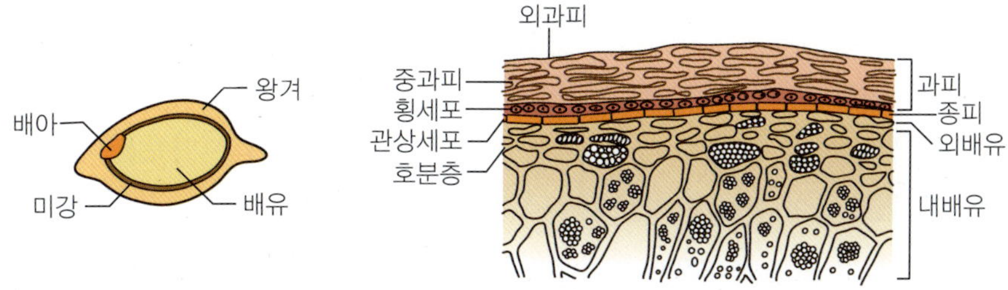

[그림 2-1] 쌀의 구조

김향숙 외(2014). 조리과학. 수학사.

② 도정에 따른 분류

벼의 낟알은 왕겨(husk)로 둘러싸여 있고, 그 내부에는 미강(겨, bran), 배유(endosperm) 및 배아(germ)로 구성되어 있다.

현미는 벼에서 왕겨만 제한한 것으로 미강(5～6%), 배아(2～3%)와 배유(약 92%)로 구성되어 있으며 미강은 크게 과피, 종피, 호분층으로 나뉘어진다. 미강을 제거하는 과정을 '도정(milling)'이라고 하며, 쌀은 도정 정도에 따라 3분 도미, 5분도미, 7분 도미, 10분 도미(정백미) 등으로 분류된다. 3분 도미는 미강을 30%, 5분 도미는 미강을 50%, 7분 도미는 70%, 10분 도미(백미)는 100% 제거한 쌀을 의미한다. 배유는 대부분이 탄수화물이며 섬유질, 단백질, 지질, 비타민 및 무기질은 주로 호분층과 배아에 존재한다.

현미 3분 도미 5분 도미 7분 도미 백미

[그림 2-2] 도정에 따른 쌀의 분류

③ 전분의 구조에 따른 분류

쌀의 주성분은 전분이다. 전분은 분자 구조에 따라 직쇄상의 아밀로오스와 분지상의 아밀로펙틴으로 나뉘는데 아밀로오스의 함량에 따라 고아밀로오스쌀, 멥쌀과 찹쌀로 분류할 수 있다. 아밀로오스 함량은 고아밀로오스쌀 약 30%, 멥쌀 약 20% 정도이며 찹쌀은 거의 없다. 육안으로 보면 멥쌀은 반투명하지만, 찹쌀은 배유 세포 내의 전분 함량이 낮아 배유 내부에 미세한 공간이 생기므로 유백색으로 보인다. 그러므로 찹쌀로 밥을 지을 때는 멥쌀에 비해 물의 양을 적게 넣어야 한다.

④ 기타

- 유색미: 유색미는 미강에 안토시아닌, 클로로필, 탄닌계, 카로티노이드 색소를 함유한 흑미, 녹미, 적미 등이 있다. 유색미의 배유 부분에는 색소가 없으므로 100% 도정하면 백미가 된다.
- 배아미: 현미를 특수한 방법으로 도정하여 배아를 남긴 쌀이며, 거대배아미는 배아의 크기가 큰 쌀이다.
- 강화미: 백미에 부족한 비타민을 강화한 쌀로 티아민과 리보플라빈 등을 강화시킨 쌀이다.
- 청결미: 도정한 백미의 표면에는 미세한 미강이 부착되어 있다. 청결미는 쌀의 표면에 남아 있는 미강과 먼지 등을 제거한 쌀이다.

(2) 쌀의 구성성분

쌀의 탄수화물 중 약 75%는 전분이며, 그 외에 식이섬유, 자당과 덱스트린 등이 존재한다. 쌀은 도정율이 높아질수록 전분의 함량은 증가하고 식이섬유소의 함량은 감소해 밥맛이 좋아진다.

쌀의 단백질 함량은 약 10%이며, 대표적인 단백질은 오리제닌(oryzenin)이다. 쌀의 단백질은 호분층에 더 많이 들어 있으며, 단백가가 74로 곡류 중 질이 가장 좋다. 쌀의 단백질 함량은 품종에 따라 다른데, 단백질 함량이 낮을수록 밥을 지었을 때 윤기가 나고 끈기가 있어 우리나라 사람들이 선호한다.

쌀의 지질 함량은 약 0.5~2.1%로 주로 배아에 존재하므로 도정 과정에서 대부분 제거된다. 쌀은 불포화지방산을 많이 함유해 영양학적으로는 바람직하지만, 산패가 진행되기 쉽다. 묵은 쌀로 밥을 지으면 맛이 나빠지는 현상은 지질의 산패가 원인이라고 생각되고 있다. 따라서 쌀을 저장할 때는 저온에서 하는 것이 바람직하다.

현미에는 상당량의 비타민 B 복합체와 비타민 E, 철, 인 등이 들어 있지만 주로 미강과 배아에 존재하므로 도정과정에서 대부분 손실된다.

(3) 쌀의 조리

① 밥

맛있는 밥을 짓기 위해서는 좋은 쌀을 선택해야 한다. 쌀의 품질은 품종, 산지, 재배 방법 등에 따라 달라지며, 밥맛에 영향을 주는 쌀의 구성성분은 전분의 종류, 단백질의 함량, 아미노산의 종류 등 다양하다. 쌀 전분 내 아밀로오스의 함량이 낮고 아밀로펙틴의 함량이 높을수록 밥의 찰기가 커져서 선호도가 높아진다. 단백질 함량이 높을수록 선호도는 낮아지지만, 유리아미노산인 글루탐산, 아스파트산 함량이 높을수록 선호도가 높아진다.

밥을 짓는다는 것은 쌀에 물을 붓고 열을 가해 쌀 중의 전분을 팽윤, 호화키는 것이다. 맛있는 밥은 호화가 충분히 된 밥을 뜻하는데, 쌀알이 완전히 호화되기 위해서는 98～100℃에서 20～25분간 가열해야 한다.

가) 씻기와 불리기

쌀 씻기는 쌀의 이물질이나 겨 등을 제거하기 위한 과정이다. 쌀 씻은 물은 빨리 버려야 겨 냄새로 인한 밥맛의 저하를 방지할 수 있다. 물로 쌀을 씻는 동안 약 10% 정도의 수분이 쌀에 흡수된다.

불리기는 밥을 지을 때 쌀의 중심부까지 균일하게 호화가 일어날 수 있도록 충분한 시간 동안 물에 침지하는 과정이다. 쌀알은 불리는 동안 쌀무게의 20～30%의 수분을 흡수하며 물의 온도가 높을수록 흡수속도가 빠르다. 지나치게 오랫동안 쌀을 불리면 쌀알이 으스러지고 수용성 성분들의 손실이 커지므로 수온에 따라 30분～90분 정도 불리면 적당하다.

나) 가수하기

밥을 지을 때 필요한 수분량은 전분의 호화에 필요한 수분량과 가열에 의해 증발하는 수분량을 더한 것이어야 한다.

일반적으로 쌀의 수분 함량은 10～15%이고 밥의 수분 함량은 약 60～65%이므로 밥을 지을 때는 반드시 물을 넣어 주어야 한다. 현미와 백미, 찹쌀과 멥쌀, 햅

쌀과 묵은쌀, 쌀의 품종, 쌀의 양 또는 조리기구에 따라 가수량은 달라지는데, 조리 중 수분 증발량이 10～15%이므로 가수량은 5～6인분 흰쌀밥을 지을 경우 쌀 무게의 1.4～1.6배, 부피의 1.1～1.2배가 적당하다. 현미는 백미보다, 묵은쌀은 햅쌀보다 가수량을 늘려야 한다. 찹쌀은 멥쌀에 비해 배유세포 내의 전분 함량이 낮으므로 가수량은 찹쌀 부피의 0.9배가 적당하다. 찹쌀을 충분히 불린 후 쪄서 호화시키는 경우에는 찌는 도중 2~3회 물을 뿌려 주어야 충분히 호화된다. 조리 중 수분 증발량은 일정하므로 일정한 용기에 밥을 짓는다면 쌀의 양이 적은 경우에는 가수량을 늘리고, 많은 양의 밥을 지을 경우에는 가수량을 줄여야 한다.

밥을 지을 때 채소류, 감자류, 육류, 어패류 등 부재료를 넣는 경우에는 가수량을 조절해야 한다. 수분 함량이 높은 채소, 육류, 어패류 등을 넣으면 가수량을 줄여야 하지만, 팥, 대두 등 건조식품을 넣을 때는 늘려야 한다. 감자류나 생밤 등은 그 식품이 가지고 있는 수분으로도 호화가 가능하기 때문에 가수량을 고려하지 않아도 된다.

다) 가열하기

잘 지어진 밥은 쌀 입자 내부의 전분까지 완전히 호화되고, 수분이 밥알 외부에 남아 있지 않아야 한다. 밥을 지을 때 불조절은 온도상승기, 비등기, 고온유지기로 나눌 수 있다.

- **1단계: 온도상승기(화력은 강하게)**

밥을 끓게 하기 위해 불을 강하게 하는 단계로 10분 정도 소요된다. 이 시기에는 온도가 상승할수록 쌀알은 수분을 흡수해 팽창하는데, 시간이 너무 짧으면 쌀알 내부까지 수분이 침투하지 못하여 호화가 충분히 일어나지 못하며, 시간이 너무 길면 호화된 전분이 물에 용출되어 죽같이 된다.

- **2단계: 비등유지기(화력은 중간으로)**

밥이 끓는 것이 유지될 만큼 불을 중간 정도로 줄여 가열하는 단계로 5분 정도 소요된다. 이 시기에는 쌀알이 수분을 계속 흡수해 팽윤과 호화가 진행되어 점성이 생기고, 외부의 수분은 줄어들어 쌀알의 움직임이 줄어든다.

- 3단계: 고온유지기(화력은 약하게)

쌀 외부에 있던 물이 거의 쌀알로 스며들면, 솥의 바닥이 타지 않도록 불을 약하게 줄여 가열하는 단계로 10~15분 정도 소요된다. 화력은 약하지만 내부 온도는 98~100℃를 유지하고 있고 물은 수증기가 되어 쌀전분을 증기로 찌는 상태가 되어 쌀 입자의 내부가 완전히 호화되도록 한다. 온도 유지를 위해 뚜껑을 열지 않아야 한다.

라) 뜸들이기

뜸들이기는 쌀알 외부의 물기가 거의 없어져 눋는 소리가 나면 불을 끄고 10~15분 정도 보온하는 단계이다. 외부로부터 가열은 없지만 여열에 의해 잠시 고온이 유지된다. 뜸을 잘 들여야 쌀의 중심부까지 호화가 완전히 되어 부드러운 밥이 된다. 뜸을 지나치게 오래 들이면 솥 내부의 온도가 떨어져 수증기가 물방울이 되어 밥알에 떨어지므로 밥이 부분적으로 질어지고 밥맛이 나빠진다. 뜸들이기 후에 밥을 가볍게 위아래로 섞어 주면 밥알끼리 달라붙어 덩어리지는 것을 방지할 수 있다.

마) 부재료의 첨가시기

밥에 채소류, 감자류, 육류와 어패류 등의 부재료를 첨가할 때는 첨가할 식품을 익히는 데 필요한 시간을 생각해야 한다.

- 감자, 고구마, 밤 등: 쌀과 익는 시간이 거의 비슷한 식품은 처음부터 첨가한다.
- 버섯, 조개류 등: 쌀과 함께 익히기 시작하면 특유한 향이 없어지거나 변색하므로 밥이 끓은 후 첨가하는 것이 바람직하다.

② 떡

떡은 쌀을 주재료로 만드는 전통 음식 중 한 가지로 제례나 행사 등에 이용된다. 밥은 쌀알 그대로 조리하지만, 떡은 대부분 가루상태의 쌀을 이용한다. 떡은 조리 방법에 따라 찌는 떡, 치는 떡, 빚는 떡, 지지는 떡과 발효떡 등으로 분류할 수 있다.

멥쌀 가루를 쪄서 만드는 떡으로는 백설기, 콩설기, 색편(무지개떡) 등이 있는데, 이러한 떡을 만들 때는 쌀가루에 물을 부은 후 체에 내리고 시루에 살포시 넣어야 쌀가루 사이사이에 공기가 들어가 증기의 대류가 원활하게 일어날 수 있고 쌀전분이 충분히 호화된다. 찹쌀가루를 쪄서 만든 떡으로는 찰시루떡, 콩찰떡, 쇠머리떡 등이 있는데, 찹쌀가루로 떡을 찔 때는 찹쌀 전분의 점성 때문에 쌀가루 사이로 증기가 통과하기 어려우므로 찹쌀가루 사이사이에 콩, 팥, 밤, 대추 또는 고물을 넣어야 호화가 잘된다. 송편이나 경단 등의 빚는 떡은 쌀가루에 뜨거운 물을 넣어 익반죽을 하는데, 그 이유는 쌀단백질은 밀단백질과는 달리 글루텐을 형성하지 않으므로 끓는 물로 반죽해야 쌀 전분 일부가 호화되어 점성이 생기고, 떡의 모양을 쉽게 만들 수 있기 때문이다. 지지는 떡인 화전은 계절감을 나타낼 수 있는 떡으로 3월 삼짇날에는 진달래꽃을, 9월 중구일에는 국화꽃을 얹어 만드는 떡이다.

〈표 2-2〉 **조리법에 따른 떡의 분류**

분류	조리법	종류
찌는 떡	곡류가루를 시루에 안쳐 솥 위에 얹고 증기로 쪄내는 떡	설기떡(백설기, 콩설기 등), 찰시루떡 등
치는 떡	시루에서 쪄낸 떡을 뜨거울 때 절구나 안반에서 쳐서 끈기나게 한 떡	인절미, 가래떡, 절편, 개피떡 등
빚는 떡	곡류가루를 익반죽하여 모양을 만든 후 끓는 물에 삶거나 찌는 떡	송편, 경단, 단자 등
지지는 떡	곡류가루를 익반죽하여 모양을 만든 후 기름에 지지는 떡	화전, 주악, 부꾸미 등
발효떡	효모를 이용하여 발효시켜 부풀린 떡	증편

③ 죽

죽은 곡류에 5~6배 정도의 물을 넣은 후 끓여 충분히 호화시킨 유동식~반유동식으로 환자용, 보양용, 별미용으로 먹는다.

죽을 끓이는 쌀의 형태에 따라 쌀을 갈아서 끓인 무리죽, 부수어서 끓인 원미죽, 쌀알을 그대로 끓인 옹근죽으로 나눌 수 있으며, 묽기에 따라 암죽, 응이, 미음, 죽으로 분류할 수 있다. 암죽은 익힌 곡류를 말려 가루로 만들어 물을 넣고 끓인 유동식으로 갓난아기에게 젖의 대용으로 먹였다. 응이는 곡물을 갈아서 얻은 녹말로 쑨 죽으로 매우 부드럽게 마실 수 있는 유동식이므로, 노약자나 아기에게 적합하다. 미음은 곡류를 알맹이째 10배 정도의 물을 넣어 푹 퍼지게 끓인 후 고운 체에 거른 유동식으로 죽보다 수분의 함량이 많고 건지가 없으므로 이유식, 환자식으로 적당하다.

죽의 주재료로는 쌀을 많이 이용하며, 쌀과 함께 다른 곡류(율무, 조 등), 두류(팥, 녹두 등), 견과류(잣, 호두 등), 채소류(호박, 콩나물, 아욱 등), 버섯류(표고 등), 유제품(우유), 육류(닭, 쇠고기 등), 어패류(전복, 낙지 등), 종실류(흑임자 등) 등을 넣어 조리하기도 한다.

④ 기타

- 식혜: 쌀 전분을 엿기름에 있는 β-아밀라아제를 이용하여 당화시켜 만든 음료이다.
- 엿: 쌀 전분을 엿기름으로 당화시켜 만든 엿물을 오랜시간 고아서 점성을 크게 만든 식품이다. 종류로는 조청과 이것을 더 농축시켜 굳힌 강엿, 강엿을 늘여서 만든 흰엿 등이 있다.
- 강정, 산자: 찹쌀가루를 장시간 냉수에 담가 삭힌 후 깨끗이 씻어 호화시키고, 모양을 만든 후 말려서 튀긴 유밀과이다.
- 청주, 막걸리, 소주: 곡류의 전분을 누룩의 아밀라아제로 당화시킨 후 알코올 발효시켜 만든다.

2) 보리

(1) 보리의 분류

[그림 2-3] **두줄보리와 여섯줄보리**

보리는 옥수수, 쌀, 밀과 함께 세계 4대 작물이다. 보리는 겉보리와 쌀보리로 분류하기도 하고, 낟알이 달리는 모양에 따라 두줄보리, 여섯줄보리로 분류하기도 하며, 파종시기에 따라 가을보리와 봄보리로 나누기도 한다. 겉보리는 씨방 벽에서 분비되는 점액물질로 인해 껍질과 배유의 분리가 어려우며 배유 부분이 적어 볶은 후 보리차로 이용하거나 발아시켜 엿기름으로 사용한다. 쌀보리는 성숙 후 껍질과 배유가 쉽게 분리되며 배유 부분이 많아 보리밥 등으로 섭취한다. 두줄보리는 낟알이 두 줄로 배열돼 이삭이 납작하고, 여섯줄보리는 낟알이 여섯 줄로 배열되었으며 이삭은 육각형이며 통통하다. 두줄보리가 여섯줄보리에 비해 낟알 수는 조금 적지만 알맹이 크기는 더 크다.

(2) 보리의 구성성분

보리의 주성분은 탄수화물이고 전분이 대부분이다. 주단백질은 호르데인(hordein)과 호르데닌(hordenin)으로 약 10% 정도 함유되어 있어 쌀보다 많은 편이지만, 리신, 메티오닌, 트립토판 등의 필수아미노산 함량이 적어 질적으로 우수하지는 않다. 보리에는 체내 콜레스테롤 감소 효과가 있는 수용성 식이섬유소인 베타글루칸(β-glucan)이 세포벽에 풍부하며, 백미와는 달리 칼슘, 인, 철, 비타민 B 복합체 등 무기질과 비타민이 배유 내부에도 분포하고 있으므로 도정에 의한 손실이 비교적 적다.

(3) 보리의 조리

① 쌀보리

쌀보리는 밥으로 해 먹거나 보리빵, 보리건빵, 보리차 등 각종 조리, 가공식품에 이용된다. 보리의 가운데 골진 부분에는 식이섬유소 함량이 높아서 정장 작용에는 좋지만, 소화율은 낮다. 이러한 단점을 개선하기 위해 낟알이 큰 두줄쌀보리를 할맥과 압맥 등으로 1차 가공한다. 할맥은 도정한 보리를 골을 중심으로 두 쪽으로 나눈 후 다시 도정하여 소화율을 개선한 것이며, 압맥은 호화가 빨리 되고 부드럽게 하기 위해 도정한 보리를 미리 찐 다음 기계로 눌러 만든 것이다. 여섯줄쌀보리는 알이 작아 그대로 이용한다.

② 겉보리

일반적으로 겉보리라고 하면 여섯줄 겉보리를 의미하는데, 껍질째 보리차, 엿기름, 또는 사료로 가공하거나 껍질을 벗겨 식용하기도 한다. 두줄 겉보리는 발아시켜 맥주를 만들 때 주로 이용한다. 엿기름은 겉보리를 8~10일 정도 발아시킨 후 가루를 내어 사용한다. 엿기름에는 싹의 길이가 보리알의 1.2~2배 정도로 긴 장맥아와 2/3~3/4정도로 짧은 단맥아가 있는데, 장맥아보다 단맥아가 아밀라아제 활성이 1.5배 정도 더 좋으므로 식혜, 엿, 고추장 등을 만들 때는 장맥아가 이용되고, 맥주를 만들 때는 단맥아가 이용된다.

3) 옥수수

옥수수는 백색, 황색, 적색, 흑색, 청자색 등 다양한 색을 나타내며, 종자의 모양과 특성에 따라 마치종(dent corn), 경립종(flint corn), 감미종(sweet corn), 나종(찰옥수수, glutinous corn)과 폭립종(pop corn) 등으로 분류된다.

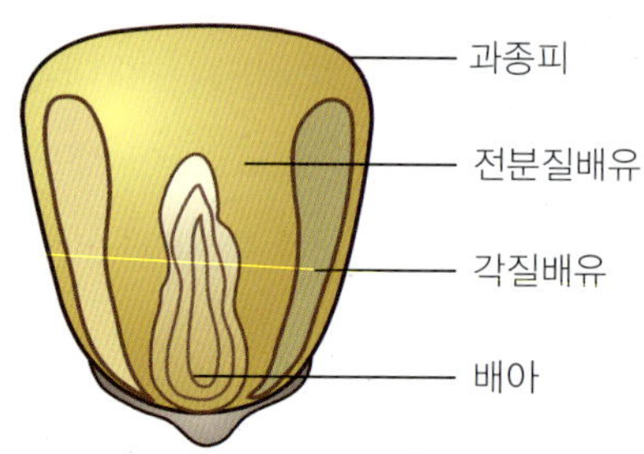

[그림 2-4] 옥수수 낟알의 구조

〈표 2-3〉 옥수수의 종류

종류	특징	용도
마치종	· 말의 이빨처럼 생겼다. · 껍질이 두껍다. · 세계적으로 가장 많이 재배된다.	사료나 전분 등의 원료
경립종	· 재래식 옥수수로 마치종보다 껍질이 얇고 알이 굵다.	식용 전분, 포도당, 소주 등의 원료
감미종	· 단맛이 많고 섬유질이 적다. · 영콘(베이비콘)은 생식용으로 만든 감미종의 옥수수이다.	구이, 수프, 떡, 샐러드, 통조림 등 식용
나종	· 찰기가 있다.	밥, 떡, 찜 등 식용
폭립종	· 크기가 작다. · 각질층은 단단하고 중앙에 연질 부분이 있다. · 열을 가하면 중앙의 연질 부분이 갑자기 부풀어 폭발하면서 부피의 20~30배 정도의 크기가 된다.	팝콘

옥수수의 주성분은 탄수화물이며, 그중 약 70%는 전분이다. 옥수수의 주단백질은 제인(zein)인데 필수 아미노산인 리신과 트립토판 함량이 매우 낮아 단백가가 42인 불완전단백질이다. 따라서 옥수수가 주식인 중남미, 아프리카, 아시아 등에서는 양질의 단백질을 함께 섭취하지 않으면 나이아신(niacin) 결핍으로 펠라그라(pellagra)에 걸리기 쉽다. 옥수수의 지질 함량은 약 5%로 대부분 배아에 존재하며, 주지방산은 올레산과 리놀레산이다.

2. 전분

전분은 곡류, 감자류, 두류 등 식물성 식품의 대표적인 저장 탄수화물로, 포도당이 수백, 수천 개가 중합되어 만들어진 고분자물질이다. 식물의 종류에 따라 전분의 모양과 크기는 다른데, 이는 전분의 조리에 많은 영향을 미친다. 전분의 모양은 구형, 타원형, 렌즈형, 다각형 등으로 다양하고, 크기 역시 전분의 종류에 따라 다르다. 일반적으로 곡류전분의 크기는 2~20μm로 작고 균일한 편이며, 서류전분은 5~100μm로 큰 편이다. 천연 전분 중 가장 작은 전분은 쌀전분으로 다각형 모양을 가지고 있으며 하나의 크기가 약 2~10μm이며, 가장 큰 전분은 감자전분으로 둥근모양이며 하나의 크기가 약 100μm이다.

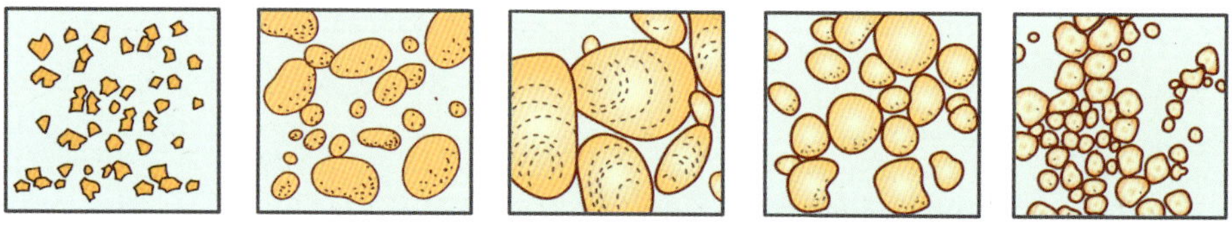

[그림 2-5] 전분의 입자형태

1) 전분의 구조

전분은 직쇄상의 아밀로오스(amylose)와 가지상의 아밀로펙틴(amylopectin) 분자로 구성되어 있다. 아밀로오스와 아밀로펙틴의 비율은 전분의 종류에 따라 다른데, 이 비율에 따라 전분의 특성이 결정된다. 멥쌀, 메조 등 메곡류의 전분은 아밀로오스가 20~25%, 아밀로펙틴이 75~80% 함유되어 있고, 찹쌀, 찰옥수수, 차조 등 찰곡류는 거의 대부분이 아밀로펙틴으로 구성되어 있다.

(1) 아밀로오스

아밀로오스는 포도당의 α-1, 4 결합이 직쇄상으로 이루어진 물질로 6~8개의 포도당 단위마다 한 번씩 회전하는 나선상 구조(herix)를 하고 있다. 나선구조 내부는 소수성을 나타내어 요오드, 지질 또는 저분자량 물질을 포집할 수 있다. 아밀로오스의 나선구조 내에 요오드가 결합해 복합체를 형성하면 청색을 나타내므로 아밀로오스의 존재를 확인하는 정성실험으로 이용된다(요오드 정색반응).

〈표 2-4〉 급원에 따른 전분의 특성

전분	아밀로오스 함량(%)	형태	크기(μm)
쌀	15~30	다면체	3~10
찹쌀	<2	다면체	3~10
밀	23~28	둥근형/렌즈모양	4~10/15~50
보리	11~26	둥근형/렌즈모양	2~3/35~40
옥수수	20~32	다면체, 둥근형	5~30
찰옥수수	<2	다면체, 둥근형	5~25
감자	20~25	타원형	10~100
타피오카	14~27	둥근형, 타원형, 원뿔대	4~30
아마린스	0~22	다면체, 모난형	1~3.5

Bowers, J.(1992). Food Theory and Applications 2nd ed 일부수정.

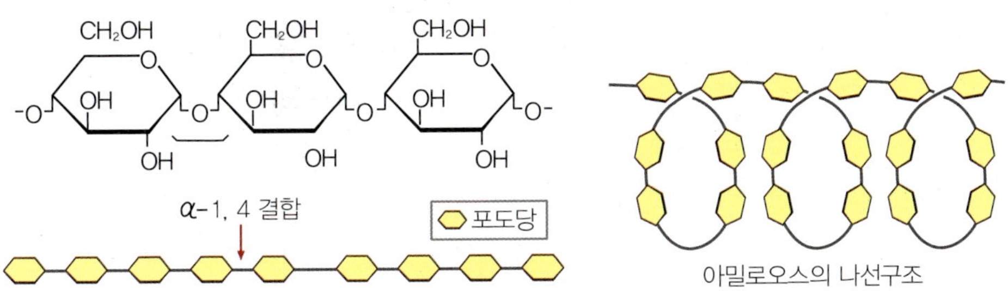

[그림 2-6] 아밀로오스의 구조

조신호 외(2009). 식품학. 교문사.

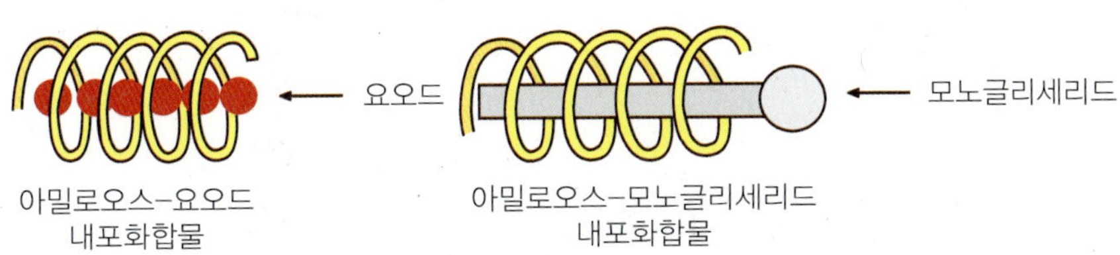

[그림 2-7] 아밀로오스와 내포 화합물의 형성

(2) 아밀로펙틴

아밀로펙틴은 포도당이 직쇄상의 α-1, 4 결합으로 연결된 아밀로오스 사슬 군데군데에 다른 아밀로오스 사슬이 α-1, 6 결합에 의해 가지(branch)를 지닌 구조이며, 포도당 10~25분자마다 가지를 형성하여 나무 덤불과 같은 구조를 가진다. 아밀로펙틴은 직선상의 α-1, 4 결합으로 정렬되어 있는 결정성 영역과 α-1, 6 결합으로 밀집되어 있는 비결정성 영역으로 구성된 결정성 물질(crystallite)이다. 전분 입자는 아밀로펙틴이 방사상으로 모이고, 그 사이사이에 아밀로오스가 채워진 구조로 결정성 영역과 비결정성 영역을 동시에 가지고 있다. 아밀로펙틴은 아밀로오스와는 달리 분자 내 나선구조의 길이가 충분하지 않아 요오드 정색반응에서 청색이 아닌 적자색을 나타낸다.

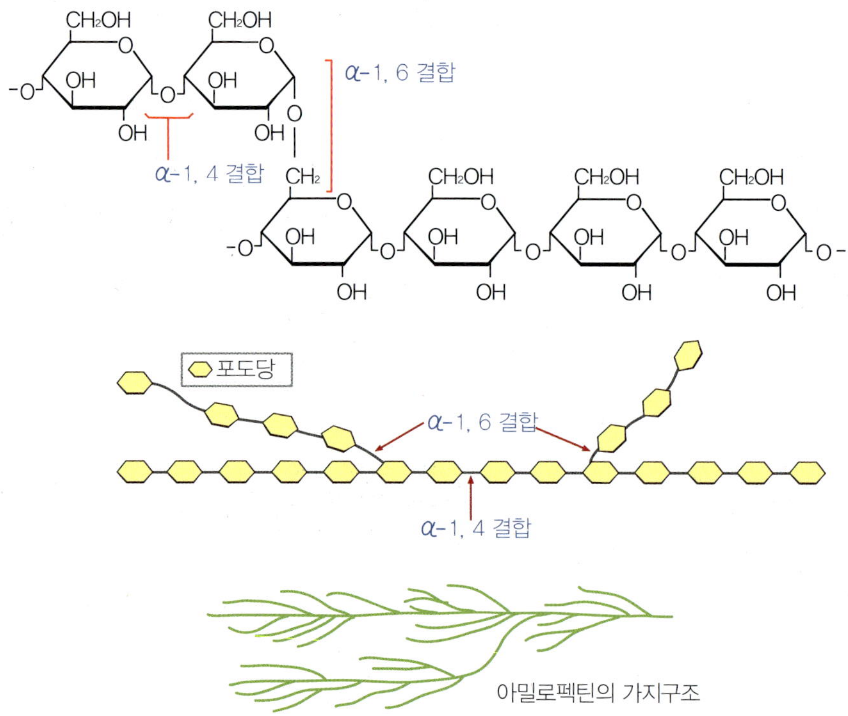

[그림 2-8] 아밀로펙틴의 구조

조신호 외(2009). 식품화학. 교문사.

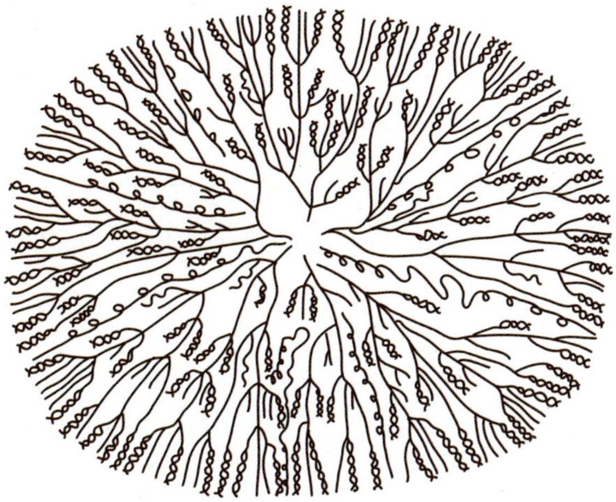

[그림 2-9] 전분의 구조

2) 전분의 조리특성

(1) 호화

전분에 물을 부으면 비결정성 영역에 물이 침투하여 팽윤한다. 팽윤된 전분 입자에 열을 가하면 수분이 결정 영역까지 침투해 들어가서 팽윤속도는 급격히 증가하고 수분 흡수량도 크게 증가한다. 계속 가열하면 열에너지에 의해 결정성 영역의 수소결합이 끊어지고 일부 아밀로오스가 용출되는 비가역적인 변화가 일어나는데 이러한 현상을 호화(gelatinization)라고 한다.

호화는 크게 3단계로 나눌 수 있다.

- 제1단계(수화): 생전분에 물을 분산시켜 가열하면 주로 α-1, 6 결합이 밀집되어 있는 영역 즉 아밀로펙틴이 많이 분포된 비결정성 영역에 수분이 침투한다. 이 단계는 가역적이며 전분 입자는 약 25~30%의 수분을 흡수한다. 아직 전분액은 현탁액 상태이다.
- 제2단계(팽윤, 결정성 소실): 가열을 계속하여 호화개시온도(약 60℃) 이상이 되면 열에 의해 아밀로오스가 많이 분포된 결정성 영역의 수소결합이 파

괴된다. 그 사이로 점점 많은 수분이 들어가 전분 입자가 급격하게 팽윤해 전분 입자의 붕괴가 시작되기 직전의 상태가 된다. 전분 입자는 3~25배의 물을 흡수할 수 있다. 이 단계는 비가역적이며 전분의 복굴절성은 사라진다.

- 제3단계(전분 입자의 붕괴, 교질용액): 전분 입자가 붕괴되어 아밀로오스와 아밀로펙틴이 용출되면 현탁액이 교질용액(colloid) 용액으로 변하여 졸(sol) 상태가 된다.

전분이 호화되면 전분의 투명도가 증가하고 용출된 아밀로오스에 의해 점도가 증가하며 효소에 의해 쉽게 소화된다. 생전분액은 현탁액이지만 호화된 전분은 교질용액다. 감자나 고구마와 같은 서류의 수분 함량은 65% 이상이라 식품 자체의 수분만으로도 호화가 일어날 수 있지만, 곡류와 일부 두류의 수분 함량은 15% 이하이므로 반드시 수분을 첨가한 후 열을 가해야 한다.

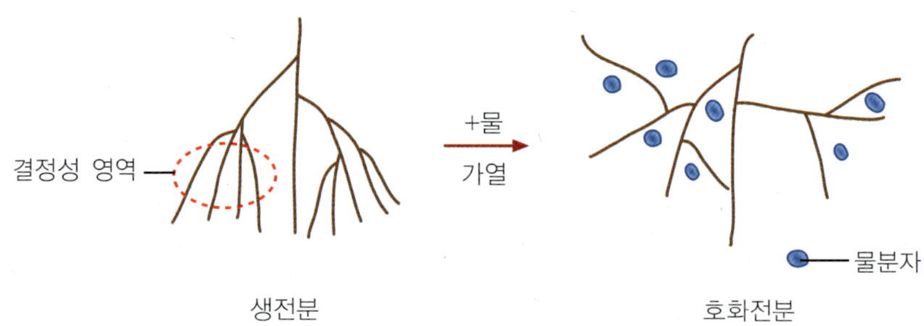

[그림 2-10] **전분의 호화**

김향숙 외(2014). 조리과학. 수학사.

(2) 전분의 호화에 영향을 주는 요인

① 전분의 종류

쌀이나 옥수수 등의 곡류전분은 감자, 고구마 등의 서류전분에 비해 호화온도가 높다. 또한 전분 입자가 큰 서류는 90℃ 부근에서 투명도가 높은 교질용액이 되지만, 곡류전분은 전분 입자가 작고 치밀하여 90℃ 이상에서 오랫동안 가열해도 전분 입자가 붕괴되기 어렵기 때문에 점도와 투명도가 낮은 졸(sol)이 된다.

〈표 2-5〉 **전분의 호화온도와 특성**

전분 종류		호화온도(℃)	특성
고아밀로오스 옥수수		100~160	· 호화액을 숟가락 등으로 들어올리면 툭툭 잘 끊어짐 · 냉각하면 매우 단단하고 불투명한 겔을 형성함
메곡류	옥수수	62~72	· 호화액은 끈기가 있지만, 숟가락 등으로 들어올리면 잘 끊어짐 · 냉각하면 단단하고 비교적 불투명한 겔을 형성함
	쌀	68~78	
	밀	59.5~64	
찰곡류	찹쌀	61~62	· 호화액은 끈기가 매우 강하고 잘 늘어나며, 비교적 투명함 · 냉각해도 겔형성이 잘 안됨
	찰옥수수	72	
서류	감자	56~66	· 호화액은 끈기가 있고, 잘 늘어나며, 비교적 투명함 · 냉각하면 약하지만 비교적 투명한 겔을 형성함
	타피오카	58.5~70.0	

② 수분과 온도

전분현탁액의 수분 함량이 높을수록 즉 전분의 농도가 낮을수록 전분 입자는 쉽게 팽윤되어 호화도가 높아진다. 또한 가열온도가 높을수록 전분 입자의 변화가 크며 호화시간이 단축된다.

③ 첨가물에 의한 영향

전분의 호화에 영향을 주는 첨가물로는 설탕, 지방, 염류, 산과 알칼리 등이 있다.

〈표 2-6〉 **전분의 호화에 영향을 주는 첨가물**

첨가물	영향
설탕	· 친수성이 크기 때문에 전분 입자와 경쟁적으로 물을 흡수한다. · 30% 정도의 농도까지는 호화전분의 점도를 상승시킨다. · 50% 이상으로 농도가 높아지면 호화를 지연시키고 호화온도를 높여 점도를 저하시키고 투명도도 낮아진다. · 이러한 현상을 막기 위해서는 전분을 미리 호화시킨 후 설탕을 첨가하는 것이 좋다.

첨가물	영향
지질	· 전분 입자를 둘러싸서 전분의 수화를 지연시켜 팽윤과 호화를 방해한다. · 조리액으로 전분 용출물이 나오는 것을 방해하여 점도의 증가속도를 늦춘다. · 아밀로오스와 복합체를 형성하여 호화를 억제한다.
염류	· 대부분의 염류는 팽윤을 촉진시켜 전분의 호화온도를 낮추어 줌으로써 호화를 촉진한다. · 황산염은 예외로 호화를 억제시킨다.
산	· 호화촉진작용은 매우 미약하다. · pH 4 이하에서는 산에 의해 전분 분자의 일부가 가수분해되어 팽윤이 촉진되고 호화된 전분의 점도가 낮아진다.
알칼리	· 전분의 팽윤과 호화가 촉진된다.

④ 젓는 정도

호화 초기에는 균등하게 호화가 일어나도록 잘 저어 주어야 한다. 그러나 계속해서 지나치게 저어 주면 팽창된 전분 입자가 파괴되어 점도가 낮아진다.

(3) 전분의 겔화

전분을 호화시켜 아밀로오스와 아밀로펙틴이 조리액으로 많이 빠져나온 후에 젓지 않고 냉각시키면 아밀로오스와 아밀로펙틴 분자들은 인접한 분자끼리 수소결합을 형성해 입체적인 망상구조를 만들고 그 내부에 액체가 갇히게 되면서 유동성이 없는 겔(gel)이 형성된다. 전분겔을 만들 때 전분현탁액을 충분히 가열하면 조리액으로 빠져나오는 아밀로오스의 양이 많아져 결합할 기회가 많으므로 단단한 겔이 만들어지며, 전분의 농도가 높을수록 단단한 겔이 만들어진다. 그러나 지나치게 교반하거나 가열시간이 길어지면 아밀로오스나 아밀로펙틴의 사슬길이가 짧아져 겔 강도는 저하된다.

전분 분자 중 아밀로펙틴은 겔 형성에의 기여도가 매우 적고, 긴 쇄상 분자인 아밀로오스가 겔형성에 주로 관여한다. 곡류전분은 서류전분에 비해 아밀로오스의 함량이 더 높기 때문에 단단한 겔을 형성하지만 서류전분과 아밀로오스함량이 거의 없는 찰전분은 겔을 형성하기 어렵다.

전분겔을 만들 때 산을 첨가하면 가수분해가 일어나 용액이 묽어지면서 짧은 사슬의 아밀로오스가 많아져 서로 결합할 기회가 적어지므로 겔화가 잘 일어나지 않는다. 유화제는 아밀로오스와 결합하기 때문에 전분겔을 만들 때 유화제를 첨가하면 겔 형성에 필요한 아밀로오스의 양이 적어져 겔 강도가 약해진다.

앵두편, 살구편, 오미자편 등의 과편과 도토리묵, 청포묵, 메밀묵 등은 전분을 겔화시킨 우리 고유의 식품이다.

(4) 전분의 노화

호화 또는 겔화된 전분을 실온에 오래 방치하거나 냉각시키면 전분 분자들 간의 수소결합에 의해 결정영역이 재배열되면서 점점 커지는 노화(retrogradation)가 일어난다. 노화가 일어나면 호화전분의 결정영역 사이에 존재하던 물이 외부로 빠져나오는데, 이를 이수(이장, syneresis)현상이라 한다. 호화되었던 전분이 노화되면 결정영역이 다시 생기기는 하지만, 원래의 생전분 상태로 되돌아가는 것은 아니다. 즉 노화전분의 결정구조는 원래의 생전분의 결정상태와 똑같은 상태는 아니다. 노화된 전분은 불투명해지고 점도는 감소하고 용해도가 감소하며 효소 침투가 어려워져 소화율이 낮아진다. 노화는 전분질 식품의 품질을 저하시키므로 노화를 억제하면 전분질 식품의 품질을 유지할 수 있다.

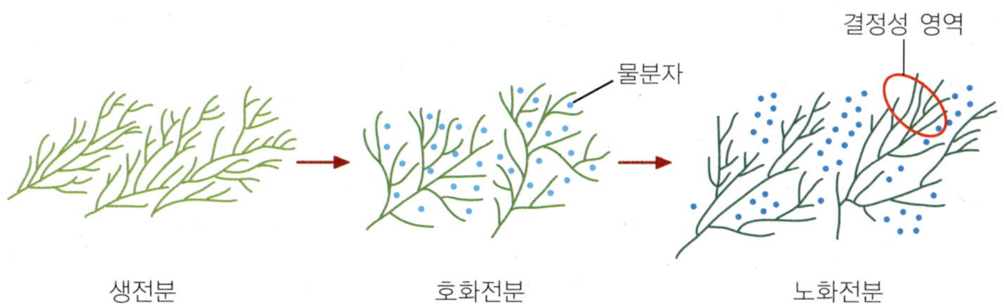

[그림 2-11] **전분의 호화와 노화**

전분의 노화 속도는 수분 함량, 온도, pH, 전분 분자의 종류, 가열시간 첨가물 등 다양한 요인에 영향을 받는다.

〈표 2-7〉 전분의 노화에 영향을 주는 요인들

요인	영향
전분의 종류	· 곡류전분은 서류전분에 비해 노화 속도가 빠르다. · 전분 입자의 크기가 작으면 노화되기 쉽다. · 아밀로오스가 아밀로펙틴보다 노화 속도가 빠르다. 아밀로오스는 직쇄상 분자로 입체 장애가 없지만, 아밀로펙틴은 분지상 구조가 노화를 입체적으로 방해하기 때문이다. · 멥쌀떡이 찹쌀떡보다 빨리 노화된다.
수분 함량	· 30~60%일 때 노화 속도가 가장 빠르다. · 15% 이하이거나 60% 이상이면 노화가 억제된다.
온도	· 0~4℃에서 노화가 가장 빨리 일어난다. · 빙점 이하이거나 60℃ 이상이면 노화가 억제된다. · 여름철보다 겨울철에 떡이 쉽게 노화된다. · 빵이나 떡 등을 냉동보관하면 노화가 억제된다.
pH	· 산성에서는 수소결합이 촉진되므로 노화 속도가 현저히 증가한다. · 알칼리에서는 노화가 억제된다.
염류	· 일반적으로 호화는 촉진하고 노화는 억제시킨다. · 황산염은 노화를 촉진시킨다.
설탕	· 전분의 회합과 침전을 억제하므로 노화를 억제한다.
유화제	· 노화를 억제한다.
단백질	· 다량 존재할 때 노화를 억제한다.

노화를 억제하기 위한 방법으로는 다음과 같은 것이 있다.

- 호화할 때 가열시간을 길게 한다. 가열시간이 길면 전분 입자가 많이 붕괴되므로 쉽게 재배열하기 어려워 노화를 억제한다.
- 호화된 전분을 60℃ 이상의 온도에서 급속히 건조시키거나 0℃ 이하의 온도에서 급속히 냉각시킨다. 이러한 과정을 거쳐 만든 식품인 비스킷, 라면, 냉동떡 등은 노화가 잘 일어나지 않는다.

(5) 전분의 호정화

전분에 물을 가하지 않고 160~180℃ 이상으로 가열하면 여러 단계의 가용성 전분을 거쳐 다양한 덱스트린으로 분해되는데, 이러한 과정을 호정화(dextrinization)라고 한다. 건열로 생성된 덱스트린을 피로덱스트린(pyrodextrin)이라고 한다. 전분을 호정화하면 황색이나 갈색이 되며, 아밀로오스 사슬이나 아밀로펙틴 사슬이 여기저기 끊어져서 분자량이 작아지기 때문에 호정(dextrin)은 물에 잘 녹고 점성이 작아지며, 소화가 잘된다. 호정화된 식품으로는 미숫가루, 비스킷, 팽화곡류, 토스트, 기름에 튀긴 밀가루 음식 등이 있다.

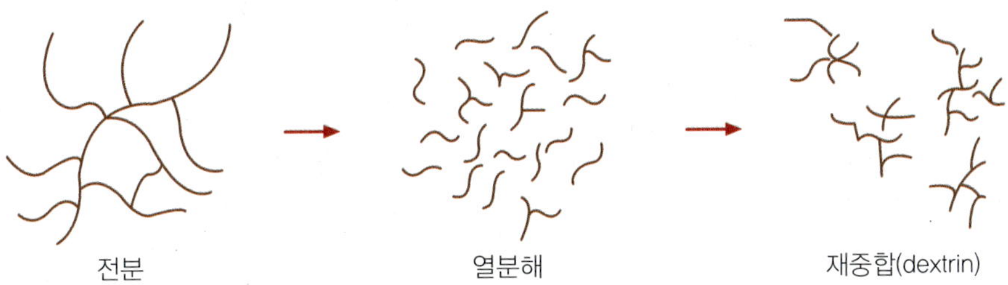

[그림 2-12] **전분의 호정화**

조신호 외(2009). 식품학. 교문사.

(6) 전분의 가수분해

전분에 묽은 산을 가하거나 효소(또는 엿기름)를 첨가하고 최적온도를 유지시키면 전분 입자는 서서히 가수분해되어 포도당, 맥아당, 올리고당 등이 되어 단맛이 증가하는데, 이러한 현상을 당화(saccharification)라고 한다. 효소는 다양한 방법으로 전분을 가수분해 시키는데, 효소로 당화시켜 만든 식품으로는 식혜, 조청, 엿, 콘시럽 등이 있다.

〈표 2-8〉 전분분해효소의 특성

효소명	작용	생성 물질	이용
α-아밀라아제	• 전분의 α-1, 4 결합을 안쪽부터 무작위로 가수분해(endo-enzyme, 액화효소)	덱스트린, 소당류, 맥아당, 포도당	· 양조용, 물엿, 결정포도당 · 타액, 췌장액, 발아 중인 종자 등에 존재
β-아밀라아제	• 전분의 α-1, 4 결합을 비환원성 말단에서부터 맥아당 단위로 가수분해(exo-enzyme, 당화효소)	덱스트린, 맥아당	· 감자류, 곡류, 엿기름, 두류 등에 존재 · 식혜, 조청, 강엿
글루코아밀라아제 (glucoamylase)	• 전분의 α-1, 4 결합과 α-1, 6 결합에 모두 작용 • 분해 속도는 느리다.	덱스트린, 포도당	· 순도가 높은 결정 포도당 · 곰팡이, 효모, 세균 등 미생물에 존재

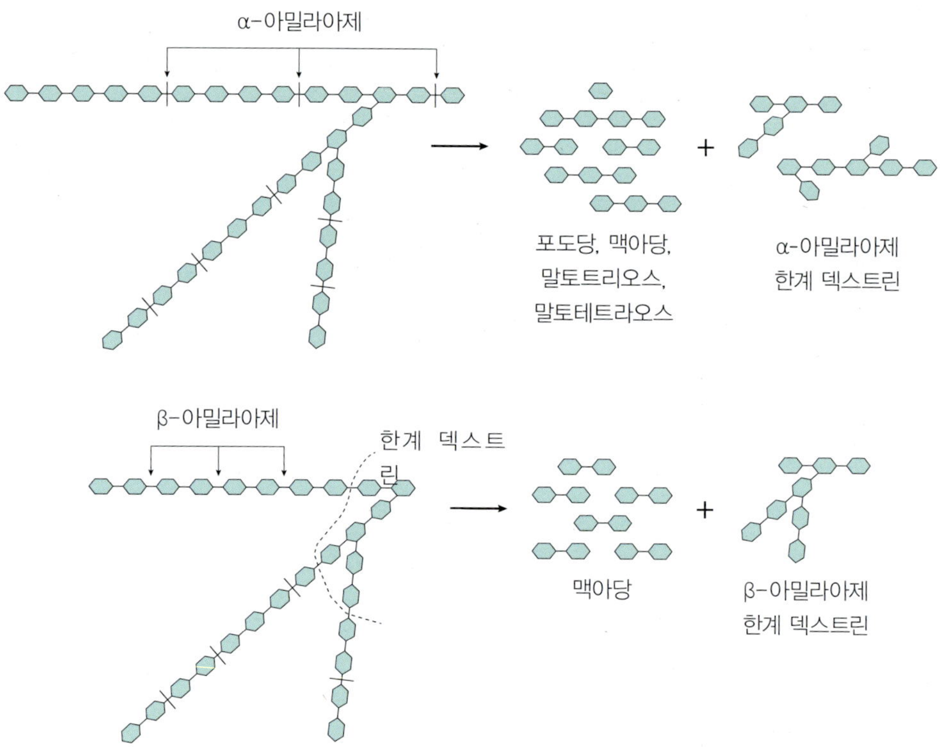

[그림 2-13] α-아밀라아제와 β-아밀라아제의 작용

조신호 외(2009). 식품학. 교문사.

Chapter 03

밀가루의 조리원리

밀은 전 세계인구의 60%가 주식으로 이용하는 식품으로 화본과에 속하는 1년생 식물이다. 알곡 그 자체보다는 제분하여 가루로 만들어 이용하며, 다른 곡류에는 없는 글루텐의 특성을 이용하여 제빵, 제과, 제면 등 다양하게 이용된다.

1. 밀의 종류 및 특성

1) 밀의 구조

밀의 구조는 [그림 3-1]과 같다. 겨층(과피, 종피, 호분층) 배유, 배아 부분으로 구분되며, 배유가 가장 많은 부분을 차지한다. 밀을 제분할 때 가루가 되는 부분이 배유이다. 밀의 낟알은 중심으로 갈수록 전분 함량이 높아지고 단백질은 적어지며 호분층에 가까울수록 단백질 함량이 많다.

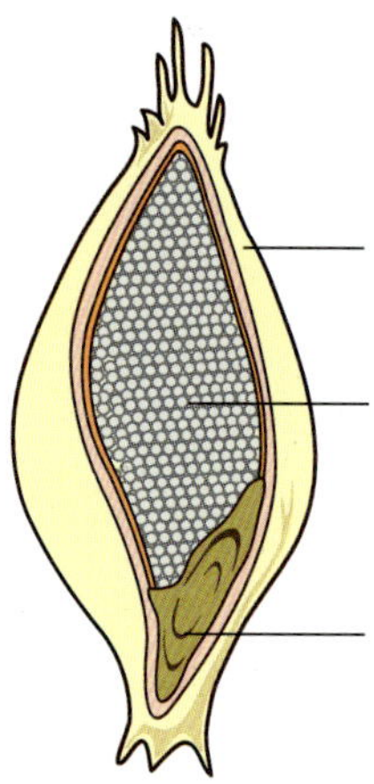

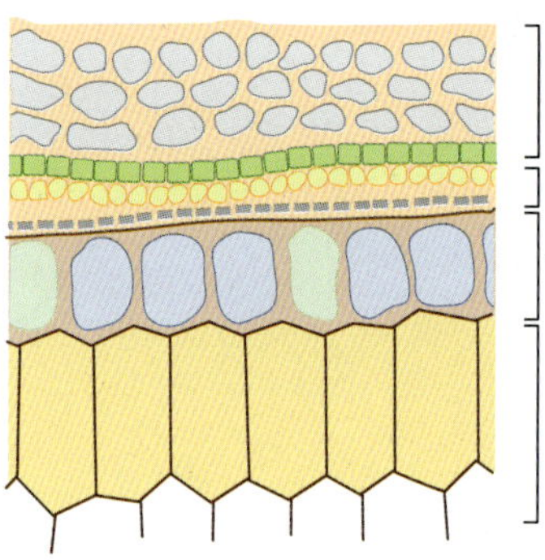

[그림 3-1] **밀의 구조**

2) 밀의 종류와 특성

밀은 파종시기, 경도, 종피의 색, 내부의 구조, 단백질 함량에 따라 구분할 수 있으며 20여 종류가 알려져 있다. 파종시기에 따라 겨울밀(winter wheat)과 봄밀(spring wheat), 색에 따라 붉은 밀과 흰 밀, 밀알의 경도에 따라 경질밀과 연질

밀, 단백질 함량에 따라 강력분, 중력분, 박력분으로 구분할 수 있으며 그 특징은 〈표 3-1〉과 같다.

〈표 3-1〉 밀의 종류와 특성

분류	종류	특성
파종시기	겨울밀	· 가을에 파종하여 다음 해 여름에 수확 · 생산량이 세계적으로 가장 많음
	여름밀	· 봄에 파종하고 늦은 가을에 수확(추운 지방에서 재배) · 겨울밀보다 수확량은 적지만 제빵 적성이 우수함
경도	경질밀	· 낟알이 단단하고 단백질 함량이 높아 강력분에 사용
	연질밀	· 단백질 함량이 낮아 박력분에 사용함
내부구조	초자질(硝子質) 밀	· 한랭 건조한 기후에서 재배하면 초자질 밀이 됨 · 절단면이 반투명이고 단백질 함량이 많고 경질임
	분상질(粉狀質) 밀	· 고온다습한 지역에서 재배하면 분상질 밀이 됨 · 절단면이 하얗고 불투명하며 단백질 함량이 적고 연질임
종피의 색	붉은 밀	· 황색, 황금색, 적황색, 적갈색 등의 색을 띰
	흰 밀	· 연한 황색

알려진 밀의 종류 중 90% 이상이 보통밀로 빵, 과자, 면을 만들 때 이용된다. 5~7%는 듀럼밀(durum wheat)로 마카로니, 스파게티 등 파스타의 원료로 이용된다. 듀럼밀은 단백질과 글루텐 함량이 매우 높으며 가공하여 세몰리나(semolina)라는 가루를 만들어 이용한다.

2. 밀가루의 종류와 구성성분

밀은 주로 밀가루로 이용되는데, 그 이유는 외피가 강하여 분리하기 어려운 반면 배유부가 연하기 때문에 도정 시 입자형태를 유지하기 어려워 제분 과정을 거쳐 가루로 이용한다. 또한 밀은 다른 곡류에는 없는 글루텐으로 인하여 다양한 제품으로 이용 가능하다. 가루로 하여 사용목적에 따라 글루텐 함량이 다른 밀가루를 제조하여 다양한 제품을 만들 수 있기 때문이다.

1) 제분

밀은 정선, 조질, 조쇄 및 분쇄, 사별, 포장의 제분 공정을 거쳐 밀가루로 만든다. 그 과정은 [그림 3-2]와 같다.

정선

밀알과 섞여 있는 왕겨, 지푸라기, 돌 등을 제거하고 표면의 미세먼지 제거

↓

조질

원료밀의 수분 함량은 10% 정도로 건조하여 그대로 제분하면 밀의 껍질 부위가 혼합되어 회분 함량이 높아진다. 이를 방지하기 위해 수분 함량이 15~17%가 되도록 물을 혼합하는 과정이다. 이 과정을 통해 밀의 껍질은 질겨지고 내부는 부드럽게 되어 쉽게 분리 가능해진다.

↓

조쇄 및 분쇄

여러 대의 브레이크 롤을 거치면서 밀 표면에 자국을 내고 비벼서 배유 부분을 가루가 되게 하는 것을 '조쇄'라고 한다. 조쇄를 통해 거칠게 가루가 된 배유 부분을 더욱 부드럽게 가루로 내는 과정을 '분쇄'라고 한다.

↓

사별

만들어진 밀가루를 체로 치는 과정으로 좀 더 세밀한 가루를 얻을 수 있다.

↓

포장

조쇄에서 사별 과정에서 공기와 접촉하여 색이 하얗게 변화하며, 포장 후 저장, 유통되는 과정에서 숙성이 진행된다.

[그림 3-2] 밀의 제분 과정

조경련 외(2013). 이해하기 쉬운 식품과 음식재료, p. 22. 파워북.

2) 밀가루의 종류

밀가루는 밀가루에 함유되어 있는 단백질의 함량과 제분율에 따라 두 가지 방법으로 분류할 수 있다. 밀의 제분은 표면이 우툴두툴하여 밀을 작은 조각으로 부수어 주는 브레이크 롤(break roll)과 표면이 매끄러워 작은 조각의 배유(middling)를 고운 가루로 부수어 주는 활면 롤(reduction roll)을 통과하는 2단계를 거쳐 이루어진다.

(1) 단백질 함량에 따른 분류

밀가루의 주된 단백질인 글루텐 함량에 따라 강력분, 중력분, 박력분으로 구분할 수 있다. 시판되는 다목적 밀가루는 중력분이다. 보통 경질밀과 연질밀을 적절히 혼합하여 글루텐 함량을 조절하여 용도에 맞게 사용한다. 단백질 함량에 따른 종류와 용도는 〈표 3-2〉와 같다.

〈표 3-2〉 밀가루 종류에 따른 특징과 용도

종류	글루텐 함량	특징	용도
강력분	13% 이상	경질밀로 만들며 글루텐 형성이 잘되어 점탄성이 좋아 반죽이 크게 부푼다.	제빵용
중력분	10~12%	다목적 밀가루라고도 하며 가정에서 주로 사용하는 밀가루이다.	면류, 수제비 등
박력분	9% 이하	연질밀로 만들며 글루텐 형성능력이 약하다.	제과용, 튀김옷 등

(2) 제분율에 따른 분류

제분율은 제분 과정에서 총 밀의 무게에 대해 생산된 밀가루의 무게비를 의미한다. 밀기울 포함 여부에 따라 정제한 것과 정제하지 않은 것으로 구분할 수 있다. 정제하지 않은 것은 전밀가루(whole wheat flour), 98% 밀가루, 85% 밀가루로 구분할 수 있으며, 정제한 것은 패턴트 밀가루(patent flour), 스트레이트 밀가루(straight grade flour), 클리어 밀가루(clear flour)로 구분한다.

전밀가루는 제분 과정의 가루를 모두 섞은 것으로 껍질과 배아가 모두 포함되어 있는 것이며, 85% 밀가루는 겨층이 약간 섞인 밀가루이고, 98%는 밀알 전체에서 외피만 제거한 정도여서 전밀가루와 영양가가 비슷하다.

패턴트 밀가루(patent flour)는 제분 과정에서 첫 단계의 롤을 통과한 것으로 회분의 양이 가장 적은 최상급의 밀가루이다. 제분율이 45%인 것은 '쇼트 패턴트(short patent)', 65%인 것은 '롱 패턴트(long patent)'라 한다. 클리어 밀가루는 첫 단계 롤을 통과하지 못한 껍질이 많은 부분이고, 스트레이트 밀가루는 클리어 밀가루와 패턴트 밀가루를 합한 것으로, 밀알의 중심부로부터 72%까지의 가루이고 시중에서 판매되는 밀가루이다.

3) 밀가루의 성분

밀가루의 주요 성분은 탄수화물과 단백질로, 대개 탄수화물 75%, 단백질 8~16%, 지질 2% 이하, 무기질 0.5%, 수분 13% 정도이다.

(1) 단백질

밀가루 단백질의 종류는 [그림 3-3]과 같다. 밀가루 단백질은 글리아딘(gliadin)과 글루테닌(glutenin)이 대부분이고, 가용성인 알부민, 글로불린도 함유되어 있다. 글리아딘은 물을 흡수하면 점성을, 글루테닌은 탄성을 나타내므로 밀가루에 물을 섞어 반죽하면 점탄성이 있는 반죽이 된다. 이로 인해 그물구조인 망상구조를 형성하게 되어 밀가루 가공 특성을 가지게 된다.

아미노산 조성은 필수아미노산인 리신, 트립토판, 메티오닌 등이 부족하여 그리 좋은 편은 아니다.

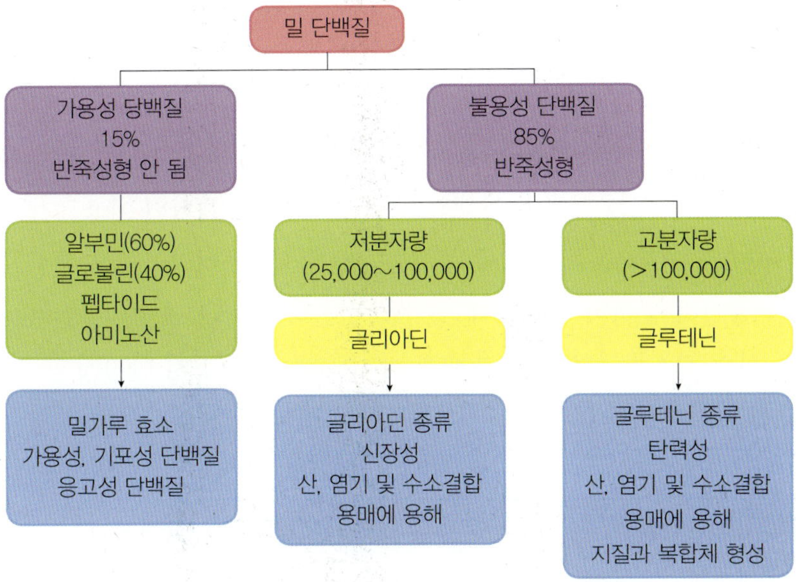

[그림 3-3] **밀가루 단백질의 종류**

송태희 외(2011). 이해하기 쉬운 조리과학. 교문사.

(2) 탄수화물

밀가루 탄수화물의 90% 이상이 전분이고 그밖에 덱스트린(dextrin), 펜토산(pentosan) 및 당으로 이루어져 있다. 밀가루 반죽 시 전분 입자들이 글루텐의 망상구조 사이를 메워 글루텐과 함께 부피를 부풀게 하고, 빵을 구우면 전분이 호화되어 부피가 줄어드는 것을 방지한다. 또 발효 시 이스트의 먹이로 이용되므로 팽창을 촉진하는 역할도 한다.

(3) 무기질

밀의 무기질 함량은 약 2% 정도이며, 외피와 배아에 함유되어 있고, 배유에는 적게 함유되어 있다. 밀가루는 회분 함량으로 등급을 구분하는데 0.6% 이하면 1등급, 0.9% 이하면 2등급, 1.6% 이상이면 3등급으로 구분한다.

(4) 효소

밀가루에는 아밀라아제(amylase), 프로테아제(protease), 리파아제(lipase), 리폭시제네이즈(lipoxygenase), 피타아제(phytase) 등의 효소가 존재하는데 그 양은 적으나 여러 반응의 촉매작용을 하여 반죽과 제빵 적성에 영향을 많이 끼친다. 즉, 아밀라아제에 의해 전분이 분해되어 단순당으로 분해되면 이스트가 이를 먹이로 하여 이산화탄소를 발생시켜 반죽을 부풀게 하며, 리파아제는 저장 중 유리지방산을 생성하게 하여 저장성에 영향을 끼친다. 리폭시제네이즈는 밀가루의 카로티노이드 색소를 산화시켜 표백제 기능을 하며 반죽 시 안전성을 증가시켜 반죽의 물성을 좋게 한다.

(5) 색소

밀가루의 색소는 노란색을 띠는 카로티노이드 색소가 대부분이다. 일정시간 숙성시키면 색과 제품의 품질이 좋아지나 자연적으로 숙성과 표백을 하면 시간이 오래 걸리고 품질도 균일하지 못해 1980년대까지는 표백제인 과산화벤조일이나 염소를 사용하였으나 최근에는 제분기술의 발달로 자연숙성법이 개발되어 표백제를 사용하지 않는다.

3. 밀가루의 조리특성

1) 글루텐의 형성

밀가루는 물을 첨가하여 반죽하면 글루텐이 형성된다. 이는 밀가루에 존재하는 글리아딘(gliadin)과 글루테닌이 물과 결합하면 3차원 망상구조의 점탄성을 지닌 글루텐이 형성되는 것이다. 글루텐의 형성과정은 [그림 3-4]와 같다. 밀가루에 물을 첨가하여 치대면, 긴 막대모양을 하고 있는 글루테닌이 여기저기 겹쳐서 헐거운 실 같은 모양을 만들고, 그 사이에 둥근모양의 글리아딘이 몇 개씩 모여서 끼어서 입체적 망상구조를 만든다. 이때 글루테닌은 탄성을, 글리아딘은 점성을 제공하게 된다. 이렇게 형성된 그물구조는 반죽의 기본 구조가 되며 글루텐 표면에는 수분이, 섬유 사이사이에는 전분이 차지하여 벽을 이루고 있다. 여기에 열을 가하면 전분은 호화되고, 수분은 증기가 되어 부피가 커지게 되고 부풀어 오르게 되는데 글루텐은 탄력성과 점성이 있기 때문에 형태를 유지할 수 있게 된다. 밀가루 반죽을 가열하면 글루텐의 점탄성은 감소하지만 전분의 팽윤, 호화되어 점성과 부착성이 생기고 냉각되면 겔화되어 빵조직을 고정하여 부피 형성에 도움을 준다.

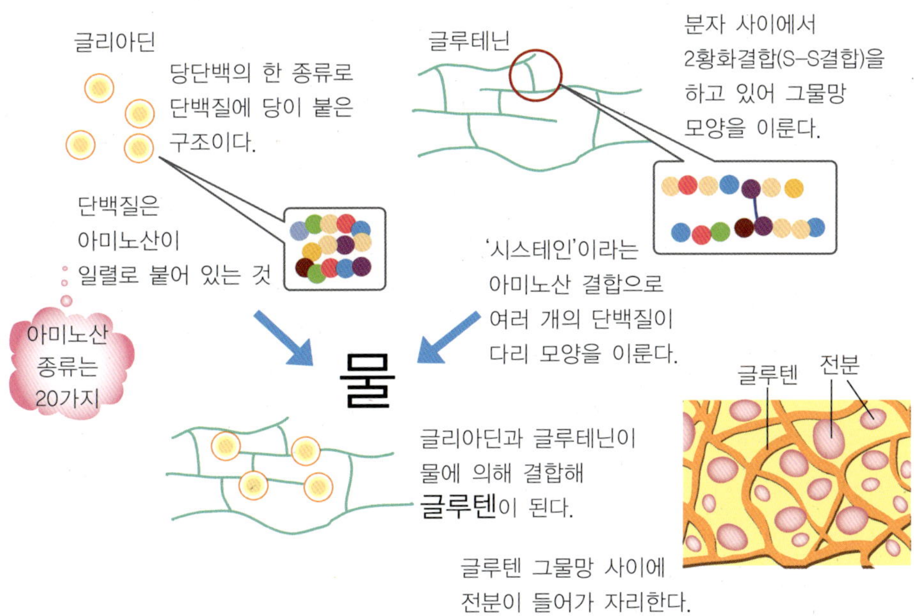

[그림 3-4] 글루텐의 형성

2) 글루텐 형성에 영향을 주는 요인

(1) 밀가루의 종류

강력분은 박력분에 비해 더 단단하고 질긴 반죽을 만들 수 있다. 단백질을 완전히 수화시키기 위해서 글루텐 무게의 2배 정도의 물이 필요한데 강력분은 박력분보다 더 많은 양의 물이 필요하며 반죽시간도 오래 걸린다. 음식의 종류에 따라 밀가루 종류와 반죽 정도를 달리해야 한다. 튀김옷은 박력분을 가볍게 섞어 글루텐 형성을 적게, 빵을 만들 때에는 강력분을 사용하여 글루텐 망을 강하게 형성하도록 충분히 반죽하도록 해야 한다.

(2) 물 첨가하는 방법

물을 한꺼번에 첨가하거나 소량씩 첨가하는 것에 따라 글루텐의 형성량이 달라진다. 소량씩 첨가할수록 글루텐 형성이 많이 되므로 제빵 외에도 국수, 만두피를 만들 때에 적용한다.

(3) 반죽 치대는 정도

반죽을 치댈수록 글루텐 형성이 잘되지만 너무 많이 치대어 한도를 넘으면 글루텐 섬유가 지나치게 늘어나 반죽이 물러진다. 손반죽을 할 때보다 기계를 사용할 때 일어날 수 있으므로 유의한다.

(4) 밀가루의 입자와 반죽 방치시간

밀가루의 입자가 작을수록 글루텐은 잘 형성이 되며, 반죽을 적당시간 방치하여 숙성시키면 균질화되어 글루텐의 구조가 완화되어 신장성이 좋아져서 밀기 쉽게 된다.

(5) 온도

온도는 글루텐 생성속도에 영향을 끼치는데, 온도가 올라가면 수화속도가 증가하게 되어 글루텐의 형성이 빨라지고 온도가 낮으면 흡수량이 낮아져서 글루텐 형성이 억제된다. 보통 30℃ 전후의 물을 사용한다. 튀김옷을 만들 때 15℃ 전후의 냉수를 사용하면 글루텐 형성이 억제되어 바삭한 튀김을 만들 수 있게 된다.

(6) 첨가물

밀가루 반죽을 만들 때에는 밀가루와 물 외에 우유, 소금, 설탕, 달걀, 지방, 팽창제 등과 같은 부재료가 글루텐 형성에 영향을 미치는데 그 정도는 〈표 3-3〉과 같다.

〈표 3-3〉 부재료가 글루텐 형성에 미치는 효과

부재료	역할	제품에 미치는 효과
물	글루텐 형성에 기여	부드러운 반죽 형성
전분	글루텐 망상구조 형성	부드러운 반죽, 굽는 동안 구조 형성
소금	글루텐 구조 강화	반죽을 질기고 단단하게 함, 간을 제공
설탕	글루텐 형성 억제	단백질의 열응고를 저해하여 부드럽고 촉촉하게 함
지방	글루텐의 표면을 둘러싸서 글루텐의 형성 방해	반죽을 부드럽고 연하게 함
달걀	가열하면 단백질이 응고하면서 글루텐을 도와 제품의 질을 단단하게 함	글루텐 구조 형성, 노화 지연
팽창제	이산화탄소 생성	반죽 팽창, 부드러운 식감

이주희 외(2012). 과학으로 풀어 쓴 식품과 조리원리, p. 96. 교문사.

① 액체

밀가루에 액체가 첨가되면 글루텐이 형성되는데 수분이 첨가되는 양에 따라 영향을 받는다. 이외에도 액체는 수용성 물질이 골고루 섞일 수 있도록 용매 역할을 하며, 전분의 호화, 탄산가스 발생과 가열하는 동안 증기를 발생하여 부피를 부풀게 한다.

② 소금

반죽의 점탄성을 높이고, 효소에 의한 단백질분해를 억제하여 글루텐의 망상구조를 치밀하게 하여 반죽을 질기고 단단하게 한다. 또한 반죽의 간을 제공하며, 이스트 발효의 경우 발효속도를 조절한다.

③ 달걀

달걀의 단백질은 가열하면 응고되어 글루텐이 팽창된 상태로 구조가 고정되도록 하여 제품의 형태를 유지하는 데 도움을 준다.

④ 설탕

설탕의 흡습성으로 인해 밀 단백질의 수화가 감소되어 글루텐 형성이 억제되어 연화 작용이 일어난다. 또한 설탕으로 인해 달걀 단백질의 열응고가 억제되어 단백질의 연화 작용(peptizing action)이 일어난다.

⑤ 유지

유지를 반죽에 첨가하면 형성된 글루텐 표면을 둘러싸서 더 이상 글루텐이 길게 성장하지 못하도록 하여 반죽을 부드럽고 연하게 한다. 또한, 다량의 유지를 첨가하면 글루텐과 글루텐 사이에 막이 형성되어 제품에 켜를 생성하게 한다.

3) 밀가루 제품에 첨가되는 부재료의 역할

(1) 액체

밀가루 제품에 사용되는 액체는 물, 우유, 과일즙 등이 있으며 역할은 다음과 같다. 즉, 소금, 설탕 등의 물질을 용해시켜 반죽에 골고루 섞이도록 하는 용매작용, 글루텐 형성과 전분의 호화를 돕고, 베이킹파우더와 같은 화학적 팽창제가 탄산가스를 발생할 수 있게 하며, 굽는 동안 증기를 형성하여 부풀게 하는 역할을 한다.

또한 밀가루에 대한 물의 양에 따라 반죽의 상태와 단단한 정도가 달라지므로 각 조리에 적합하도록 물의 양을 조절한다. 반죽은 크게 도우(dough)와 배터(batter)로 구분할 수 있으며 〈표 3-4〉는 밀가루 반죽의 상태와 적당한 조리의 예이다.

〈표 3-4〉 밀가루와 물의 비율에 따른 반죽의 상태와 조리

종류		밀가루:물	반죽 상태	조리 예
도우(dough)	hard	1:0.5~0.6	손으로 둥글게 뭉쳐지는 정도	국수, 만두피, 식빵 등
	soft	1:0.6~1.0	손으로 뭉쳐지지 않고 흐르지도 않는 정도	찐방, 소프트쿠키, 수제비, 소프트 도넛 등
배터(batter)	drop	1:1.5~1.8	숟가락으로 떠서 떨어뜨리면 서서히 퍼지는 정도	감자전, 핫케이크, 머핀 등
	pour	1:2~2.5	줄줄 흐르는 정도	밀전병, 스펀지케이크, 튀김옷 등

송태희 외(2011). 이해하기 쉬운 조리과학, p. 149. 교문사.

(2) 유지

유지는 제품에 연화 작용(shortening effect)과 팽화 작용(leavening effect)을 한다. 밀가루 반죽에 유지를 첨가하면 유지가 글루텐의 표면을 둘러싸 글루텐 섬유가 길게 연결되지 못하게 하여 망상구조의 형성을 억제하여 반죽이 부드럽고 연하게 된다. 또 지방을 덩어리 상태로 첨가하면 반죽하는 동안 넓은 지방막이 형성되어 글루텐 연결이 방해되어 얇은 층의 켜가 생기고 바삭바삭해진다.

또한 고체지방을 크리밍(creaming)하는 과정에서 공기가 혼합되므로 제품의 부피를 증가시키는 팽화 작용도 한다.

(3) 설탕

설탕은 제품에 단맛을 주는 역할 외에도 가열하면 갈변하여 캐러멜향을 부여하고 먹음직스러운 갈색을 띠게 한다. 설탕이 첨가되면 전분의 호화온도가 높아지고 달걀 단백질의 응고온도가 상승하게 되어 제품의 최종 부피가 고정되기 전에 충분히 늘어날 수 있는 시간이 제공되어 부피가 증가된다. 또, 설탕의 흡습성이 있어 수분을 흡수하게 되어 글루텐 형성을 저해한다. 그러므로 반죽에 설탕이 들어가면 다른 반죽에 비해 오래 반죽하는 것이 좋다. 적당량의 설탕을 첨가하면 지나친 글루텐의 형성을 억제하여 제품의 부피가 충분히 부풀 수 있게 된다. 하지만 과량의 설탕을 첨가하면 글루텐 형성이 부족하여 굽는 동안 기체 팽창에 의

한 압력을 견디지 못해 표면이 갈라진다. 설탕이 너무 적으면 결이 거칠고 질겨지게 된다.

(4) 달걀

달걀은 반죽에 액체를 제공하며 제품의 색과 맛을 좋게 한다. 달걀의 단백질은 가열하면 응고되어 글루텐이 팽창된 상태로 구조가 고정되도록 하여 제품의 형태를 유지하는 데 도움을 준다. 또한 기포를 형성하는 과정에서 반죽 내에 공기를 포함시키게 하여 팽창제의 역할을 하며, 노른자는 유화성이 있어 지방을 고루 분산시켜 제품의 조직과 텍스처를 좋게 한다.

(5) 소금

소금이 적당하게 첨가되면 글루텐의 강도가 높아지지만 지나치게 첨가되면 질기게 된다. 또한 이스트가 적당한 속도로 발효하게 하여 제품의 텍스처를 좋게 한다.

(6) 팽창제

팽창제는 밀가루 반죽을 잘 부풀게 하고 다공질 상태로 만들기 위해 첨가하는 것이다. 밀가루 반죽은 반죽할 때 크리밍(creaming), 거품 내기(beating), 섞기(folding) 등의 과정에서 혼입되는 공기나, 가열 시의 수증기와 탄산가스에 의해 팽창하게 된다. 물리적 팽창제, 생물학적 팽창제와 화학적 팽창제로 구분할 수 있다.

① 물리적 팽창제

가) 공기

밀가루를 체로 치거나 크리밍하는 과정에서 반죽 속에 혼입된다. 버터와 설탕을 섞는 크리밍 과정, 난백 거품을 내기 위한 비팅(beating) 과정, 거품 낸 달걀 혼합물과 가루제품을 섞는 과정(folding)에서 포함된다. 공기를 이용한 팽창 과정을 이용한 제품으로 스펀지케이크(sponge cake), 엔젤케이크(angel food cake), 파운드케이크(pound cake) 등이 있다.

나) 증기

반죽에 첨가된 물, 우유, 달걀 등의 수분은 열이 가해지면 수증기로 되는데 이때 부피가 1,600배 이상으로 증가하여 제품이 부풀게 된다. 수증기를 주된 팽창제로 사용할 때는 물의 비율이 높아야 한다, 또한 일시에 다량의 수증기가 기화되어야 하므로 빠른 시간 내에 고온이 유지되어야 한다. 크래커(saltine cracker), 팝오버(pop over), 크림퍼프(cream puff) 등이 증기를 주된 팽창제로 이용한 제품이다. 하지만 수증기로만 팽창시키기는 어려우므로 다른 팽창제와 함께 사용하여야 한다.

② 생물학적 팽창제

가) 효모(yeast: 이스트)

효모의 발효로 생기는 이산화탄소가스를 이용하여 팽창시키는 것이다. 밀가루 반죽에 효모를 첨가하여 일정 시간 두면 반죽 내의 당을 분해하여 탄산가스와 에탄올을 생성한다. 탄산가스로 인해 반죽이 부풀게 되며, 에탄올 때문에 독특한 향이 생성된다.

포도당	➡	에탄올 + 탄산가스
$C_6H_{12}O_6$		C_2H_5OH Co_2

효모가 잘 성장하기 위해서는 영양소로서 당이 필요하고, 적절한 온도와 pH가 필요하다. 빵 반죽의 설탕은 효모의 영양원으로 이용되며, 효모 발효의 최적 온도와 pH는 27~29℃, 4.8~5.5이다.

효모의 형태는 압착효모(compressed yeast), 활성건조효모(active dry yeast), 속성팽창건조 효모(instant quick-rising active dry yeast) 등 3종류가 있다.

③ 화학적 팽창제

밀가루 반죽에 탄산가스를 생성할 수 있는 물질을 첨가하여 팽창시키는 것으로 베이킹소다(중조, 탄산나트륨)와 베이킹 파우더가 있다.

가) 베이킹소다(baking soda)

식소다인 중탄산나트륨은 밀가루 반죽에 넣고 가열하면 다음과 같이 반응하여 이산화탄소를 생성하여 반죽을 부풀게 한다. 이 반응은 혼합한 즉시 일어나므로 반죽을 섞은 즉시 가열하여야 한다.

$$2NaHCO_3 \xrightarrow{\text{가열}} Na_2CO_3 + H_2O + CO_2$$

중조를 사용하면 탄산나트륨(Na_2CO_3)이 반죽에 남아 씁쓸한 맛과 황색으로 변하게 되어 좋지 않은 결과를 나타나게 된다, 이를 방지하기 위해서 탄산나트륨을 중화시킬 수 있는 유기산을 첨가하면 제품의 질이 좋게 된다. 그 목적으로 과일주스, 당밀, 사워밀크 등을 사용한다. 막걸리 또한 다양한 유기산이 함유되어 있으므로 사용가능하다.

나) 베이킹파우더

베이킹파우더는 베이킹소다의 단점을 보완하기 위해 산 또는 산 생성이 가능한 물질과 전분을 혼합하여 만든 것이다. 전분의 역할은 수분을 흡수하여 덩어리지지 않도록 하며, 습기에 의해 베이킹소다와 산이 쉽게 반응하는 것을 방지하고 과량의 탄산가스가 발생하지 않고 12% 정도가 되도록 조절하는 역할을 한다. 베이킹파우더는 첨가하는 산염의 종류에 따라 단일반응 베이킹파우더와 이중반응 베이킹파우더로 구분할 수 있다. 단일반응 베이킹파우더는 주석산염과 인산염을 사용하는데, 이는 반죽 초기에 이산화탄소가 전부 생성되므로 반죽한 채 오래 두거나, 굽는 동안 기체가 빠져나가 부피가 줄어들거나 가운데가 움푹 들어가는 단점이 있다. 이 단점을 해결하기 위해 반죽 초기에 반응하는 산염과 굽는 동안 반응하는 산염 두 가지를 모두 함유하고 있는 것으로 인산-황산의 복합형 베이킹파우더가 있다.

비스킷, 와플, 팬케이크, 머핀, 쿠키 등의 이스트를 활용하지 않는 퀵브레드(quick bread)를 만들 때 주로 이용한다.

4. 밀가루의 조리특성의 이용

밀가루의 조리특성을 이용한 음식은 팽창제의 사용 여부, 발효 여부에 따라 〈표 3-5〉와 같이 구분할 수 있다.

〈표 3-5〉 밀가루 음식의 분류

팽창제 사용 여부	팽창제 사용 ○			팽창제 사용 ×
발효 여부	발효 ○	발효 ×		
팽창제 종류	이스트	CO_2	공기, 수증기	
음식의 종류	빵 종류, 빵 도넛, 중국 만두피,	핫케이크, 와플, 머핀, 마들렌, 케이크, 도넛, 비스킷, 쿠키	스펀지케이크, 팝오버, 파이 껍질	국수, 수제비, 만두피,

1) 제과 · 제빵류

제과 및 제빵은 글루텐 성질, 지방의 성질 그리고 달걀의 특성을 활용하여 만든다. 글루텐의 성질을 잘 이용한 것은 빵류이며, 크루아상이나 페이스트리와 같은 바삭한 질감이 중요한 제품은 지방의 성질을 잘 활용한 것이며, 달걀의 기포 형성과 유화성을 활용하는 것은 케이크와 쿠키 종류이다.

(1) 발효 빵류

빵은 밀가루에 이스트, 물, 소금, 유지, 당류, 계란 등을 첨가하여 반죽한 후 발효시켜서 만드는 것으로 식빵류, 하스브레드(harth bread), 조리빵류, 과자빵류, 특수빵류 등으로 구분할 수 있다. 식빵은 재료를 배합, 반죽, 1차 발효, 성형, 2차 발효, 굽기의 과정을 거쳐 만들어진다. 빵을 반죽하는 방법은 모든 재료를 한꺼번에 넣고 반죽이 탄력이 생길 때까지 치대는 직접 반죽법(straight dough method)과 밀가루의 일부와 설탕과 이스트, 액체를 섞어 발효하여 스펀지 상태로 만든 후 나머지 밀가루와 부재료를 넣고 본 반죽하는 스펀지법(sponge-dough method)이 있다. 직접 반죽법은 발효가 짧은 시간에 끝나고 노력이 적게 들며 향기가 좋아지는 장점이 있으며, 스펀지법은 노력이 많이 들고 작업시간은 길어지지만 이스트가 절약되고 가볍고 조직이 좋은 빵을 만들 수 있는 장점이 있다. 발효의 적절한 온도는 25~28℃가 적당하며 발효 후 반죽의 부피가 2배 정도 되면(1차 발효) 다시 치대어 과량의 탄산가스를 제거하고 성형한 후 2차 발효하며 굽는다. 구울 때는 200~220℃로 미리 예열된 오븐에 반죽을 넣고 10~15분 후 표면이 갈색이 되면 온도를 177℃ 정도로 낮추어 30분 정도 더 굽는다. 다 구워지면 선반에서 냉각시켜 눅눅해지는 것을 방지한다.

(2) 비발효 빵류

발효하지 않고 만드는 빵류로 퀵브레드(quick bread)와 케이크, 쿠키, 페이스트리 등이 있다.

① 퀵브레드

이스트 대신 팽창제를 사용하여 구울 수 있는 제품으로 비스킷(biscuit), 머핀(muffin), 와플(waffle), 팬케이크(pancake) 등이 이에 속한다. 반죽하는 방법은 마른 재료는 체로 치고, 액체는 액체끼리 혼합한 후 마른 재료를 함께 섞는데, 글루텐이 너무 많이 형성되지 않도록 가볍게 혼합해야 한다(머핀법). 보통

180~230℃의 온도에서 굽는데 가운데를 뾰족한 물건으로 찔러 보아 묽은 반죽이 묻어나오지 않으면 익은 것이다.

② 케이크

케이크에는 달걀의 기포성을 이용한 케이크(unshortened cake)와 지방을 넣은 케이크(shortened cake)가 있으며 주로 박력분을 사용한다.

지방을 넣은 케이크는 버터나 마가린 같은 가소성의 고체지방을 설탕과 함께 섞어 크리밍할 때 생성된 기포가 가열하는 동안 팽창하여 케이크를 부풀게 하여 만드는 것으로 버터케이크와 파운드케이크 등이 있다. 이렇게 함유된 공기만으로는 팽창력이 약하므로 화학적 팽창제를 밀가루의 1~2% 정도 첨가하여 만든다. 이러한 제품은 지방과 설탕이 글루텐 형성을 방해하므로 연하고 오래 두어도 잘 굳지 않는 특성이 생긴다.

지방 대신 달걀의 기포성을 이용하는 케이크에는 스펀지케이크, 엔젤케이크 등이 있다. 달걀흰자를 거품낼 때 공기가 다량 혼입되며, 달걀의 수분에서 얻어지는 수증기에 의해 스펀지상으로 부푼다. 지방을 넣은 케이크보다 잘 부풀며 섬세하고 가벼운 질감을 얻을 수 있다.

③ 쿠키

쿠키는 케이크에 비해 수분 함량이 적고 지방과 설탕의 비율이 높으므로 전분의 호화와 글루텐 형성이 적어 바삭바삭하고 연한 질감을 지닌다.

④ 페이스트리

페이스트리는 고체지방을 밀가루 반죽 사이에 넣어 켜를 만들어 가며 반죽한 것으로 바삭한 켜가 특성인 제품이다. 반죽을 할 때는 냉수를 사용하는데 온도가 높으면 글루텐 형성이 쉽게 되고, 아밀라아제가 활성화되어 맥아당으로 분해되며 버터가 녹아 켜의 형성이 어렵게 되기 때문이다. 고온으로 가열하면 고체 지방의 층 사이에 압력이 형성되어 수분이 증기화되면서 팽창제 없이도 도우를 여러 개의 얇은 층으로 부풀게 하여 켜를 만들게 된다. 지방은 또한 도우에 향미와 연한 질감도 제공하므로 페이스트리에 있어서 지방은 매우 중요한 재료이다.

2) 국수류

국수류는 밀가루 반죽을 얇게 밀어 면대를 만들어 가늘게 자르거나 반죽을 압축하여 만드는 것으로 글루텐의 점탄성을 이용한 것이다. 보통 밀가루에 소금 2%, 물 30~35%를 넣고 충분히 글루텐을 형성하여 만든다. 소금은 글루텐을 강화시키고 반죽에 탄력을 부여하지만 과량을 사용하면 오히려 반죽의 결합력을 저하시킨다,

국수류는 원료의 종류에 따라 밀가루로 만드는 일반국수, 메밀가루로 만드는 메밀국수, 냉면과 전분으로 만드는 당면으로 구분할 수 있으며, 건조 여부에 따라 건조면과 생면으로 구분할 수 있다. 또한 제조방법에 따라 우동면, 소면, 중화면과 같이 반죽을 길게 빼서 만드는 신연면, 반죽을 만들어 길게 자르는 칼국수와 같은 선절면, 마카로니와 같이 압출해서 만드는 압출면, 라면과 같이 기름에 튀겨 나오는 유탕면 등이 있다.

〈표 3-6〉 다양한 면의 재료와 특징

종류	주재료	가공법	특징
중화면	밀가루, 소금, 탄산나트륨	반죽을 길게 늘여 국수가락을 만든다.	알칼리성 간수를 첨가하여 글루텐 형성이 촉진되므로 강한 탄력성이 있고, 노란색을 띈다. 중국 산시성에서 시작되었다.
우동	밀가루, 소금,	반죽을 밀대로 얇고 넓게 펴서 칼로 자른다.	오랜 시간 숙성과 저장을 반복하여 글루텐 구조가 매우 치밀함 밀가루:소금물(10%)=100:50이 적당
메밀국수	메밀, 밀가루	메밀가루와 밀가루를 반죽하여 작은 구멍이 있는 통에 넣어 압출한다.	메밀에는 글루텐이 없어 덩어리로 만든 후 압출하여 국수를 만든다. 첨가하는 밀가루의 양에 따라 특성이 조금씩 달라진다.

종류	주재료	가공법	특징
쌀국수	쌀	쌀을 아주 곱게 가루내어 반죽한 후 열판 위에 얇게 펴서 익힌 후 썰어서 만든다.	베트남 등의 동남아시아에서 많이 생산한다. 인디카계통의 쌀을 이용한다.
냉면	메밀, 전분	반죽을 익히면서 강한 압력을 가해 작은 구멍 밖으로 밀어낸다.	글루텐이 없어 끈기가 없는 재료에 이용하는 방법이다. 전분의 함량에 따라 특성이 달라진다. 평양냉면이 함흥냉면보다 전분 함량이 적다.
쫄면	밀가루, 검, 알코올 등	냉면과 같다.	냉면보다 큰 구멍을 이용하여 생산한다.
스파게티	세몰리나	냉면과 같이 압출하여 만든다.	초강력분으로 만든다.

동아일보(2009. 8. 28.). 일부수정.

국수를 맛있게 삶으려면 국수 무게의 6~7배의 충분한 물에 끓여서 단시간 내에 호화가 가능하도록 한다. 국수가 떠오르면 차가운 물을 부어 가면서 끓인다. 다 끓으면 충분한 양의 냉수에 단시간에 냉각시키면 국수의 탄력이 유지된다.

3) 소스류

루(roux)는 밀가루와 버터를 볶은 것으로 전분의 호정화현상을 이용한 것이다. 주로 수프나 소스의 농도를 부여하며 특유의 풍미와 매끄러운 맛을 내게 한다. 볶는 정도에 따라 화이트 루(white roux), 블론드 루(blond roux)와 브라운 루(brown roux)로 구분할 수 있다. 루에 사용하는 밀가루는 박력분을 사용하는데 그 이유는 전분의 양이 많아서 강력분보다 점도가 높아 농후제로 사용하기 좋기 때문이다. 화이트 루보다 브라운 루의 점도가 낮은데 그 이유는 전분이 부분적으로 호정화되기 때문이다. 버터와 밀가루의 비율은 1:1로 하여 저온에서 오래 볶는 것이 유동성이 있고, 균일하게 분산시키기 쉽다.

Chapter 04

당류의 조리원리

당류는 조리에 단맛을 주기 위해서 주로 자연에서 얻어지는 탄수화물을 이용하는 것으로 사탕수수나 사탕무, 단풍나무, 옥수수 등 대부분 식물성 원료에서 얻는다. 동물에서 얻어지는 유일한 당으로는 우유의 유당이 있으나 당도가 높지 않다.

1. 당의 종류

당은 식품 조리나 가공 시 감미료로 첨가되어 사용되며, 감미료는 천연감미료와 인공감미료로 나누어진다.

> **감미료(sweetening)**
>
> 단맛을 느끼게 하는 조미료 및 식품첨가물의 총칭

1) 천연감미료

천연감미료는 설탕과 꿀이 대표적이며, 그 외에 포도당, 과당, 젖당, 맥아당, 시럽 등이 있다.

(1) 설탕(sucrose)

설탕은 가장 일반적으로 사용되는 당으로 용도는 향신료, 방부제, 장식재료, 감미료 등 매우 다양하다. 설탕의 주원료는 사탕수수와 사탕무이며, 사탕수수와 사탕무에서 추출하여 얻은 즙액을 가열, 침전, 원심분리 등의 정제과정을 거쳐 만들어진다. 설탕결정체를 서당, 액즙을 당밀(molasses)이라 한다. 설탕은 당밀 함량 여부에 따라 함밀당과 분밀당으로 나누어진다.

〈표 4-1〉 설탕의 종류

종류	특징
당액	사탕무와 사탕수수를 압착하여 짜낸 즙액
함밀당 (molasses-containing sugar)	사탕수수즙에 알칼리를 넣어 수분을 증발시켜 만든 결정 당밀을 함유하여 빛깔이 검거나 붉음. 흑설탕은 대표적인 함밀당
분밀당 (molasses-free sugar)	사탕수수즙에서 당밀을 분리하여 만든 설탕
원료당 (raw sugar)	당액에서 당밀을 제거하여 1차 정제한 후 여과, 농축 및 결정과정을 거쳐 입자로 만든 황갈색 설탕
정제당 (refined sugar)	원료당의 재용해, 재결정 과정을 거쳐 만든 설탕으로, 정제 정도에 따라 흰색의 정백당, 노란색의 중백당, 짙은 갈색의 삼온당으로 나뉨
황설탕 (brown sugar)	백설탕보다 덜 정제된 것으로, 백설탕보다 향미가 있으며 신맛이 더 강하고 수분 함량 높음
흑설탕 (black sugar)	당밀을 분리하지 않은 함밀당으로 불순물을 많이 포함하고 있으며, 무기질이 많고 고기를 재울 때 이용하면 감칠맛이 남
분말설탕 (powdered sugar)	정백당을 밀가루처럼 곱게 빻은 것으로 굳는 것을 방지하기 위해 전분을 3% 혼합한 것. 빙과류, 껌, 분유 등에 이용
각설탕 (cube sugar)	백설탕에 시럽을 넣어 촉촉하게 한 것을 틀에 넣어 가압하고 모양을 만들어 60℃에서 건조시킨 것

엄우흠 외(2005). 잘먹고 잘사는 법 시리즈 067: 설탕. 김영사.

(2) 포도당(glucose)

포도당은 자연계에 널리 존재하며 단맛이 나는 과일 등에 많이 들어 있는 기본 당으로 이당류와 전분의 구성 당이다. 다당류인 전분을 가수분해하여 쉽게 얻을 수 있으며, 글루코오스 당량(Dextrose Equivalent: DE)이 높으면 단맛이 강하고 점도가 낮은 시럽이 만들어진다. 설탕 단맛의 절반 정도이며, 캔디, 음료, 제과, 과일 통조림, 발효음료에 이용한다.

(3) 과당(fructose)

과당은 단맛을 가진 과일과 꿀에 많이 함유되어 있고, 과일의 맛과 중요한 관계가 있다. 설탕을 분해하여 얻을 수 있으며, 천연의 당류 중 흡수성이 강하여 결정화되기가 어렵고, 끈적거림이 있어 캔디의 경우 다른 당을 함유한 캔디보다 부드럽다. 과당은 α형과 β형의 이성체가 존재하며, β형이 α형보다 3배 감미를 더 갖고 있다. 과당은 당류 중 감미가 가장 강하지만 온도가 상승되면 α형으로 전환되어 감미도가 급격히 감소되므로 과일은 차게 보관했을 때 더 달게 먹을 수 있다. 과당은 상쾌한 단맛이 있고 흡수가 느린 특성이 있어 식품과 청량음료의 감미료로 사용되며 옥수수시럽(corn syrup) 등이 있다.

(4) 젖당(lactose)

젖당은 포유류의 유즙, 특히 초유 속에 많이 함유되어 있으며, 치즈를 만들 때 나오는 훼이(whey: 유청)에서 얻는다. 젖당은 α, β형의 두 종류가 있는데 β형이 다소 강한 감미를 가지고 있다. 젖당은 정장 작용이 있어 대장의 유익한 환경을 제공하며 장관 내에서 칼슘의 흡수를 촉진시킨다. 단맛이 약하여 주로 제빵제품이나 의약품의 증량제로 많이 사용된다.

> **훼이(whey: 유청)**
>
> 우유를 응고시켜 걸러 낸 뒤 남은 액체로 치즈를 제조할 때 생기는 부산물

(5) 맥아당(maltose)

맥아당은 두 개의 포도당 분자가 결합된 형태로 식물의 잎이나 방아종자에 널리 존재한다. 맥아(엿기름)는 보리에 수분, 온도와 산소를 작용시켜 발아시킨 것이다. 약한 감미를 가지며 전분을 맥아당으로 분해하는 효소인 아밀라아제(amylase)를 가지고 있어 식혜나 엿을 만들 때 사용한다. 그 외에도 맥주 제조, 캔디에 사용된다.

(6) 시럽(syrup)

시럽은 설탕용액으로 다양의 수분을 함유하며, 독특한 색과 향미가 있어 제과, 제빵, 디저트 등에 다양하게 사용되고 있다. 단풍나무에서 얻은 즙을 증발시

킨 메이플시럽(maple syrup), 옥수수전분에 산분해효소를 넣어 가수분해하여 만든 옥수수시럽, 사탕수수에서 설탕 정제과정에서 얻어지는 당밀, 설탕액을 가열하여 만든 설탕시럽(sugar syrup) 등이 있다.

〈표 4-2〉 시럽의 종류

종류	특징	용도
옥수수시럽 (corn syrup)	· 옥수수전분에 산이나 효소를 가하여 가수분해한 것 · 설탕보다 단맛이 강하고 흡습성과 점성, 윤기 증가	제과, 음료, 디저트
메이플시럽 (maple syrup)	· 단풍나무 즙액에서 대부분의 수분을 증발시켜 만든 것 · 독특한 향이 있음	팬케이크, 와플, 토스트
조청 (malt syrup)	· 쌀, 수수, 조, 고구마 등의 전분을 엿기름으로 당화시켜 수분 함량 18% 정도로 농축시킨 것 · 진한 갈색으로 음식에 단맛과 향미, 윤기 부여	과자, 조림
올리고당 (oligosacchasides)	· 다당류를 효소로 가수분해하여 얻은 당 · 체내에서 소화·흡수가 되지 않아 저열량 감미료로 사용 · 장내 유용균인 비피더스균의 증식을 촉진 및 충치 예방	설탕 대용 감미료
전화당 (invert sugar)	· 설탕을 산이나 자당효소를 첨가하여 가수분해한 것 · 프룩토오스와 글루코오스의 혼합물로 존재 · 감미 설탕의 1.2배, 흡습성과 용해도, 저장성 증가	단맛이 강한 과자류, 제과류
꿀(honey)	· 프룩토오스와 글루코오스의 혼합물 · 과당의 함량이 높아 흡습성이 강해 제품 제조 시 노화를 지연시켜 주고 부드러운 식감을 유지시킴	과자, 잼, 한과류

2) 인공감미료

인공감미료는 단맛을 가지고 있는 화학적 합성품으로, 합성감미료라고도 한다. 종류에는 당알코올과 아스파탐, 사카린, 스테비오사이드 등이 있다.

(1) 당알코올(sugar alcohol)

당알코올은 단당류의 카르보닐기를 환원시켜 얻은 인공감미료로서 일반 당과는 다르게 환원기가 없기 때문에 아미노산과의 갈변반응이 일어나지 않고 내열성이 높다. 설탕보다 감미도는 약하나 청량감이 있고, 열량이 적어 저칼로리제품, 무설탕제품, 다이어트제품의 감미제로 사용된다.

다시마가루 성분인 만노오스(mannose)에서 환원된 물질인 만니톨(mannitol)은 당뇨병환자의 대체 감미료로 이용되며, 자일로오스에서 환원된 자일리톨(xylitol)은 충치예방용으로 사용되고, 포도당이 환원된 솔비톨(sorbitol)은 소화 · 흡수가 잘 되지 않아 비만증이나 당뇨병 환자를 위한 감미료로 사용되며, 캔디 제조 시 보습제, 설탕 대체제로 사용되고 있다.

〈표 4-3〉 당과 당알코올

당	당알코올	당	당알코올
에리트로오스(erythrose)	에리스리톨(erythritol)	만노오스(mannose)	만니톨(mannitol)
아라비노오스(arabinose)	아라비톨(arabitol)	갈락토오스(galactose)	갈락티톨(galactitol)
		프룩토오스(fructose)	소르비톨(sorbitol)
자일로오스(xylose)	자일리톨(xylitol)	소르보스(sorbose)	소르비톨(sorbitol)
리보오스(ribose)	리비톨(ribitol)	말토오스(maltose)	말티톨(maltitol)
글루코오스(glucose)	소르비톨(sorbitol)	락토오스(lactose)	락티톨(lactitol)

한국식품과학회(2008). 식품과학기술대사전. 광일문화사.

(2) 아스파탐(aspartame)

원료 성분이 당이 아닌 페닐알라닌(phenylalanin)과 아스파트산(aspartic acid)을 합성하여 만든 아미노산계의 인공감미료이다. 가열하거나 산을 첨가하면 단맛이 상쇄되므로, 가열 후에 첨가한다. 높은 감미를 가진 감미료 가운데 설탕과 가장 비슷한 맛이 나며, 과일의 향을 증진시키고, 의약품이나 커피의 쓴맛을 줄여 주는 효과가 있다. 열량은 설탕과 같지만 단맛이 150~200배 높아 설탕의 200분의 1만 사용하면 되기 때문에 저칼로리 제품의 캔디, 디저트, 음료수 등에 사용된다.

(3) 사카린(saccharin)

사카린은 체내에 흡수되지 않고 거의 배설되기 때문에 열량이 전혀 없다고 할 수 있으며, 설탕보다 약 200~700배의 단맛을 내면서도 충치를 유발하지 않아 식품 전반에 많이 사용되고 있다. 사카린에 대한 유해성 논란이 일면서 식품에 사용하는 것이 제한되었다가 현재는 식품별 사용기준을 정하여 김치, 젓갈, 절임, 음료, 어육가공품, 체중조절용 조제식품, 시리얼, 뻥튀기, 빵, 캔디류 등 사용 범위가 대폭 확대되었다.

(4) 스테비오사이드(stevioside)

스테비아 잎에서 추출한 백색 분말로, 설탕보다 단맛이 약 150~200배 높아 저칼로리 감미료로 쓰인다. 설탕에 비해 약간 쓴맛이 있으나 소금절임에 효과가 좋아 절임류나 간장, 소스, 케첩 등에 사용된다.

> **스테비아(Stevia)**
>
> 남아메리카 파라과이가 원산지인 국화과 다년생식물

2. 당류의 조리 원리

당류는 단맛을 제공하는 것 외에 갈색화, 노화방지, 용해성, 결정성, 미생물의 영양분 등 다양한 기능이 있어 식품의 조리에 중요한 역할을 한다. 이러한 당류의 특성을 이용하여 제품의 풍미, 색, 질감뿐만 아니라 저장성도 향상시킬 수 있다.

1) 단맛

당은 종류에 따라 그 크기와 단맛의 정도가 다르다. 단맛을 내는 당 중 설탕(sucrose)은 동일한 온도와 농도에서 항상 일정한 맛을 가지므로 모든 감미료의 기준이 된다. 설탕은 다른 당류와는 달리 α, β형의 이성질체가 존재하지 않아 단맛이 변하지 않기 때문이다. 감미도는 과당의 단맛이 가장 크며, 전화당, 설탕, 포도당, 자일로오스, 맥아당의 순으로 단맛이 감소한다. 단맛은 온도의 영향을 받아 찬 음료에서 단맛을 더 느낄 수 있으며, 0℃ 이하, 50℃ 이상에서는 단맛이 저하된다.

〈표 4-4〉 감미료의 종류와 감미도(sucrose=1)

분류	감미료	감미도	분류	감미료	감미도
당류	lactose	0.2~0.4	당알코올	mannitol	0.4~0.7
	mannose	0.3~0.6		sorbitol	0.5~0.6
	maltose	0.4~0.5		xylitol	0.7~1.0
	xylose	0.4~0.6	천연 감미료	glycyrrhizin	30~50
	glucose	0.6~0.7		stevioside	200~300
	invert sugar	1.0~1.1	아미노산계 감미료	aspartame	100~200
	fructose	1.2~1.7			
	galactose	0.4~0.6	합성감미료	saccarin	200~700

2) 용해성(solubility)

당류는 친수기인 수산기(-OH)를 가지므로 모두 물에 잘 용해된다. 당 입자의 크기가 작고 물의 온도가 높을수록 용해성이 커지며, 같은 조건에서는 과당이 용해성이 가장 크고, 그다음이 설탕, 포도당, 맥아당, 유당 순으로 감미가 강할수록 용해가 쉽게 된다. 당의 용해성은 식품과 음료의 입안에서 느끼는 촉감과 조직감에 영향을 준다. 특정 온도에서 설탕이 최대로 녹아 있는 상태를 포화용액, 더 녹을 수 있는 상태를 불포화용액, 녹일 수 있는 능력 이상으로 녹아 있는 상태를 과포화용액이라고 한다. 과포화용액은 작은 충격에도 쉽게 결정화가 일어난다.

〈표 4-5〉 당류의 용해도

종류	용해도(g/100mL 물, 50℃)
과당	86.9
설탕	72.2
포도당	65.0
맥아당	58.3
유당	29.8

3) 흡습성(hygroscopicity)

당류는 친수성이므로 수분을 보유하는 능력이 커서 흡습성이 강한 특징이 있으며, 당류의 용해도와 관련이 있다. 당류를 공기 중에 노출시키면 수분을 흡수하여 덩어리가 생기거나 눅눅해지며 흡습량은 온도가 높을수록 증가한다. 흡습성은 식품의 촉촉함과 텍스처에 영향을 주며, 꿀과 당밀 같은 과당은 흡습성이 매우 크므로, 케이크나 떡을 만들 때 과당이 함유된 콘 시럽, 꿀, 전화당을 첨가하여 노화 지연과 촉촉하고 부드러운 식감을 유지할 수 있다.

4) 갈변반응(browning reaction)

(1) 메일라드 반응(maillard reaction: 마이야르 반응)

당류 중 포도당이나 설탕이 아민이나 아미노산과 만나 갈색 물질인 멜라노이딘(melanoidin)을 만드는 갈변반응으로 '아미노-카르보닐(amino-carbonyl) 반응' 또는 '갈색화(browning) 반응'이라고도 한다. 오븐에서 빵을 구울 때 갈색으로 변하는 현상이 이에 해당되며, 제품의 착색과 향기 성분 생성, 항산화성 성분의 생성 등에 관한 반응으로 중요하게 여겨진다. 당류와 아미노산을 함께 함유한 식품은 저장기간 동안 이 반응이 일어나 색이 짙어진다. 간장, 제빵 등의 제조에 사용된다.

(2) 캐러멜화 반응(caramelization)

설탕을 고열로 가열했을 때 일어나는 갈색화 반응으로 설탕이 달고 향기로운 향의 쓴 물질로 변화하게 되며, 이 과정을 캐러멜화(caramelization)라 한다. 당으로 포도당이나 설탕이 많이 이용되고, 캐러멜과 약식, 엿, 제빵 등의 제조에 쓰인다.

5) 가수분해(hydrolysis)

당류는 가열과 산, 효소에 의해 가수분해된다. 산에 의한 가수분해는 산의 종류와 농도, 가열시간과 강도에 따라 달라지고, 효소에 의한 가수분해는 효소의 최적 작용온도를 유지시켰을 때 빨라진다. 이당류(disaccharide)는 약산에 의해 가수분해가 되며, 설탕은 맥아당이나 유당에 비해 쉽게 산가수분해 된다. 설탕용액에 산이나 산성염을 첨가하여 가열하거나 전화효소(invertase)를 첨가하면 가

수분해하여 포도당과 과당이 같은 비율로 혼합된 전화당(invert sugar)이 생성된다. 설탕용액은 비환원당이지만 전화당은 환원당이다. 전화당은 설탕보다 흡습성과 감미가 높아 고체상품으로 부적합하며, 제과 · 제빵 외에 여러 가지 액체제품에 이용된다.

6) 결정성(crystallization)

결정은 용해도 차에 의해 고체인 용질이 만들어지는 것으로, 과량의 설탕이 있는 용액은 100℃ 이상의 높은 온도에서 농축시킨 후 냉각하면 용해도가 낮아져 과포화된 부분 내에 설탕 결정이 형성된다. 시럽을 만들 때 설탕의 성질을 잘 이용하지 못하면 이러한 현상이 나타날 수 있다. 결정화는 당의 종류, 농도, 온도, 첨가물의 유무, 용해도, 냉각 후 젓는 속도 등에 영향을 받으며, 젓는 속도가 느릴수록, 온도 차이가 작을수록 결정의 크기는 커진다. 결정화는 캔디 제조 시 중요한 과정으로 이러한 성질을 이용하여 만든 것으로 퐁당, 퍼지 등이 있다.

7) 보존성(conservative property)

당류는 65% 이상의 높은 농도에서 방부성을 갖게 되며, 설탕은 미생물의 세포와 당 용액 사이에서 일어나는 삼투작용에 의해 식품 속의 수분을 탈수시켜 수분활성을 저하시킨다. 수분활성도가 떨어지면서 효모와 세균류의 증식을 억제하고, 고농도에서는 미생물의 생육이 저해되어 보존성이 높아져 설탕조림, 잼, 젤리, 마멀레이드 등 식품 저장에 이용된다.

8) 발효(fermentation)

당은 발효에 의해 이산화탄소, 알코올, 산 등을 생성한다. 효모에 의한 발효 시 소량의 설탕을 넣으면 발효가 촉진되며, 맥주, 와인, 치즈, 요구르트, 빵 제조에 많이 이용한다. 글루코오스, 프룩토오스, 만노오스는 이스트에 의해 발효된다.

3. 당류 조리 특성의 이용

1) 캔디(candy)

캔디는 캐러멜(caramel), 퐁당(fondant), 퍼지(fudge), 얼음사탕(sugar candy), 브리틀(brittle), 마시멜로(marshmallow) 등과 같이 설탕을 주재료로 하는 과자를 말한다. 종류에는 결정성 캔디와 비결정성 캔디가 있다.

(1) 결정성 캔디(crystalline candy)

고농도의 설탕용액을 냉각시켜 과포화 상태에서 저어 주면 미세한 설탕결정이 시럽 속에 있는 상태인 결정형 캔디가 형성된다. 잘 만들어진 결정성 캔디는 설탕 결정이 아주 작아 매우 미세구조를 가지기 때문에 아주 부드럽다. 결정이 이루어지려면 먼저 핵이 생겨야 하고, 핵 위에 용해물질들이 붙어 결정이 커지면서 캔디를 형성하게 된다.

결정성 캔디의 종류는 결정 크기에 따라 퐁당(fondant), 퍼지(fudge), 얼음사탕, 디비니티 등이 있다. 결정의 크기는 용해성이 높을수록, 농도와 온도가 낮을수록, 교반 속도가 빠를수록 미세한 결정이 형성되며, 다른 물질을 첨가하면 결정 형성을 방해하여 결정의 크기가 작은 미세한 결정이 생긴다.

〈표 4-6〉 결정성 캔디의 종류

종류	특징
퐁당 (fondant)	설탕용액의 온도가 112~115℃가 될 때까지 젓지 않고 가열하여 농축시킨 후 40℃ 정도로 식히고 시럽이 하얗게 될 때까지 빠른 속도로 저어 작은 결정의 캔디를 만든 것이다.
퍼지 (fudge)	설탕, 우유, 초콜릿, 옥수수시럽을 섞어 설탕이 녹을 때까지 서서히 가열하다가 설탕용액의 온도가 117℃가 되면 버터를 첨가한 후 냉각하여 시럽이 하얗게 될 때까지 부드럽게 저으면서 모양을 만든 것이다.
얼음사탕 (sugar candy)	순도 높은 설탕의 커다란 결정으로 얼음설탕이라고도 하며, 부서진 얼음덩어리처럼 생겨 빙당(氷糖)이라고도 한다. 굵은 설탕을 용해하여 50~70℃에서 2주간 보관하여 큰 결정을 만든 것이다. 과실주의 당원으로 많이 사용한다.
디비니티 (divinity)	누가라고 부르는 캔디의 종류이며, 설탕용액을 더 농축시킨 후 119~121℃까지 가열한 다음 달걀흰자의 거품이나 젤라틴 등에 조금씩 넣어 가며 저어 작은 크기의 결정을 형성한 것이다.

〈표 4-7〉 당의 결정성에 영향을 주는 요인

요인	결정화 특징
당의 종류	설탕은 결정이 빠르게 형성되며, 포도당은 느리게 형성된다.
당 용액의 농도	농도가 높을수록 결정 크기가 작아지며 결정의 양은 많아진다.
당 용액의 온도와 젓는 속도	일정한 온도로 식힌 후 빠르게 저어 주면 결정화가 잘되어 미세한 결정이 형성된다.
첨가물	난백, 젤라틴, 시럽, 꿀, 우유, 크림, 초콜릿, 한천, 유기산, 주석염, 전화당 등 설탕 이외의 물질이 있으면 결정이 생기는 것을 막는다.

(2) 비결정성 캔디(non-crystalline candy)

비결정성 캔디는 결정형 캔디를 만들 때보다 높은 온도에서 설탕시럽을 약 90% 농도로 하고, 결정방해물질을 넣어 결정이 없는 상태로 만든 것으로 무정형 캔디라 불리기도 한다. 비결정성 캔디로는 하드캔디(hard candy), 캐러멜, 브리틀, 태피(taffy), 마시멜로 등이 있다. 결정방해물질로는 젤라틴, 시럽, 꿀, 우유, 크림, 버터, 달걀흰자, 초콜릿, 한천, 유기산, 전화당 등이 사용된다.

〈표 4-8〉 비결정성 캔디의 종류

종류	특징
하드캔디 (hard candy)	설탕액을 수분 1~2%가 될 때까지 150℃ 고온으로 가열하여 만든 것
캐러멜 (caramel)	설탕, 옥수수시럽, 버터, 우유, 크림으로 만든 것으로 119℃로 가열하여 버터를 바른 팬에 부어 냉각시킨 후 적절한 크기로 자른 것
브리틀 (brittle)	시럽을 고온으로 가열하여 땅콩버터를 넣고 143℃가 될 때까지 가열 후 불에서 내려 탄산나트륨을 넣어 가스를 발생시키고 식혀서 사각형으로 자르거나 조각을 낸 것. 다공질이 형성되는 것이 특징
태피 (taffy)	설탕시럽에 주석염, 식초, 레몬즙 등을 넣어 만드는 것으로 농도가 진하고 잘 늘어짐. 산 대신에 포도당, 옥수수시럽, 당밀을 넣기도 함
마시멜로 (marshmallow)	설탕, 옥수수시럽의 혼합액을 116℃까지 가열한 다음 젤라틴과 달걀흰자 거품을 넣어 만든 것. 폭신폭신하고 부드러운 질감이 특징

2) 잼류

설탕의 방부효과를 이용하여 과일이나 채소류 등을 장기보존할 목적으로 설탕에 절인 것으로 당, 펙틴, 산을 이용한 식품이다. 잼류는 과실류 또는 과채류를 당류 등과 함께 젤리화 또는 시럽화한 것으로 보통 pH 2.8~3.3, 당 농도 60% 이상이면 만들어진다. 설탕 첨가량은 원료의 종류, 당류의 종류, 제품의 당도에 따라 다르다. 잼류는 과실이 40% 이상 함유되어야 하며, 종류에는 잼(jam), 프리저브(preserve), 마멀레이드(marmalade), 젤리(jelly) 등이 있다. 잼은 과실류 또는 과채류(40% 이상)를 으깨어 형태가 남지 않게 한 후 당과 펙틴을 첨가하여 조린 것이고, 프리저브는 과일의 형태를 남겨서 조린 것을 말한다. 마멀레이드는 프리저브의 일종으로 감귤이나 오렌지의 잘게 썬 조각을 넣은 젤리 형태를 말한다. 젤리는 전체 무게의 55% 이하의 당과 45% 이상의 과즙으로 만든 것이다.

3) 정과

각종 과일이나 생강, 연근, 당근, 인삼 등을 시럽이나 물엿, 꿀 등에 넣고 중간불에서 서서히 조리거나 재워서 투명하고 쫄깃하게 만든 한과로 전과라고도 한다. 식품의 당도가 65% 이상이 되게 만든 것으로 저장성이 증가되어 제철의 견과류나 근채류, 생과 등을 저장할 수 있는 수단으로 개발된 것이다. 대추나 밤을 꿀에 조린 것은 정과라고 하지 않고 대추초, 밤초라고 하며, 밤을 삶아 으깬 후 꿀을 섞어 다시 밤의 형태로 빚은 것은 율란, 대추를 다진 후 꿀을 섞어서 대추 모양으로 다시 빚은 것은 조란이라 한다. 이와 비슷한 서양음식으로 잼류가 있다.

4) 양갱

한천에 설탕을 첨가하여 물과 함께 가열한 후 40℃ 정도로 내려갔을 때 팥이나 고구마, 밤을 넣어 응고시킨 식품이다. 수분이 적고 설탕 함유 비율이 높아 저장성이 좋다. 설탕의 농도가 높을수록 젤의 강도가 높아지나 75% 이상의 설탕을 첨가하면 젤의 망상구조 형성이 어려워 오히려 강도가 저하된다.

Chapter 05

서류의 조리원리

서류는 땅속의 줄기나 뿌리가 비대해진 것으로 고구마, 감자, 토란, 마 등이 이에 속한다. 주성분은 전분과 다당류의 탄수화물이고, 단백질과 지방 함량은 적지만 칼륨 함량이 높다. 특히, 서류의 비타민 C는 가열하여도 안정하다. 70~80%가 수분이어서 곡류에 비해 열량은 낮지만 냉해에 약하며 발아하기 쉽기 때문에 저장성이 나쁘다.

서류는 주식으로 때로는 부식으로 활용되며 특히 구황작물로 중요하다. 전분, 당면, 알코올 등으로 다양하게 이용된다.

1. 서류의 종류 및 특성

대표적인 서류에는 감자, 고구마, 토란, 마, 돼지감자, 카사바 등이 있다.

1) 감자

감자의 원산지는 남미 안데스 고원의 페루이며 콜럼버스의 신대륙 발견 이후 멕시코, 칠레 남부로 전파되고 스페인 사람들에 의해 유럽으로 전파되었다. 우리나라에서는 조선 후기에 만주의 간도지역을 통해 전래되어 북서(北薯)라고 불리기도 한다. 가짓과에 속하는 1년생 작물로 땅속줄기가 비대해진 것을 식용한다.

2) 고구마

고구마는 덩이뿌리가 비대하는 것으로 열대, 아열대에서 주로 재배되는 일년생 작물이다. 우리나라에는 조선 영조(1763)때 통신사 조엄이 대마도에서 들여와 전파하였다. 우리나라의 고구마는 껍질의 색은 적색계통이고 속은 황색 또는 황백색을 띠고 있는 것이 대부분이다. 속이 노란 것을 호박고구마라 한다.

2. 서류의 구조와 구성성분

1) 감자

감자의 내부구조는 [그림 5-1]과 같이 두 개의 껍질층으로 이루어져 있다. 바깥쪽은 주피(周皮, 외피 또는 표피, periderm)라고 하는 얇은 코르크 층이 있는데 색소를 함유하고 있어 백색, 노란색, 빨간색 등 여러 가지 색을 나타낸다. 안쪽에는 다소 두꺼운 후피(厚皮, cortex)가 있으며 거기에 전분 입자가 들어 있다. 관다발(유관속)은 감자의 성장 발육에 필요한 영양소의 통로이지만 세균의 침입로가 되기도 한다. 감자의 수심부(髓心部, medulla)는 외수부와 내수부로 구분하는데 외수부는 치밀하고 전분 함량이 많으며, 내수부는 수분 함량이 많고 전분 입자가 적어 투명도가 높다. 단면은 별모양을 하고 있다.

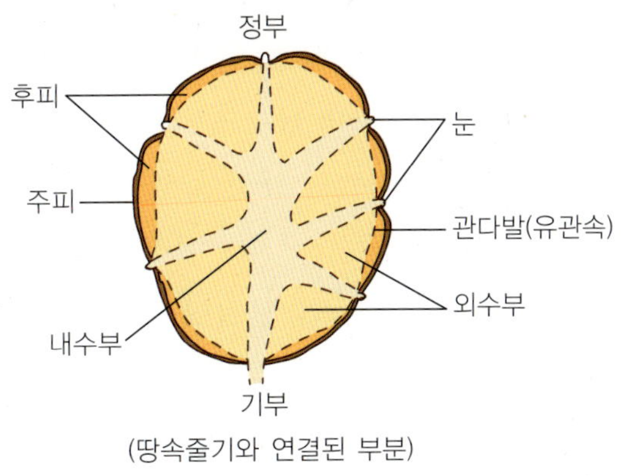

[그림 5-1] 감자의 구조

(1) 감자의 영양성분

감자의 성분은 〈표 5-1〉과 같다. 품종, 수확시기에 따라 차이가 있으며, 성장함에 따라 수분과 당분은 적어지고 전분은 크게 증가한다. 감자의 단백질은 튜베린(tuberin)이며 일반적으로 감자의 노란색이 진할수록 단백질이 많고 전분은 적다. 감자에는 칼륨과 인이 많이 함유되어 있으며, 비타민 B_1과 C가 비교적 많이 함유되어 있어 땅속의 사과라고도 불리운다. 당분은 고구마의 1/4~1/5로 고구마보다 달지 않아 많이 먹을 수 있어 비타민의 좋은 급원이 된다. 최근에는 안토시아닌과 천연의 생리활성이 있는 자주색, 붉은색의 컬러감자가 많이 생산되고 있다.

감자를 가열해도 비타민 C가 많이 남아 있는데 그 이유는?

감자 전분이 호화되면서 비타민 C와 결착되어 열에 의해 파괴되는 것을 막아 주기 때문이다. 특히 껍질 부분에 비타민 C 함량이 많으므로 삶을 때는 껍질째 삶는 것이 좋다.

(2) 감자의 유독성분

감자는 햇빛을 받으면 솔라닌(solanin)이라는 유독물질이 생성된다. 솔라닌은 녹변된 껍질, 싹이 튼 부분에 존재하는 알카로이드 배당체이다. 100g당 20~40mg이면 중독되어 섭취하면 두통, 현기증, 설사, 복통 등의 증상을 일으키므로 껍질과 싹을 제거하고 조리해야 한다. 감자의 발아를 막기 위해서는 햇빛을 차단하여 저장하는 것이 좋다. 보통 감자는 솔라닌 때문에 생식할 수 없으나 컬러감자는 생것으로 먹어도 아린 맛이 없어 생즙을 내거나 샐러드로 만들어 이용하기도 한다. 감자가 썩으면 셉신(sepsin)이라는 독성 물질이 생긴다.

〈표 5-1〉 서류의 구성성분

성분	수분 (%)	열량 (kcal)	단백질 (g)	지질 (g)	당질 (g)	섬유질 (g)	회분 (g)	무기질					비타민					
								칼슘 (mg)	인 (mg)	철 (mg)	나트륨 (mg)	칼륨 (mg)	A (RE)	베타카로틴 (μg)	B_1	B_2	나이아신 (mg)	C (mg)
감자	78.1	80	1.5	0.2	18.5	0.5	1.2	3	62	1.6	3	420	0	0	0.17	0.04	1.2	18
고구마	66.3	128	1.4	0.2	30.3	0.9	0.9	24	54	0.5	15	429	19	113	0.06	0.05	0.7	25
돼지감자	81.2	69	1.9	0.2	15.0	0.5	1.2	13	55	0.2	2	630	0	0	0.07	0.05	1.7	12
참마	73.5	95	1.7	0.2	14.4	0.8	0.9	14	28	0.2	5	550	0	0	0.12	0.01	0.2	6
토란	83.2	58	2.5	0.2	12.3	0.8	1.0	27	45	0.5	2	365	0	0	0.08	0.03	0.8	7

농촌진흥청 농업과학기술원 농촌자원개발연구소(2006). 식품성분표(7차 개정).

감자는 품종에 따라, 색깔에 따라, 전분 함량에 따라 다양하게 분류할 수 있다. 현재 우리나라에 가장 흔한 품종은 '수미'이며 그 외 남작, 골든, 대지, 조풍, 세풍 등 16품종이 재배되고 있다. 감자 껍질의 색에 따라 일반적인 감자인 노란색과 빨간색, 보라색의 컬러 감자로 구분할 수 있는데 컬러감자는 생리활성 기능을 함유하고 있으며, 열량도 낮고 아린 맛도 적어 샐러드 등 생식으로 섭취할 수 있어 다양하게 이용할 수 있다.

[그림 5-2] 다양한 컬러감자

전분 함량에 따라 전분이 많이 함유된 분질감자와 적게 함유된 점질감자로 구분할 수 있다. 보통 삶았을 때 포슬포슬하며 불투명한 것은 분질, 찰지고 반투명한 것은 점질감자로 분류하는데 그 특성은 〈표 5-2〉와 같다.

〈표 5-2〉 점질과 분질감자의 특성

종류	점질감자(waxy potato)	분질감자(mealy potato)
비중	1.07~1.08	1.09~1.12
전분 특성	개별 전분 입자의 크기가 작고 전분 함량이 낮은 대신 단백질 함량이 많아 과육이 황색임	전분 입자의 크기가 크고 전분 함량이 높아 과육이 희며 당분이 적음
조리 특성	· 찌거나 삶아도 흩어지거나 부서지지 않고 수분이 많아 부드럽고 촉촉함 · 육질이 반투명하고 찰진 질감을 나타냄	· 찌거나 구웠을 때 건조한 흰색의 포실포실한 가루가 일고 윤기 없이 파삭한 질감을 나타내며 부서지기 쉬움 · 작은 입상조직이 보이고 불투명해짐
용도	기름으로 볶는 요리, 샐러드, 조림, 수프	매시드 포테이토
품종	수미, 대지, 자주감자	러셋, 대서, 남작(중간)

이주희 외(2016). 과학으로 풀어 쓴 식품과 조리원리, p. 113. 교문사.

2) 고구마의 구조와 성분 및 영양

고구마는 [그림 5-3]과 같이 바깥쪽에 주피, 그 안 쪽에 피층이 있으며, 내부는 유조직으로 이루어져 있다. 주피는 얇은 막으로 색소에 따라 색이 다양하다. 피층은 약간 두꺼우며 전분 입자가 함유되어 있다. 탄닌도 존재하여 공기를 만나면 갈변하게 된다. 유조직은 전분이 풍부한 유세포로 이루어져 있고 식용하는 부분이다. 가운데에 여러 개의 관다발(도관)이 산재해 있어 이를 통해 성장에 필요한 물질들이 이동한다.

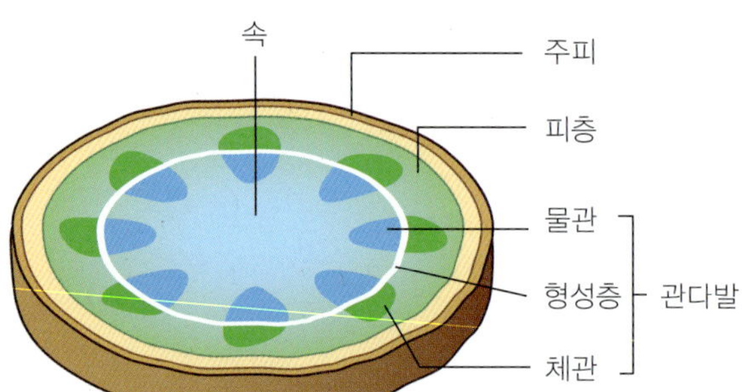

[그림 5-3] 고구마의 단면구조

(1) 고구마의 영양성분

고구마의 영양성분은 품종, 생육조건에 따라 달라지지만 대체로 수분 60~75%, 탄수화물 20~30%, 단백질 1~2%, 지방 0.2~0.5%, 섬유소 0.5~2%, 무기질 0.5~2%를 함유하고 있다. 고구마의 주성분은 전분이며, 소량의 당을 함유하고 있어 단맛이 강하다. 이러한 단맛 때문에 간식으로 많이 사용하게 된다. 감자에 비해 수분은 적고 탄수화물이 많아 열량이 감자의 1.5배가량 많다. 고구마의 노란색은 카로티노이드 색소에 의한 것이다. 알칼리성 식품으로 칼륨의 함량이 높아 나트륨 배설에 도움을 주어 고혈압 예방에 좋다. 또한 섬유질도 풍부하여 콜레스테롤 저하, 변비와 비만 예방효과 등이 있다. 하지만 가스가 발생하기 쉽다.

(2) 특수성분

고구마를 절단하면 유백색의 물질이 나오는데 점성이 있으며 공기과 접촉하여 검게 변화되는 것으로 얄라핀(jalapin)이라는 성분이다.

3. 서류의 조리 특성

1) 감자

감자는 껍질을 벗기거나 썰어 놓으면 갈색으로 변하는 갈변현상이 발생한다. 이는 감자의 티로신이 세포조직이 손상되면서 티로시나아제(tyrosinase)에 의해 멜라닌을 형성하기 때문이다. 갈변하는 데 효소가 작용하므로 효소적 갈변반응이라고 하며 그 과정은 [그림 5-4]와 같다.

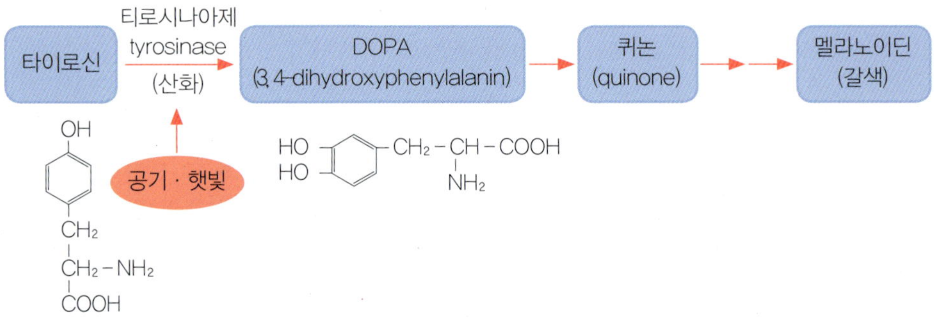

[그림 5-4] **감자의 효소적 갈변반응**

이주희 외(2016). 과학으로 풀어 쓴 식품과 조리원리, p.115. 교문사.

이와 같은 감자의 갈변을 방지하기 위해서는 산소의 접촉을 차단하거나 효소인 티로시나아제의 작용을 억제시켜야 한다. 이를 위해 감자를 자른 즉시 물에 담그거나 진공 포장하여 산소와의 접촉을 차단하거나, 삶거나 끓여 효소를 불활성화시키는 방법 등이 있다.

감자는 저장하는 온도에 따라 당의 함량이 달라진다. 저온에서 저장하면 효소에 의해 서서히 전분이 당화되어 당의 함량이 높아져 단맛이 증가하게 되고 전분이 없어지는 만큼 포실포실한 가루가 없어지게 된다. 당 함량이 높은 감자를 이용하여 포테이토칩이나 프렌치프라이 같은 튀김음식을 만들면 색이 지나치게 진해지고 씁쓸한 맛이 나며 발암물질로 알려진 아크릴아마이드 생성량이 많아지므로 저온보다는 실온에서 저장하는 것이 좋다.

2) 고구마

고구마도 껍질을 벗기거나 잘라서 공기 중에 두면 갈변한다. 이는 폴리페놀 옥시데이즈(polyphenol oxidase)가 페놀물질(클로로젠산, 티로신 등)을 산화시켜 갈색을 만들기 때문이다. 갈변을 방지하기 위해서는 자른 후 바로 물에 담그거나 온도를 급속히 올린다.

튀김옷이나 찐빵에 식소다(중조)를 첨가한 경우 고구마가 녹색으로 변하는 경우가 있는데 이는 고구마의 안토시아닌 색소가 알칼리인 식소다에 의해 청색으로 변화하고 이것이 카로티노이드의 황색과 만나 녹색으로 변화하는 것이다.

고구마는 저장성이 나빠서 연부병, 흑반병 등에 노출되어 검은 반점이 생기기 쉽다. 또 상처가 나면 변패되기 쉽고 9℃ 이하에서는 냉해도 입기 쉬우므로 31~35℃의 온도, 습도 90% 조건에서 5~6일 정도 보존하면서 상처 부분을 코르크화시키면 저장성이 높아진다. 이러한 방법을 큐어링(curing)이라고 한다. 고구마를 저장하면 시간이 경과함에 따라 전분은 감소하고 당 함량이 증가하여 조직이 물러진다.

4. 서류 조리 특성의 이용

1) 감자의 조리

감자는 동서양에서 고루 이용되고 있는 식품이다. 서양에서는 주로 육류에 곁들이며, 우리나라에서는 감자밥, 수제비, 조림, 부침개 등 다양하게 이용한다. 감자의 품종, 저장기간 등에 따라 전분이나 펙틴질 함량이 달라지며, 가열에 의한 성분의 변화도 영향을 미친다. 보통 분질감자는 매시드포테이토(mashed potato), 포테이토칩(potato chip), 찐 감자 등으로 이용하고, 점질감자는 볶거나 튀김, 샐러드로 이용한다.

찐 감자는 물기가 없고 포실포실한 질감이 있을 때 맛있다고 느낀다. 그러므로 감자를 찔 때는 분질감자를 선택하여 삶는 물에 소금을 넣고 찌는 것이 좋다. 껍질을 벗기고 삶을 경우 너무 오래 물에 담가 두면 수분이 많이 침투해서 질척거리므로 2~3회 물을 갈아가며 5~10분 정도 담갔다가 끓인다. 잘 익었으면 물을 따라 버리고 약한 불로 남은 물을 모두 증발시킨 후 표면에 가루가 나도록 흔들어 준다. 매시드포테이토를 만들 때는 감자가 뜨거울 때 부스러뜨려야 한다. 차가워지면 끈기가 생겨 잘 으깨지지 않게 된다. 그 이유는 감자가 식으면 식물세포를 서로 붙여 주는 역할을 하는 펙틴이 단단해져서 세포끼리 견고하게 붙기 때문이다. 억지로 체에 내리면 세포막이 파괴되어 전분이 밀려나와 점착성이 증가되어 질척한 매시드포테이토가 되므로 좋지 않다. 감자 튀김은 프렌치프라이드 포테이토와 포테이토칩이 대표적이다. 프렌치프라이드 포테이토는 감자를 먼저 한 번 삶은 후 튀기면 단시간 내에 튀길 수 있다. 잘 튀긴 것은 겉은 바삭하면서 속은 물렁하고 연한 갈색을 띠게 된다. 고온으로 단시간 내에 튀기면 수분이 완전하게 제거되지 않으므로 말랑해지고 두 번 튀기면 바삭해진다. 튀김의 경우 감자 중의 당 함량과 기름의 온도가 중요하다. 당의 함량이 높을수록 캐러멜화되어 색이 검어지고, 아크릴아마이드 생성량도 증가하므로 당의 함량이 낮은 감자를 이용하는 것이 좋다.

감자의 주성분인 전분만을 이용하여 주정, 물엿, 포도당의 재료로도 이용한다. 감자 분말은 빵의 품질개량제로 밀가루에 섞어 사용하기도 하며 쿠키 및 크래커에 혼합하여 사용하기도 한다.

2) 고구마의 조리

고구마요리는 찐고구마, 군고구마, 샐러드, 튀김 등 다양한데, 단맛이 강해 간식으로 많이 이용되나 고구마 줄기는 채소로서 나물 등 부식으로 이용된다. 그 외에도 전분, 당면, 물엿, 고추장, 주정 등 가공원료로도 이용된다. 고구마의 단맛은 전분을 맥아당으로 분해하는 β-아밀라아제에 의해 생기는데 이 효소는 최적온도가 55℃이므로 저온에서 서서히 가열해야 단맛이 강해진다. 전자레인지로 가열하면 온도가 빨리 상승하므로 효소가 작용할 수 없어 단맛의 증가가 적다.

5. 기타 서류

기타 서류로 돼지감자, 마, 토란, 구약감자, 카사바 등이 있다.

1) 돼지감자

돼지감자는 북아메리카가 원산지로 국화과에 속하는 다년생 초본과의 덩이뿌리이다. 돼지의 사료로 많이 쓰이며 '뚱딴지'로도 부른다. 수분을 제외한 주성분은 15~20% 정도의 탄수화물인데 전분이 아니고 이눌린이다. 이눌린은 과당이 β-1, 2 결합을 하고 있어 체내 소화효소로는 소화되지 않는다. 생것은 특이한 냄새가 있어 잘 식용하지는 않았으나 당뇨에 효과가 있다고 알려진 후 많이 활용되고 있다. 물엿, 주정, 사료로 이용된다.

2) 토란

토란은 땅속의 달걀이라는 의미이다, 인도가 원산지이며 추석 전후에 많이 이용된다. 토란의 주성분은 전분이며, 갈락탄(galactan)이라는 미끈미끈한 점질물이 함유되어 있는데, 가열하면 국물에 거품이 생겨 끓어 넘치게 되는 원인 물질이다. 또 열의 전도와 조미료의 침투도 방해한다. 그러므로 조미하기 전에 한 번 가열하여 점질물을 제거하는 것이 좋다. 이때 1% 소금물을 사용하면 점질물이 응고되어 침전된다. 0.5% 백반액을 사용해도 되지만 맛이 나빠진다.

토란의 아린 맛은 호모젠티스산(homogentisic acid)에 의한 것인데 가열하면 없어진다. 또 토란이 피부에 닿으면 가려워지는데 수산 또는 알카로이드 때문이며, 가열하거나 식초를 사용하면 없어진다.

토란으로 토란탕을 주로 끓이는데 추석의 향토음식이기도 하다. 토란의 줄기는 껍질을 벗겨 건조하였다가 나물로 먹는다.

3) 마

마는 다년생 넝쿨 식물의 덩이 줄기로 주성분이 전분과 점질물이다. 점질물은 뮤신(mucin)으로 글로불린과 만난이 결합한 당 단백질로 가열하면 점성은 감소한다. 아밀라아제 등의 효소가 많이 함유되어 있어 소화를 촉진시킨다. 갈아서 생식하거나 삶아 먹는다. 한자어로 산약이라고 하며 자양강장용으로 많이 사용된다.

4) 구약감자

구약감자는 토란과에 속하는 다년생 구근이다. 원산지는 인도, 인도차이나반도이고 동남아시아에 널리 분포한다. 주성분은 식이성 섬유소의 일종인 글루코만난이다. 정장 작용, 체내 콜레스테롤 저하, 장내 이물질 흡착 등 건강기능성이 있다. 또한 물을 잘 흡수하여 점도가 높은 교질용액을 이루며 여기에 알칼리를 첨가하여 가열하면 탄력성 있는 겔(gel)을 형성하는데 이것을 곤약이라고 한다. 곤약은 수분 97%, 당질 3%로 구성되어 있어 에너지가 거의 없어 다이어트 식품으로 이용한다. 조리 시 특유의 향이 있어 끓는 물에 데친 후에 사용한다.

5) 카사바

카사바는 남아메리카 지역이 원산지인 덩이뿌리로 열대, 아열대에서 주로 재배된다. 마니오크(manioc), 만디오카(mandioca)라고도 불린다. 생육이 빠르지만 독성분 제거 처리가 필요하다. 독성분 제거를 위해 껍질과 심을 제거하는데 나머지 부분을 즉시 가공하지 않으면 썩어버리므로 이용에 제약이 많다. 단백질 함량은 다른 서류보다 적지만 전분이 20~25% 함유되어 있고, 칼슘, 비타민 C가 풍부하다. 덩이뿌리에서 얻는 전분은 타피오카(tapioca)라 하며 작은 구상의 타피오카 펄로 가공하여 음료, 디저트에 이용한다.

6) 야콘

야콘은 국화과의 다년생 식물로 남미 안데스산맥이 원산지이다. 식용부위는 고구마와 비슷한 덩이뿌리이고 프락토올리고당이 다량 함유되어 있다. 프락토올리고당은 난소화성의 프리바오틱스로서 장의 건강에 좋고, 폴리페놀 함량이 높아 건강기능성 식품으로 주목받고 있다. 수확 후 시간이 경과할수록 단맛이 증가하며 생으로 먹을 경우 달고 아삭하여 땅속의 배라고도 한다. 생으로도 먹지만 조림, 볶음 등 가열하여 이용하기도 한다.

Chapter 06

두류의 조리원리

대두, 땅콩, 팥, 동부, 녹두, 완두 등의 두류는 콩과식물에 속하며 콩꼬투리 안에 열매를 맺는다. 뿌리에 기생하는 혹박테리아가 질소를 고정하여 단백질을 합성한다. 두류는 단백질과 지방이 주된 성분이며, 인, 철, 칼슘, 비타민 B군 등의 영양소가 풍부하다. 예로부터 두류는 수분 함량이 적어 저장성과 운반성이 우수하여 다양하게 이용되어 왔다. 음식으로는 두부, 두유, 된장, 콩나물 등이 전통적으로 가공되어 이용하여 왔으며, 단백질만 추출하여 분리대두로, 지방만 추출하여 대두유로 이용한다.

1. 두류의 종류 및 특성

두류는 영양성분에 따라 단백질, 지방 함량이 높은 땅콩, 대두, 전분 함량은 높고 지질은 적은 팥, 완두, 강낭콩, 녹두, 동부, 채소류의 특성을 지닌 풋콩, 꼬투리완두 등으로 분류할 수 있다. 콩의 종류에 따른 특성은 〈표 6-1〉과 같다. 즉, 대두와 땅콩은 단백질, 지질의 함량이 높고, 강낭콩, 완두, 팥, 녹두 등은 단백질과 탄수화물이 많고 지질은 거의 없다. 풋완두, 풋콩 등은 수분과 비타민 C의 함량이 높아 채소와 비슷하다.

〈표 6-1〉 두류의 종류와 특성

콩류		특성
대두	황대두(노란콩, 흰 콩)	단백질과 지방 함량이 높다. 생 콩의 소화율이 낮지만 두부, 된장, 간장 등으로 가공하면 소화율은 향상된다. 함유된 이소플라본, 사포닌, 안토시안색소로 인한 건강기능성에 대해 관심이 증가하고 있다.
	흑대두(검은콩)	종피에 안토니안 색소가 들어 있어 검은색을 띤다. 서리태, 흑태, 서목태 등이 있다.
	청대두(푸른 콩, 청대콩)	열매의 껍질과 속살이 다 푸르다. 미숙할 때 수확하면 풋콩이다.
	풋콩	미숙한 청대콩을 말하며 채소로 이용한다.

콩류	특성
팥	전분이 많으며, 밥, 죽, 또는 떡과 과자의 소로 이용된다. 티아민의 함량이 많아 탄수화물대사에 도움을 준다.
녹두	빈대떡, 떡고물로 사용하며, 전분으로 하여 청포묵, 당면 등으로 가공하여 이용한다. 싹을 틔워 숙주나물로 이용한다.
완두	밥, 떡, 과자 등에 이용한다. 어린 꼬투리는 채소로 활용한다.
동부	팥과 유사하다. 떡고물과 묵으로 활용한다.
강낭콩	전분이 주 성분으로 양갱, 샐러드로 활용한다.
땅콩	열매가 땅속에 열린다. 지방이 많아 땅콩버터, 기름으로 이용한다.

2. 두류의 구조와 구성성분

1) 두류의 구조

두류 종자의 구조는 [그림 6-1]과 같이 종피, 자엽, 배아로 구성된다. 가식부는 자엽이다. 2장의 자엽 사이에 배아가 있다. 종피는 표면이 큐티클(cuticle)층이어서 물을 잘 통과시키지 않고 단단하다. 산, 알칼리에 불용성이어서 장기 저장이 가능하다. 종피에 섬유소가 많아 소화율이 낮다.

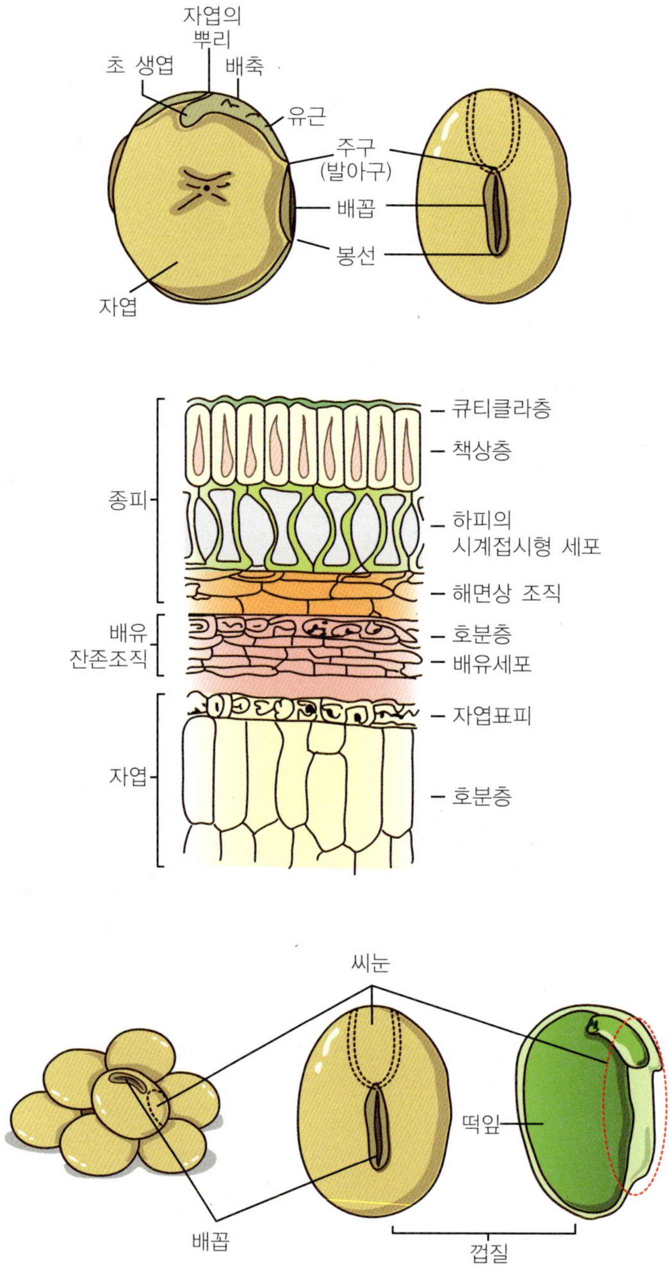

[그림 6-1] 두류 종자의 구조

2) 두류의 성분

두류는 〈표 6-2〉과 같이 종류에 따라 구성성분에 차이가 있다. 대두는 단백질 35%, 지질 20%, 탄수화물 30%를 함유하며, 이 중 탄수화물은 단당류와 올리고당으로 전분 함량은 적다. 팥은 지질이 1% 내외로 소량 함유되어 있으며, 단백질 20%, 탄수화물은 50~70%인데 주로 전분이다. 이러한 영양소 함량의 차이로 인해 대두는 두부, 두유 등의 가공식품으로, 다른 두류는 고물로 이용된다.

〈표 6-2〉 두류의 영양성분

성분	수분 (%)	열량 (kcal)	단백질 (g)	지질 (g)	당질 (g)	섬유질 (g)	회분 (g)	무기질			비타민				
								칼륨 (mg)	칼슘 (mg)	철 (mg)	A (mg)	B_1 (mg)	나이아신 (mg)	C (mg)	E (mg)
대두[1] (노란콩)	9.7	400	36.2	17.8	30.7	5.0	5.6	1340	245.0	6.5	0.0	0.53	2.2	0.0	0.8
땅콩[1]	7.7	534	24.8	45.2	17.0	2.9	2.4	640	52.0	1.6	0.0	0.52	1.0	0.0	12.0
팥[1]	8.9	337	19.3	0.1	68.4	4.7	3.3	1180	82.0	5.6	0.0	0.54	3.3	0.0	1.0
녹두[1]	10.9	335	22.3	1.5	62.0	4.6	3.3	1323	100.0	5.5	12.0	0.40	2.0	0.0	1.4
완두[1]	8.1	343	20.7	1.3	67.1	2.8	5.3	926	85.0	5.8	87.0	0.49	1.7	0.0	0.4
강낭콩[1]	10.4	338	21.2	1.1	63.9	4.0	3.4	2436	99.0	8.9	0.0	0.41	1.9	0.0	0.2
동부[1]	11.5	333	22.2	2.1	60.3	1.7	3.9	1573	121.0	4.8	0.0	0.68	2.7	0.0	0.3
풋콩[2]*	71.7	135	11.7	6.2	8.8	5.0	1.6	590	58.0	2.7	44.0	0.31	1.6	27.0	1.5
풋완두[2]*	88.6	36	3.1	0.2	7.5	3.0	0.6	200	35.0	0.9	94.0	0.15	0.8	60.0	0.8
두유[2]	86.6	70	4.4	3.6	4.7	0.0	0.7	135	17.0	0.7	0.0	0.0	0.0	40.0	0.3
두부[2]	84.1	82	9.3	5.6	1.4	0.2	0.9	90	126.0	1.5	0.0	0.03	0.2	0.0	0.5
콩나물[2]	90.7	30	5.0	1.4	1.6	0.6	0.7	217	31.0	0.6	0.0	0.1	0.7	8.0	0.8

1) 말린식품 기준
2) 신선식품 기준
* 全國調理師養成施設協會편 細谷憲政 감수(2002). 최신식품표준성분표.

농촌진흥청 농업과학기술원 농촌 자원개발연구소(2006). 식품성분표(7차 개정).

(1) 단백질

두류에는 20~40%의 단백질이 함유되어 있어 '밭에서 나는 쇠고기'라 불리는데, 특히 대두의 단백질 함량이 높다. 대두의 단백질은 글로불린(globulin)에 속하는 글리시닌(glycinin)이 대부분인데 염용액에 녹는 특성이 있다. 반면 곡류의 단백질은 프로타민(protamine)과 글루테린(glutelin)이 주된 단백질이어서 조성이 다르다. 아미노산 조성은 리신, 이소류신, 류신 등의 필수아미노산이 골고루 함유되어 있으나 함황아미노산인 메티오닌, 시스틴 등의 함량이 약간 부족하다. 하지만 곡류에 부족한 리신, 트립토판의 함량이 높으므로 콩과 곡류를 함께 섭취하면 단백질 보충효과를 얻을 수 있다.

(2) 지질

두류의 종류에 따라 지질 함량이 2% 정도로 소량 함유되어 있는 것과 대두 17%, 땅콩 40~50%과 같이 다량 함유되어 있는 것이 있다. 주요 지방산은 올레산, 리놀레산 등 불포화지방산으로 필수지방산의 공급원이기도 하다. 또한 레시틴, 세팔린 등의 인지질도 함유하고 있다.

(3) 탄수화물

대두의 탄수화물 함량은 20% 정도이지만 전분보다는 라피노즈(raffinose), 스타키오스(stachyose)와 같은 올리고당이 주로 함유되어 있다. 팥, 녹두, 동부, 완두 등에는 40% 이상의 탄수화물이 함유되어 있는데 대부분은 전분으로 이루어져 있어 떡, 과자의 소나 고물로 많이 이용한다. 녹두의 전분은 묵으로 활용한다.

(4) 비타민, 무기질

두류는 비타민 B군의 좋은 급원이며, 비타민 C는 풋콩, 풋 완두와 같은 채소의 성격을 지닌 두류에 많이 함유되어 있으며 대부분의 두류에는 함유되어 있지 않다. 하지만 대두를 발아시킨 콩나물에도 비타민 C의 함량이 높다. 무기질은

3~5% 정도 존재하는데 칼륨과 인이 많이 들어 있다. 인은 대부분 피틴산으로 존재하지만 땅콩에는 레시틴의 형태로 존재한다.

(5) 피토케미컬(Phytochemical, 이소플라본)

두류에는 이소플라본(isoflavone), 올리고당, 사포닌 등의 기능성 물질이 함유되어 있어 항암, 항산화효과, 심혈관질환, 골다공증, 당뇨병 등의 예방효과, 장내 유익미생물의 생육 촉진 등의 여러 가지 생리활성을 나타내는 것으로 알려져 있다. 이소플라본은 특히 대두에 많이 함유되어 있는데, 제니스테인(genistein), 다이제인(daizein), 글리시테인(glycitein) 등 여러 형태로 존재한다. 이들은 배당체로 존재하며 대두의 떫은맛, 쓴맛의 원인물질 중 하나로 여겨진다. 이소플라본의 생리활성은 에스트로겐(estrogen)과 구조가 흡사하여 유사한 작용을 나타내므로 식물성 에스트로겐이라고 한다. 에스트로겐 대체물질로 여성 갱년기 증상에 활용할 수 있어 콩의 섭취를 권장하고 있다. 미국식품의약국(FDA)에서는 하루에 25g 이상의 콩을 섭취할 것을 권장하고 있다.

(6) 기타

두류에는 영양성분 외에도 사포닌, 탄닌, 레시틴 등의 특수성분과 트립신 저해제, 헤마글루티닌 등의 유해물질도 함유되어 있다. 사포닌은 대두와 팥에 0.3% 정도 함유되어 있는데 물에 담그거나 삶을 때 거품을 생성한다. 독성은 약하나 과량 섭취하면 장을 자극하여 설사를 유발하지만 최근 항암효과 등의 기능성도 알려지고 있다. 또한 대두에는 단백질인 트립신의 작용을 방해하는 트립신 저해제(trypsin inhibitor)와 적혈구의 응고를 촉진하는 헤마글루티닌이 들어 있어 소화를 방해한다. 이들 물질은 가열하면 파괴되어 그 기능이 사라지므로 콩은 생으로 먹지 않는다.

3. 두류의 조리 특성

두류를 조리할 때 콩의 흡습성, 가열 시 특성, 용해성, 응고성, 기포성 등의 특성을 잘 이해해야 한다.

1) 흡습성

두류의 종피는 단단하고 수분이 침투하기 어렵기 때문에 미리 물에 충분히 담가두어 수분을 흡수시킨 후에 조리를 하면 가열시간을 단축할 수 있고, 조직을 균일하게 연화시킬 수 있다. 또한 콩에 함유된 탄닌, 사포닌 등의 불순물도 제거할 수 있다. 물의 흡수속도는 콩의 저장기간, 보존상태, 수온 등에 따라 달라지는데 보통 20℃ 내외의 온도에서 5~7시간 동안 수분이 빨리 흡수되며 약 20시간이면 콩 무게의 90% 이상의 물을 흡수한다. 온도가 올라갈수록, 0.3%의 식소다, 0.2%의 탄산칼륨을 첨가하면 흡수속도가 빨라진다. 이는 알칼리물질이 콩의 헤미셀룰로스와 펙틴질을 연화시키기 때문인데 너무 많은 양을 사용하면 맛이 나빠지고 비타민 B_1이 파괴되므로 주의가 필요하다. 1% 소금물에도 쉽게 연화되므로 소금물로 불리면 쉽게 연화된다.

대두는 표피 전체로 물을 흡수하지만 팥은 표피가 단단하여 표면의 작은 구멍에서만 약간씩 흡수되므로 물에 담근 지 20시간 이후에나 최대흡수가 일어난다. 그러므로 팥은 물에 담그기보다는 가열하는 경우가 많다. 녹두는 껍질이 두꺼우므로 반으로 잘라 물에 불린 뒤 껍질을 제거하여 사용한다.

2) 가열

대두를 가열하면 단백질 분해효소가 내부 구조까지 침투하기가 용이하여 소화성이 높아지며, 트립신 저해제나 헤마글루티닌과 같은 유해물질의 독성이 사라진다.

대두를 삶을 때 껍질과 자엽부분의 팽윤 속도가 달라 주름이 생기기 쉽다. 이를 방지하려면 끓기 전에 냉수를 첨가하여 수온을 50℃로 낮추어 주면 껍질과 자엽의 온도가 균일하게 되어 연해진다. 콩자반을 만들 때 설탕을 너무 많이 넣으면 삼투압이 높아져서 자엽은 수축하고 껍질에는 주름이 생기면서 딱딱해진다. 이를 방지하려면 설탕을 3~4회로 나누어 넣거나 조금씩 설탕농도를 높이면 된다. 소금물에 담갔다가 가열하면 물러 가열한 것보다 쉽게 연화되는데 이는 글리시닌 단백질이 염 용액에 용해되기 때문이다.

3) 용해성, 응고성

대두를 갈아 물에 담그면 글리시닌, 레규멜린 단백질의 약 90%가 물에 용출된다. 이 단백질은 등전점인 pH 4~5에서 침전하게 되며, 칼슘염이나 마그네슘염과 같은 염류를 넣으면 염석효과로 인해 응고된다. 이 원리를 적용하여 두부를 제조한다. 응고제의 종류에 따라 두부의 질감이 달라지며, 사용량은 대두의 1~2% 정도가 적당하다. 가열온도가 높고 응고제의 양이 많을수록 단단하게 응고된다.

4) 기포성

대두와 팥은 삶으면 거품이 생기며 끓어 넘친다. 이는 두류에 함유된 0.3~0.5% 정도의 사포닌 때문이다. 이 사포닌은 설사를 유발하므로 팥을 삶을 때는 한번 끓이고 난 후 그 물을 버리고 다시 물을 부어 삶고 두부를 만들 때는 기름을 소량 첨가하면 소포제 역할을 하여 끓어 넘치는 것을 방지할 수 있다.

4. 두류 조리 특성의 이용

대두의 조리는 콩밥, 콩장, 콩조림처럼 콩 자체를 그대로 이용하면서 조리하는 방법과 원형을 변형시켜 조리하는 방법으로 구분할 수 있다. 원형을 변형시키는 방법으로는 콩가루와 같은 분쇄, 장류와 같은 발효, 콩나물과 같은 발아, 콩기름과 같이 일부 성분의 추출 등의 방법이 있다. 또한 가공 이후 발생하는 부산물을 활용하여 분리대두박, 농축대두단백 등을 얻기도 한다.

〈표 6-3〉 콩의 이용

대두	전체이용	콩자반, 콩밥, 초콩 등
	발효	간장, 된장, 청국장, 고추장 등
	발아	콩나물
	추출	두유, 두부, 콩기름, 분리 대두단백, 콩 올리고당 등
	분쇄	콩가루 등

두류는 조직이 단단하여 소화 · 흡수가 어렵지만 가공을 하면 소화율이 증가하므로 가공식품으로 만들어 이용하는 경우가 많다. 콩을 활용한 가공식품으로는 발효식품인 간장, 된장이 있고 성분을 추출하여 두부, 두유, 콩기름 등으로 가공하기도 하며 발아시켜 콩나물로 이용하거나, 콩가루로 만들어 떡고물, 미숫가루 등으로 사용하기도 한다.

〈표 6-4〉 각종 두류의 소화율

종류	소화율(%)	종류	소화율(%)
간장	98	콩가루	83
두부	95	콩장	68
두유	95	볶은콩	60
된장	85	비지	60

1) 대두의 조리

두류를 조리할 때는 콩의 단단한 조직을 무르게 하기 위해 물에 담그는 과정이 필수적이다. 대두는 흡수가 쉽게 되지 않으므로 5~6시간 정도 수침시켜 흡수, 팽윤시킨 후 가열시킨다. 식소다를 첨가하면 쉽게 조직이 무르지만 비타민 파괴 등의 영양적 손실이 있으므로 잘 사용하지 않는다. 또한 콩을 가열하면 소화흡수를 방해하는 트립신 저해제(trypsin inhibitor), 콩 비린내의 원인인 리폭시제네이즈(lipoxygenase)와 같은 효소가 불활성화된다.

콩나물을 데칠 때 냄비 뚜껑을 열면 비린내가 나는 이유는?

콩나물 비린내의 원인인 리폭시제네이즈는 85℃ 이하에서는 작용하지 않다가 85℃ 전후에서는 활발해진다. 냄비뚜껑을 열면 끓으려고 하는 냄비 안의 온도가 내려가서 효소의 활성이 유지되기 때문이다.

콩조림(콩장)을 만들 때 콩이 적당한 경도를 지니게 하는 것이 중요하다. 콩이 충분히 불어나지 않은 채 조리면 양념이 침투하지 못하고, 처음부터 모든 양념을 넣고 끓이면 삼투압으로 인해 흡수, 팽윤이 억제되어 가열해도 잘 무르지 않고 껍질에 주름이 생기고 딱딱해진다. 그러므로 콩조림을 할 때에는 충분히 물에 불리고 삶은 후 설탕, 간장을 넣고 조리는 것이 순서이다.

또한 검정콩의 색소인 안토시아닌계는 산성에서는 적색, 알칼리성에서는 청색을 띠고, 금속이온을 만나면 색이 선명해진다. 이러한 성질을 이용하여 검은 콩을 조리할 때 철냄비를 이용하면 검은색이 더욱 선명해지고, 식초를 첨가하면 선명한 적색이 된다. 반면, 알칼리성에서는 청색을 띠게 되므로 주의해야 한다.

(1) 발효식품

① 간장 · 된장

콩으로 메주를 쑨 후 소금물과 함께 항아리에 담아 발효시킨 후 건더기를 걸러 낸 액체가 간장, 걸러진 건더기는 된장이 된다. 메주 쑤는 법은 다음과 같다. 먼저, 콩을 충분히 물에 불렸다가 충분히 삶는다. 잘 무른 콩을 절구에서 찧은 다음 모양을 빚어 겉을 말린 후 짚으로 싸서 매달아 건조시키면서 2~3개월 정도 발효시킨다. 메주를 발효시키는 주된 미생물은 아스페르길루스 오리재(*aspergillus oryzae:* 누룩곰팡이)이다. 재래식은 발효 환경에 따라 다양한 잡균이 함께 번식하므로 품질이 균일하기 어렵다. 이러한 단점을 극복하기 위해 발효조건을 조절하여 개량식 메주를 만들어 이용하기도 한다.

잘 발효된 메주를 잘 씻어 18% 소금물과 함께 항아리에 넣어 두면 단백질과 당질 분해효소에 의해 아미노산과 당으로 분해되며, 내염성 야생 효모에 의해 유기산이 생성되어 특유의 맛과 향기가 숙성된다. 일정기간 숙성 후 고형물과 액체를 분리하여 액체는 가열하여 효소와 미생물을 불활성화시켜 간장으로, 고형물은 된장으로 이용한다. 이들 장류는 맛을 내는 조미료로서 우리 식생활에서 중요한 역할을 한다.

간장은 농도, 원료, 제조법에 따라 〈표 6-5〉와 같이 분류할 수 있다.

〈표 6-5〉 간장의 종류와 특성

구분	종류	특징	용도
농도	진간장	담근 지 5년이상 지남	약식, 전복초
	중간장	담근 지 3~4년 경과	찌개, 나물
	청장	담근 지 1~2년 경과	국
원료	재래식	콩만을 원료로 사용	국
	개량식	콩+전분질	양념
제조법	양조간장	단백질과 당질이 효소에 의해 산과 당으로 분해	국, 찌개, 양념
	산분해간장	염산으로 콩 단백질을 아미노산으로 분해시킨 후 중화시킨 것. 제조기간이 짧다. N 함량에 따라 맛, 향이 다르다.	
	혼합간장	양조간장과 산분해간장을 혼합한 것	

간장은 맛, 색, 향이 어우러져 독특한 고유성이 나타난다. 맛은 글루탐산, 아르기닌 등의 아미노산과 당 성분이 화합하여 구수한 맛인 지미를 내며, 짠맛, 신맛, 단맛, 쓴맛 등의 여러 가지 맛이 혼합되어 있다, 색은 메일러드반응으로 인해 멜라닌과 멜라노이딘 색소가 형성되어 나타난다. 향은 알코올류, 케톤류, 휘발성 산, 에스터류 등 다양하지만 주된 성분은 대두 단백질의 메티오닌이 숙성과정에서 효모에 의해 발효되어 생기는 메티오놀(methionol)이다,

된장은 메주로 장을 담근 후 장물을 떠내고 남은 건더기에 소금을 적절히 섞어 만든다. 이러한 된장은 맛이 덜하므로 콩을 더 첨가해서 만들거나 장물을 떠내지

않고 만들기도 하고, 다른 종류의 곡물을 섞어 만들기도 하여 다양한 종류가 있다〈표 6-6〉.

〈표 6-6〉 된장의 종류와 특성

구분	특성
막된장	간장을 빼고 난 고형물
막장	일종의 속성간장, 보리나 밀을 첨가하여 만듦
집장	여름에 먹는 장, 두엄더미에 묻어 발효 숙성시킨 후 꺼내 먹음
담뿍장	메주에 고춧가루, 마늘, 소금을 넣어 익힌 것

② 청국장

청국장은 콩을 잘 무르도록 삶아서 볏짚과 함께 40℃ 전후의 온도에서 16~18시간 정도 발효시킨 것으로 실과 같은 끈적끈적한 물질이 나온다. 먹을 때 약간의 소금을 넣고 찧어 고춧가루, 마늘 등으로 양념하여 먹는다. 청국장의 주된 발효 미생물은 납두균(*Bacillus subtilus*)으로 강력한 단백질분해효소와 전분 분해효소가 함유되어 있어 콩의 단단한 조직을 연화시키고, 소화를 도와준다. 일본의 낫토, 동남아시아의 템페도 일종의 청국장이다.

(2) 비발효식품

① 두유

두유는 콩을 충분히 물에 불린 후 삶아서 곱게 간 후 여과포에 넣고 여과하여 만든다. 가열을 하면 생콩의 비린내를 없앨 수 있다. 덜 삶으면 비린내가 나고 너무 오래 삶으면 메주콩 냄새가 나므로 적절히 삶아야 고소한 두유를 만들 수 있다. 두유는 우리의 전통음료인 콩국과 동일한 것이며, 우유를 소화시키지 못하는 유아에게 우유 대용식으로도 활용할 수 있다. 우유 대용품으로 사용할 때는 부족한 영양소를 보완하여 제조한다.

② 두부

두부는 단백질(글리시닌)이 2가의 양이온에 의해 응고하여 침전하는 성질을 이용하여 두유에 응고제를 첨가하여 만드는 것으로 소화율이 높고 맛과 질감이 좋은 저열량 고단백식품으로, 대두 가공품 중에서 가장 많이 이용되는 것이다. 응고제는 황산칼슘, 염화칼슘, 염화마그네슘, 글루코노 델타 락톤(glucon-δ-lactone), 초산 등이 있으며, 종류에 따라 두부의 질감과 수율이 달라진다. 사용량은 두유의 2% 정도가 적당하다.

고형분의 함량에 따라 연두부(6~15% 미만), 일반두부(15~20% 미만), 경두부(20% 이상)로 구분할 수 있다.

③ 콩나물

콩나물은 콩을 발아시킨 채소에 해당된다. 비타민 C의 함량이 풍부하며, 필수아미노산 특히 아스파트산(aspartic acid)과 섬유소가 많이 함유되어 있어 숙취해소, 변비예방에 좋다. 콩나물용 콩은 발아률이 높고 부패가 덜 되는 품종이 적당하며 대립종보다는 소립종이 좋다. 콩나물을 기르는 방법은 콩나물용 콩을 선별하여 충분히 물에 불린 후 시루와 같은 용기에 천을 깔고 담은 후 검정색 천으로 덮어 햇빛을 차단한다. 온도를 22~23℃로 유지하면서 1일 4~5회 물을 주면 싹이 트고 성장하기 시작한다. 약 10cm 정도의 길이가 될 때까지 키운다.

2) 팥의 조리

팥은 전분이 함량이 높고 지방은 적으며 단백질은 대두에 비해 적지만 식물성 식품으로 볼 때 높은 편이다. 사포닌 함량이 0.3% 정도이며 장을 자극하므로 과식하면 설사의 원인이 된다. 팥을 이용한 조리는 팥밥, 팥죽을 만들거나 높은 전분 함량을 이용하여 소와 고물로 이용한다.

팥의 종피는 두꺼워 물에 불려도 잘 불려지지 않으므로 콩보다 오래 불리거나, 껍질을 반으로 탄 후 물에 불려 사용하거나 물에 불리지 않고 그대로 한 번 끓인 후에 물을 따라 버리고 다시 물을 붓고 삶는다. 삶은 팥은 밥에 넣어 팥밥을 만들어 먹는다. 또한, 팥을 완전히 뭉그러질 정도로 푹 삶은 후 체에 걸러서 앙금을 만들어 죽이나 양갱을 만드는 데 사용하기도 하며 물기를 제거하여 소로 만들어 고물로도 활용한다.

팥은 두류 중 전분 함량이 높다. 팥의 전분 입자는 열응고성의 단백질이 둘러싸고 있지만 물에 담가 불리면 전분 입자가 팽윤하여 세포 내에 전분이 가득차게 된다. 이것을 가열하면 전분을 둘러싼 세포막이 응고하여 안정된다. 이렇게 되면 전분 입자가 세포 밖으로 흩어져 나가지 않고 각각의 세포는 분리되어 가루가 되어 포슬포슬한 질감의 소를 만들 수 있게 된다. 그러므로 팥소는 전분으로 가득 찬 커다란 세포이며, 호화된 떡소의 전분은 수분이 없어져 노화가 방지되므로 식어도 호화상태를 유지할 수 있다.

3) 녹두의 조리

녹두도 껍질이 두꺼워 반으로 갈라서 이용된다. 반으로 탄 녹두를 물에 담궈 껍질을 제거한 후 알 녹두를 곱게 갈아 빈대떡을 부치는 데 이용한다. 녹두의 전분을 활용하여 청포묵, 죽, 고물 등에 활용한다.

Chapter 07

채소류의 조리원리

채소는 식용을 목적으로 재배되는 식물을 말하며 전 세계에 걸쳐 약 800여 종이 분포되어 있다. 우리나라에서 예로부터 식용해 오던 채소류 외에 최근에는 서양채소가 활발하게 도입, 재배되어 많이 애용하고 있다. 채소류는 비타민 A와 C의 주공급원이며 비타민 B군도 어느 정도 제공한다. 파, 아스파라거스는 산성식품이나 대부분의 채소는 칼슘이나 칼륨이 많기 때문에 알칼리성 식품이므로 주식인 곡류나 육류와 함께 섭취함으로써 산성으로 변하기 쉬운 체액을 중성으로 유지시켜 주는 기능을 한다. 식이섬유가 많아 변비를 막아 줄 뿐 아니라 장내의 세균에 의한 비타민 B_1, 판토텐산 등 비타민 합성의 능력을 높여 준다. 색, 향기, 산뜻한 맛에 의해 식욕을 증진시켜 주며 소화액의 분비를 높여 주는 채소는 요사이 천연 피토케미컬(phytochemical) 함유 식품으로 관심의 초점이 되고 있다.

1. 채소류의 분류 및 특성

채소는 일반적으로 이용되는 부위와 모양에 따라 잎과 줄기를 사용하는 경·엽채류, 열매를 이용하는 과채류, 뿌리를 식용으로 하고 있는 구근·근채류, 꽃을 이용하는 화채류로 나누어 볼 수 있으며 청대콩, 완두콩, 옥수수 등 씨앗을 이용하는 종실류로 구분하기도 한다. 각 분류에 속하는 채소의 특징들을 알아두어야 하겠다.

〈표 7-1〉 **채소류의 분류와 종류**

분류	식용부위의 모양, 특징	채소의 예	종류
경·엽채류	수분, 섬유질 많이 포함. 광합성을 하며 엽록소가 넓게 분포. 당질 함량 낮음. 단백질과 지방은 극히 소량. 비타민과 철분, 칼슘 등의 좋은 급원	배추의 비타민 C는 많지 않으나 이용량이 많아 비타민 C의 좋은 급원. 잎의 푸른색이 짙을수록 비타민 A 함량이 많음. 푸른 잎은 칼슘 급원. 시금치, 근대, 무청에 있는 칼슘은 수산과 결합하여 불용성 칼슘을 형성. 다른 채소들보다 칼슘의 체내 이용률이 낮음	쑥갓, 근대, 깻잎, 배추, 양배추, 무청, 부추, 미나리, 아욱, 파슬리, 파, 셀러리, 상추, 브뤼셀 스프라우트(brus-sel sprouts)
과채류	열매가 채소로 이용되며 과일로 이용되기도 함	토마토, 풋고추는 비타민 C와 A의 좋은 급원. 고추는 붉게 익으면 비타민 C와 A의 양이 증가. 토마토, 참외, 수박은 과일로 이용	고추, 오이, 가지, 호박, 동아, 박, 풋고추, 토마토, 참외, 수박
구근·근채류	땅속에서 자라고 있는 식물의 부분을 채소로 이용. 식물은 에너지를 뿌리에 많이 저장. 수분 함량은 낮고 당질 함량 높으며 저장성이 있음. 티아민의 좋은 급원	당근과 고구마는 비타민 A의 급원. 무와 양파는 비타민 C의 급원. 감자류는 땅속줄기가 굵어진 것. 감자와 고구마는 전분, 당면, 알코올 등의 제조원료. 수분 함량(%)은 감자 80, 고구마 70, 토란 80이며 전분이 10~20%로 수분 외의 주성분이고 비타민 C는 가열에 안전. 감자류는 산화효소로 갈변, 당화효소로 단맛 증진	무, 순무, 당근, 감자, 고구마, 비트, 배추 뿌리, 마늘, 양파
화채류	꽃 부분을 이용. 꽃 채소. 비타민 A·C, 철분, 칼슘을 다량 함유	브로콜리는 다른 푸른 채소들보다 비타민 C를 풍부하게 포함. 콜리플라워는 칼슘양은 적으나 비타민 C, B_1, B_2의 좋은 급원	브로콜리, 콜리플라워, 아티초크
종실류	씨를 이용. 당질이 전분과 당분으로 존재. 단백질, 비타민과 철, 인, 칼슘 등 풍부	풋완두와 푸른 리마(lima) 콩은 비타민 B_1, B_2, 나이아신, 비타민 C의 좋은 급원. 마른 콩에는 비타민 B_1과 나이아신이 많음	청대콩, 완두콩, 옥수수

김희섭 · 이정희 · 최영희 · 최정희 · 윤재영 · 유혜경(2012). 조리의 과학. 도서출판 대가.

배추

브뤼셀 스프라우트

고추, 고구마줄기, 깻잎

방풍

시금치

양상추

[그림 7-1] 채소의 여러 가지 종류

2. 채소류의 구조와 구성성분

1) 식물 세포의 구조

신선한 채소는 살아 있는 세포들이 모여 있어 수확한 후에도 세포는 살아 있다. 채소에 있어 식용 부분은 주로 유연조직(parenchyma cell)인데, 이 세포는 비교적 얇은 벽으로 되어 있고 다각다면하거나 입방체의 모양이며 크기는 서로가 비슷하다. 어린 식물의 유연조직세포의 벽은 거의 섬유소(cellulose)로 되어 있으며, 세포 사이사이에는 펙틴질이 있다. 식물이 크게 자라면 펙틴질은 변하여 목질소(lignin)와 다른 물질이 축적되어 섬유소층이 두껍게 되므로 노화식물은 조리하더라도 딱딱하고 질겨 제거한 후 조리한다. 세포벽은 주로 섬유소로 구성되어 있으며 반섬유소(hemicellulose)와 목질소도 함께 들어 있다. 전분은 알파 글루코시드(α-glucoside) 결합을 하는 데 반하여 섬유소는 베타 글루코시드(β-glucoside) 결합으로 되어 있는데, 인체 내에는 섬유소의 분해효소가 없으므로 체내 이용은 불가능하다. 반섬유소는 세포벽에 섬유소, 목질소와 함께 존재하는 다당류의 일종으로 섬유소보다 산이나 알칼리에 의하여 분해되기 쉽고 조리에 의하여 그 양이 감소된다. 나무는 화학 약품이나 효소, 세균에 대한 저항이 강한 목질소가 건물량(dry weight)의 50%나 된다. 성숙한 채소나 단단한 채소에 들어 있는 목질소 함량은 조리에 의하여 변하지 않는다.

원형질에서 핵을 제외한 세포질(cytoplasm)에는 색소체(plastids)라 불리는 많은 작은 입자들이 흩어져 있는데, 이 색소체 가운데 엽록체(chloroplasts)는 초록색 식물에 존재하며 엽록소(chlorophyll)가 들어 있어 식물의 광합성에 매우 중요한 역할을 한다. 유색체(chromoplasts)는 녹색 외에 다른 색소인 카로티노이드(carotenoids)를 포함하며 백색체(leucoplasts)는 무색의 전분 입자를 내포하고 있으며 감자, 콩 및 기타 전분이 풍부한 채소 내에 있다.

성숙한 세포의 세포질 내부에 색소체 외에 액포(vacuole)가 있는데, 액포는 세포액(cellsap)이라고 불리는 물과 같은 물질로 채워져 있고 당, 염 외에 여러 가지 수용성 물질을 가지고 있다. 어린 세포는 액포의 크기가 작고 수가 많으나 세포가 자라면 액포들이 뭉쳐 크기가 커지며 성숙한 세포는 액포가 한 개만 있을 수도 있다. 지방 함량이 높은 세포는 기름 액포(oil vacuole)를 갖는다[그림 7-2](김희섭 외, 2012).

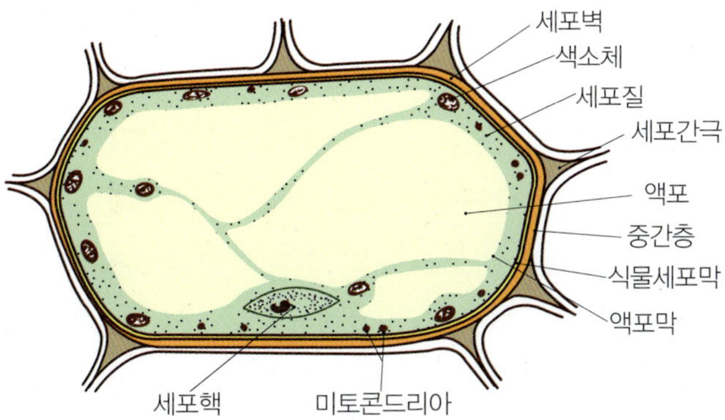

[그림 7-2] **유세포의 구조**

2) 채소류의 성분과 영양

채소는 수분 함량이 70~90%나 차지하고 있으며 세포벽은 섬유소로 구성되어 있고 세포벽 사이는 펙틴(pectin)물질로 잘 점착되어 있다. 영양성분으로 단백질, 지방, 당질은 소량이나 다른 식품에 비해서 무기질, 비타민이 풍부하다. 채소는 비타민 A · C, 무기염류의 좋은 공급원이고 식욕증진, 소화에 도움을 준다. 채소에 있는 무기질은 K의 함량이 많고 이 밖에 알칼리성 무기염류인 마그네슘과 칼슘, 나트륨이 많이 있다. 채소에 포함되어 있는 섬유와 유기산이 장을 자극하여 변통을 조절해 주는 역할을 한다. 채소의 구성성분 및 영양가는 채소의 어느 부위를 식용으로 하는가에 따라 큰 차이가 있다. 풋콩은 과일보다 전분 함량이 높다. 채소의 향미는 당분, 유기산, 무기염류, 휘발성 황화합물, 탄닌류의 성분 때문이다.

3) 채소류의 색소

채소는 우리들의 식탁에 맛과 색을 더해 주어 식욕을 돋구어 준다. 채소의 색소는 비트, 적색 캐비지 등에 있는 안토시아닌(anthocyanin)계 색소와 카로티노이드(carotenoid)계 색소, 녹색의 클로로필(chlorophyll), 플라보노이드(flavonoid)가 있다.

푸른색 채소의 클로로필이 파괴되었을 때는 카로티노이드 색소가 표면에 나타나게 되어 황록색이 된다. 당근, 고구마, 옥수수 등의 황색은 카로티노이드, 플라본(flavones)계 색소이다. 클로로필은 물에 불용성이고, 산성에는 녹갈색으로 변화하며, 알칼리에서는 선명한 녹색을 나타내나 비타민이 파괴되고 조직이 뭉그러진다. 카로티노이드는 비교적 조리 중에 안정한 지용성 색소로 담황색에서 붉은색을 나타내며 당근, 토마토, 고추 등 녹황색 채소에 주로 함유되어 있고 체내에서 비타민 A로 전환된다. 안토시아닌은 붉은색, 청색, 자색의 아름다운 색을 나타내는 수용성 색소로 가지, 자색 양배추, 순무 등에 함유되어 있다. 플라보노이드는 백색으로 양파, 아스파라거스의 잎줄기, 파슬리에 존재한다. 일부 색소는 떫은맛이나 쓴맛을 우려내야 하지만 그 자체의 맛을 즐기는 경우도 있다.

3. 채소류의 조리 특성

1) 조리의 목적

대부분의 채소들은 생식을 할 때보다 조리하면 채소 자체가 지니고 있는 향미 성분이 향상되어 맛이 더욱 좋아지고 소화도 쉬워지는데 이것은 섬유소와 반섬유소가 연화되고 부분적으로 전분이 호화되기 때문이다. 마른 콩의 경우 날것으로 씹을 수도 없고 소화도 안 되나 가열에 의하여 단백질의 질이 좋아진다. 예를 들어 대두는 조리 시 항트립신 인자(trypsin inhibiyor)와 기타 유독성분이 변성, 파괴된다. 조리된 채소의 풍미는 생채소와는 다른 맛을 주며 식단에 변화를 준다. 또한 가열에 의해 채소에 붙어 있던 미생물이 사멸되며, 엽채류는 조리 중에 부피가 감소된다.

조리는 준비 과정이 중요하다. 무, 당근, 감자와 같이 딱딱하고 껍질이 있는 채소는 솔로 잘 닦는 것이 좋고 엽채와 같이 부드러운 잎을 지닌 채소는 떡잎을 따고 뿌리 부분을 자른 다음 잎 하나하나를 흐르는 수돗물로 씻는 것이 좋다. 채소를 조리할 때 채소를 연하게 하면서 원래의 색과 모양을 유지시키고 영양소의 손실을 최소화하는 것이 좋다(최지유 외, 2013).

2) 삼투압과 조리

채소를 물에 삶으면 물이 채소의 세포 중에 침투해 어느 정도 지나면 세포막이 터져서 뭉그러지는 반면 진한 조미료를 넣어 삶으면 세포 중의 수분이 흘러나와 채소는 오그라든다. 이것은 원형질 토출과 원형질 분리 때문이다. 세포막은 특수한 경우 외에는 물이나 물속에 녹아 있는 물질을 거의 같은 정도로 투과한다. 원형질막은 물은 쉽게 투과하나 물속에 녹아 있는 어떤 물질은 잘 통과하지 못하는 반투과성막이다. 그러므로 세포를 물 또는 삼투압이 보다 적은 수용액인 저장용액에 넣으면 삼투현상에 따라서 세포 속에 물이 들어간다. 세포는 풍선같이 부풀게 되고 세포막은 터져 세포질이 밖으로 나오게 되는 현상을 원형질 토출이라 한다. 반대로 삼투압이 높은 고장용액에 넣을 경우 물이 밖으로 빠져나오므로 세포액의 체적은 줄어 원형질막이 세포막에서 떨어지게 된다. 이것을 원형질 분리라고 한다[그림 7-3]. 그래서 채소를 삶을 때에는 1% 내외의 소금을 넣어 삶는 것이 좋다.

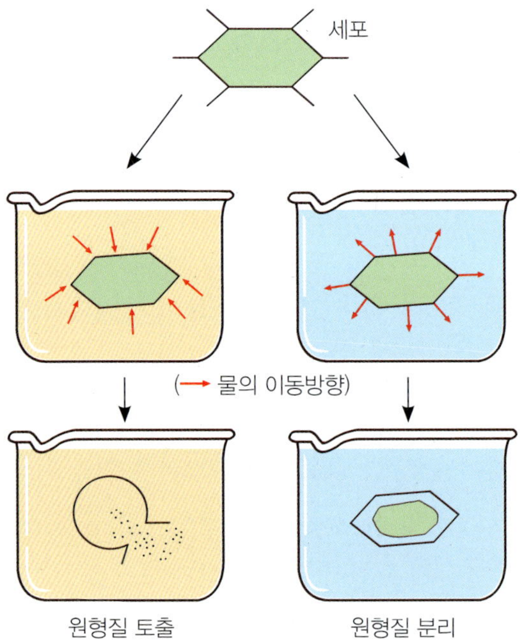

[그림 7-3] **원형질 토출과 원형질 분리**

3) 조미료의 침투 속도

조리 시 세포막을 통하여 조미료가 침투하는 속도는 분자량이 적은 것이 빨리 들어간다. 물의 분자량은 H_2O로 18.0이고, 소금의 분자량은 NaCl로 58.5, 설탕의 분자량은 $C_{12}H_{22}O_{11}$로 342이므로 물이 가장 빨리 침투하고 다음에 소금, 설탕의 순서가 된다. 조리 시에는 설탕을 먼저 넣어 식품 내부까지 충분히 침투시킨 후에 간을 해 주는 것이 좋다(김동훈, 2015).

4) 채소류의 조리 방법

채소를 조리하는 방법으로는 굽는 법, 끓이는 법, 튀기는 법, 찌는 법, 압력상태로 증기에 찌는 법 등이 있다. 조리방법은 채소의 종류에 따라 달라진다. 채소는 조리에 의하여 어느 정도 영양가 손실이 불가피하나 껍질째 굽거나, 찌거나 압력상태로 찌는 방법 등 각 채소에 알맞은 적당한 방법을 택하여 영양가의 손실을 줄여야 한다. 비타민은 조리하는 동안 파괴되기도 하나 수용성 비타민 B군과 C는 주로 물에 용해되어 손실된다. 쉽게 산화되는 비타민 C는 산화조건을 없애주면 비타민의 손실이 적어진다.

조리하는 동안 채소류의 프로비타민 A는 잘 보존되므로 조리된 푸른 채소와 다른 여러 황색 계통의 채소들은 비타민 A의 좋은 급원이 된다. 비타민 C뿐 아니라, 비타민 A도 산화에 약하며, 비타민 B_1은 B_2나 나이아신보다 열에 약하다. 물에 넣고 가열하는 것이 물을 넣지 않고 가열하는 것보다 손실이 크며, 파괴의 정도는 온도가 상승함에 따라 증가한다. 비타민 B_2와 나이아신은 열에 매우 강하여 100℃ 이상에서도 안정하며 비타민 C는 물에서보다 마른 상태에서 더 안정하다. 용액의 알칼리도가 높을수록, 특히 온도와 가열시간이 증가하면 파괴율은 커진다. 토마토, 파인애플과 같은 자연산을 포함한 과일과 함께 조리하면 비타민 C는 어느 정도 보호된다. 오래전부터 채소를 조리할 때 베이킹소다(baking soda)를 넣으면 푸른색을 강화한다고 알려져 있으나 아주 미량의 경우를 제외하고는 비타민 B_1과 C를 파괴하므로 사용이 억제되고 있다.

채소 조리에 있어 영양소의 손실은 깎을 때, 급히 끓일 때, 지나친 조리 등으로 생기며 자른 표면에서의 손실이 크다. 조리 시 휘발성 물질의 손실로 인한 영양가는 크게 영향을 받지 않으나, 향기를 가지는 물질이 손실되므로 음식의 맛은 달라진다. 향채는 생선요리, 수프, 소스 등에 사용하며 가열하면 향이 날아가므로 마무리 직전에 넣는다(우인애 외, 2014).

채소의 조리법인 굽기, 끓이기, 데치기, 찌기, 튀기기, 전자오븐 조리 등에 관한 조리방법과 장단점 등을 〈표 7-2〉에서 살펴보도록 하겠다.

〈표 7-2〉 조리법의 종류와 장단점

종류	조리법	장단점	비고
굽기	불에 굽거나 오븐 속의 건열에 익히는 방법	굽기는 끓이기보다 시간이 오래 걸림. 전분이 많은 채소는 높은 온도에서 굽는 것이 빠른 증기의 형성으로 질감이 좋음.	증기를 보유하도록 조치. 구운 채소는 즉시 먹는 것이 비타민 손실을 줄일 수 있음
끓이기	부분적으로 혹은 전부를 끓는 물에 담그는 조리법	조리하는 물에 수용성 물질이 유출. 껍질째 조리하면 수용성 물질의 손실은 거의 없음. 물에 노출된 표면적이 크거나, 조리시간이 길수록 손실은 커짐. 끓는 물에서 빨리 조리하는 것이 비타민 C 보존에 좋음	건조성분 및 무기질의 손실률이 증기에서 찔 때 15%, 겨우 채소를 덮을 정도의 물에서 30%, 그보다 많을 때에는 40%
데치기	끓는 물이나 기름에서 짧은 시간 가열하는 법	푸른색의 변화와 수용성 영양소, 비타민 C, 티아민, 리보플라빈, 당류, 수용성 유리아미노산, 무기염류 등의 손실. 씻은 후 밀봉하여 전자레인지에 데치기도 함.	채소 데치기는 가열시간과 수용성 비타민의 유출을 줄일 수 있어 물에 삶는 것보다 효과적. 조리시간 단축
찌기	채소를 증기로 찌는 법과 가압 증기로 찌는 법	끓일 때보다 훨씬 조리시간이 오래 걸림. 색, 영양소, 맛 성분 등 수용성 물질의 보존을 위한 유효한 방법. 조리시간이 길어지므로 녹색이 변하고 비타민의 파괴가 커짐	끓였을 때 조리시간이 비교적 많이 걸리는 채소들인 근채, 덩이 줄기, 마른 콩 등은 가압 조리가 더 적합
튀기기	소량의 기름에 조리하는 법과 다량의 기름에 튀기는 법	튀길 때 무기질과 비타민의 손실은 거의 일어나지 않음. 소량 기름에 볶아 조리하는 방법도 고온에서 단시간 조리하므로 비타민, 무기질 손실이 적음	기름의 온도가 너무 낮으면 채소 중 과잉 기름이 배고 기름 온도가 너무 높으면 속까지 익기 전에 겉이 갈변함
전자 오븐 조리	전자 오븐에 넣어 조리함	전자 오븐에 조리하면 조리시간이 극히 단축되므로 색과 영양소를 최대한으로 유지. 취식용기에 직접 조리 가능. 금속 용기 사용 제한	재래식 방법으로 조리한 것보다 질감, 향미 성분 함량이 높으나 수분 증발

5) 조리에 의한 채소 성분의 변화

채소의 성분이나 영양소의 함량은 조리 과정이 기계적 조작, 열 처리, 물 또는 농도가 낮은 염 용액의 용매작용, 공기와의 접촉으로 인한 산화, 양념 등과의 작용, 휘발성 물질의 증발 등으로 인해 여러 가지 변화를 일으킨다.

〈표 7-3〉 조리 시 채소 성분의 변화

채소 성분	채소 성분의 변화	비고
섬유질 및 펙틴 물질	섬유소(셀룰로오스: cellulose)는 어느 정도 연화되고 반섬유소(헤미셀룰로오스: hemicellulose)의 양은 감소. 세포 간 물질인 펙틴(pectin)은 조리 과정에서 용해되어 채소가 연해짐. 산은 섬유소의 질감을 단단하게 만듦. 가열에 의해서 세포막이 변성되고 세포 간의 불용해성 프로토펙틴(protopectin)이 용해해서 펙틴(pectin)으로 전환	섬유질과 펙틴질은 영양소로 가치는 없으나 장을 자극하여 장 활동을 원활히 함. 섬유소가 인체 소화관에서 불소화성이나 조리에 의하여 섬유소 이용이 약간 증가
색소	색소에 대한 수용성, 산, 알칼리에 대한 반응, 장시간 가열의 영향, 금속 이온에 대한 반응을 〈표 7-7〉에 간략히 기술	가장 뚜렷한 변화가 있음
맛과 향기	향미 성분은 유기산, 당분, 전분, 무기질, 함황물질 등이며 산의 에스테르(ester)와 헥산올(hexanol)로 가열이나 조리할 때 변함. 지나치게 조리를 하면 분해되어 역효과. 뚜껑을 열고 조리하면 맛을 내는 물질이 휘발. 유황을 포함하는 채소는 조리하는 동안 휘발성 유황물질이 분해되고 유화수소(hydrogen sulfide)가 형성되므로 맛에 좋지 않은 영향	물을 많이 넣고 삶게 되면 용해성 맛 성분, 당분, 유기산, 무기질 등이 조리수에 용출. 양배추류 채소에 함유되어 있는 황화합물은 조리 과정에서 분해하여 채소의 맛에 영향
수분 함량	마른 채소는 물을 흡수하나 신선한 채소를 삶거나 찌면 수분은 다소 감소. 채소를 물속에 넣어 조리하면 물을 많이 흡수하고, 찌면 물을 덜 흡수. 구우면 수분이 제거	지나친 물 흡수로 채소가 질척해지지 않도록 주의를 요함
탄수화물	전분이 많은 채소(생고구마 등)는 고온에서 건조시키면 당분으로 변하여 갈색의 캐러멜(caramel)을 생성하여 질이 저하. 찐 고구마를 고온 건조시키면 감미가 증가. 조리한 물에 상당량의 당이 있어 증발 시 갈색화. 물이 졸아들면서 채소가 변색되거나 눌어붙기 쉬움	채소 내에 함유되어 있는 전분은 조리 과정에서 전분 입자가 팽윤되고 호화되며 당분은 수분이 증발되므로 캐러멜화 현상이 일어남
단백질과 무기질	단백질은 가열 시 응고. 채소류는 무기질의 함량이 많아 무기질의 중요한 급원이나 수용성이므로 조리에 의한 손실이 큼	두류 이외의 채소는 단백질 함량이 낮음
비타민 C	수용성. 가장 손실되기 쉬우며 쉽게 산화되어 조리 열에 의한 분해 작용이 큼. 조리 조작 상 가장 불안정한 비타민	산화에 파괴. 물에 수용성 비타민의 용해. 알칼리에 의한 분해
비타민 A (카로틴)	지용성. 조리 중 비교적 안정하나 산화에 의해서는 쉽게 파괴	조리 시 찌거나 기름에 볶으면 손실 적음
비타민 B_1 (티아민)	수세와 침수로 20~50%의 손실. 알칼리에 약함	가열시간이 길어지면 열에 의한 B_1의 분해가 일어남
비타민 B_2	수세와 침수로 20~50%의 손실. 알칼리에 의한 분해는 B_1의 경우와 같아 5분 동안 끓이면 25%의 B_2가 분해	B_2는 B_1에 비하여 열에 안정
니코틴산 (nicotinic acid)	수용성 비타민. B_1과 마찬가지로 국물에 녹지만 열에 대해서는 비교적 안정. 나이아신(niacin)이라고도 함	조리에 의한 손실은 별로 크지 않음. 펠라그라 방지 비타민

양배추를 물에 끓일 때 양배추 고형분 속의 비타민 C는 가열에 의하여 급격하게 감소되고 국물 속에 남은 비타민 C의 양은 증가한다. 국물과 고형분에 들어 있는 비타민 C를 합하면 가열 초기 1분 이내에는 25%가 감소했으나 그 후 비타민 C의 함량에 별 변동이 없었다[그림 7-4]. 가열 초기는 양배추 조직 내에 있는 비타민 C 산화효소(ascorbic acid oxidase: ascorbinase)가 활성을 띠어 비타민 C의 파괴율이 높으나 계속 가열하면 산화효소가 불활성화해서 비타민 C가 더 이상 파괴되지 않음을 말한다. 비타민 C 산화효소는 열에 약해 100℃에서 1분간, 70℃에서 5분간 가열하면 활성이 정지된다. 채소의 조리는 비타민 C 산화효소가 단시간에 파괴될 수 있을 만큼 높은 온도에서 처리하고 조리 수는 버리지 말고 수프(soup), 소스(sauce), 그레이비소스(gravy sauce) 등에 쓰는 것이 좋다. 뚜껑을 덮으면 조리시간이 짧아지므로 소량의 물에 뚜껑을 닫고 짧은 시간에 조리하는 것이 비타민 C의 손실을 적게 한다. 그러나 뚜껑을 덮을 경우 휘발성 산이 휘발되지 않아 녹색 채소는 색이 나빠진다. 시금치를 끓였을 때 비타민 B_1의 잔존율은 〈표 7-4〉와 같다(김희섭 외, 2012).

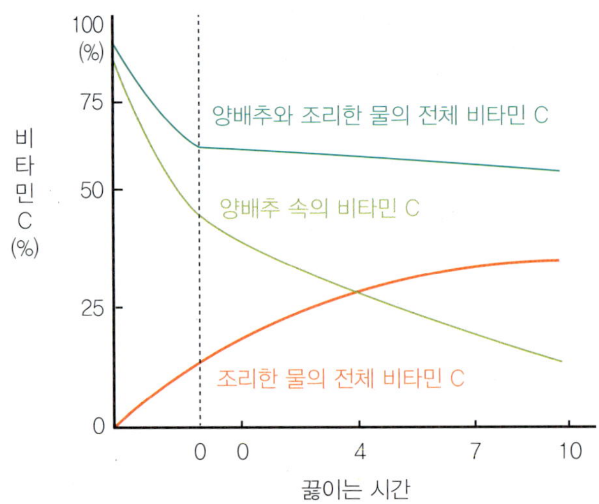

[그림 7-4] 양배추 조리에 따른 비타민의 감소

〈표 7-4〉 시금치를 끓였을 때 비타민 B_1의 잔존율(%)

끓인 시간(분)	시금치 내	국물 내	합계
0	100.0	0	100.0
2	71.9	21.7	93.6
5	59.3	29.8	89.1
12	50.7	29.1	79.8

〈표 7-5〉 조리에 의한 비타민의 성질

비타민	용해성	산화	가열 시		광선
			산	알칼리	
비타민 A	지용성	예민	안정	안정	예민
비타민 B_1	수용성	안정	예민	예민	안정
비타민 B_2	수용성	안정	안정	예민	예민
나이아신	수용성	안정	안정	안정	안정
비타민 C	수용성	예민	예민	예민	예민
비타민 D	지용성	안정	안정	안정	안정

〈표 7-6〉 비타민 C의 잔존율

비타민 C의 잔존율	식품명
20% 이하	양배추 초나물, 단무지(3개월)
21~30%	삶은 무청
31~40%	삶은 배추, 삶은 시금치
41~50%	삶은 감자(잘게 썬 것), 시금치 찐 것
51~60%	삶은 양배추, 삶은 무(크게 썬 것), 삶은 호박
61~70%	군고구마 썬 것, 삶은 완두, 삶은 감자(크게 썬 것)
71~80%	삶은 파, 삶은 양파, 양배추 절임
81~90%	군고구마, 감자 찐 것, 고구마 찐 것, 배추, 양파, 양배추 볶은 것
91% 이상	파 구운 것, 감자 기름에 튀긴 것, 파, 고구마

6) 데치기(blanching)

비타민 C를 함유한 채소를 건조하거나 냉동시키면 채소 내의 비타민 C 산화효소의 작용으로 비타민 C는 파괴되며 변색이 일어난다. 이를 막기 위해 채소를 끓는 물이나 가열증기에 잠시 데쳐서 효소를 파괴한 후 건조시키면 비타민 C의 파괴와 변색을 막을 수 있다. 이를 데치기(blanching)라 하며 채소의 중요한 조리 방법이다.

데치기를 할 경우 채소 자체가 가지고 있는 산화효소의 활성을 감소시키고 미생물을 가열함으로써 세균 수를 줄인다. 또한 채소가 내부에 가지고 있는 공기는 가열, 팽창하여 배출되고 조직이 연화되어 빙결 팽창에 견딜 수 있다. 채소를 데치면 부피를 줄일 수 있으며 녹색이 고정되어 선명하게 되고 전분은 α화되어 소화하기 쉽다. 그 외 데치기는 조리 시 비타민 A, 비타민 B_1, 비타민 C의 감소를 방지한다(우인애 외, 2014).

7) 색소의 변화

채소류의 색소는 조리 시 커다란 변화를 나타낸다. 〈표 7-7〉은 각 조건에 따른 여러 가지 색소들의 변화를 살펴본 것이다.

〈표 7-7〉 식품 색소의 여러 가지 반응

색소 \ 조건	색	용해성	산의 영향	알칼리의 영향	금속 이온영향	장기 가열 영향
엽록소 (chlorophyll)	녹색	지용성	녹색→ 올리브색	선명한 녹색	동이나 아연에 의해 색이 선명해짐	올리브색
카로티노이드 (carotenoid)	등황색	지용성	안전함	안전함	안전함	당이 캐러멜화로 갈변
안토시아닌 (anthocyanin)	적색	수용성	안전함	자색→청색(알칼리도에 따라)	철과 주석에 의해 자색 또는 청색으로 변함	안전
플라본 (flavone, flavonol)	백색	수용성	안전함	담황색	철 이온에 의해 녹색 또는 갈색으로 변함 알루미늄에 의해 황색으로 변함	갈변, 지나치면 색이 어두워짐

(1) 엽록소(chlorophyll)

조리 과정에서 영향을 많이 받는 물질인 엽록소의 특징은 Mg^{++}을 가운데 두고 네 개의 피롤그룹(phyrrole group)이 결합되어 포피린 링(porphrin ring)을 형성하고 있는 것이다[그림 7-5].

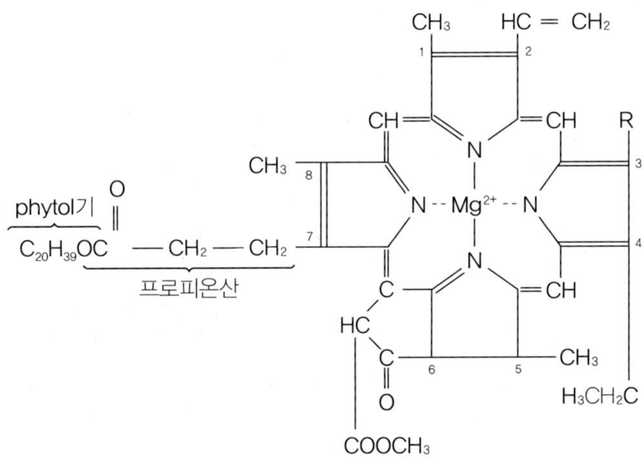

[그림 7-5] 엽록소(chlorophyll)의 구조

엽록소 a형은 청록색, 엽록소 b형은 황록색이며 자연계에는 약 3대 1의 비율로 존재한다. 에스테르(ester)결합을 하고 있는 피톨그룹(phytol group)이 효소 클로로필레이즈(chlorophyllase)에 의해 가수분해되면 수용성인 클로로필리드(chlorophyllide)가 형성된다. 클로로필(chlorophyll)은 조리 온도와 조리 시에 침출된 유기산에 의해 많은 영향을 받으나 알칼리에 안정하므로 조리수가 약 알칼리일 때 녹색 채소는 푸른색을 최대한 보유할 수 있다. 생채소 중의 엽록소는 엽록체(chloroplasts) 내에 있고 살아 있는 세포에서 단백질과의 결합물이기 때문에 세포액의 산에 의하여 변화되지 않는다. 그러나 가열되면 가열에 의한 산의 형성, 가열에 의한 조직의 변화, 단백질의 변성 때문에 엽록소는 황녹색의 페오피틴(pheophytin)이 된다. 유기산의 H^+와 클로로필에 있는 Mg^{++}가 치환하여 페오피틴을 형성하므로, 녹색이 황록색으로 변하고 조리가 더 계속되면 올리브색으로 변화된다. 단백질이 열에 의하여 응고하면 단백질의 완충작용(buffer action)이 없어지므로 산에 의한 영향을 받기 쉬워진다. 클로로필은 산에 의해 가장 예민하므로 접촉을 적게 하는 것이 바람직하다. 휘발성 유기산은 조리 시 냄비 뚜껑을 열어 휘발시키고 조리수를 많이 사용하여 산을 희석시켜야 푸른색을 유지할 수 있다.

엽록소는 조리시간이 길어질수록, 조리 시 물의 pH가 낮을수록, 조리하는 물 분량이 적을수록, 엽록소의 함량이 적을수록, 파괴율은 더 높아진다.

(2) 카로티노이드(carotenoid)

물에는 용해되지 않으나 기름에 용해되는 지용성 등황색 색소로 조리 과정이나 조리 온도에 영향을 적게 받는다. 조리 과정 중 산, 광선이나 가열에 의해 이성화(isomerization)하여 등황색이 더 진해져 선명한 황색을 나타내기도 한다. 당근, 고구마, 푸른색 채소, 노란 호박 등 채소나 과일, 꽃, 가을의 낙엽 등에 포함되어 있다. 녹색 잎에 엽록소와 함께 섞여 존재하는 카로티노이드는 일부 유도체만이 물에 녹는다. 산이나 알칼리, 물의 양이나 조리시간에는 별 영향을 받지 않는다. 토마토의 적색도 카로티노이드계 색소로 리코펜(lycopen)이라 한다.

(3) 안토시아닌(anthocyanin)

수용성이며 산에 안정하나 알칼리에 의하여 쉽게 색이 변하는 안토시아닌계 색소는 알칼리나 금속과 반응하면 붉은색은 자색으로 변하고 결국 청색과 녹색으로 변한다. 그러나 식초나 기타 유기산이 많은 식품과 같이 조리하면 선명한 적색으로 변화된다. 물에 쉽게 침출되어 조리하는 동안 적색 채소는 탈색되기 쉬우므로 적색채소를 조리할 때는 조리수를 소량 가하고 뚜껑을 덮는 것이 바람직하다. 꽃이나 과일의 외피에 들어 있고 붉은 양배추(red cabbage), 사탕무, 가지, 붉은 양파(red onion) 등에 들어 있다.

채소 중에 흔히 안토시아닌과 플라본(flavone)은 같이 들어 있는데, pH 8 이상의 알칼리에서 처리될 때 안토시아닌이 청색으로 변하고 플라본은 황색으로 변하여 두 색이 합쳐져 녹색을 나타내기도 한다. 수용성인 이 색소의 안정을 위해 식초나 레몬즙을 가하기도 한다(김동훈, 2015).

(4) 백색 채소(anthoxanthin계 색소)

플라본 색소라고도 하는 안토잔틴(anthoxanthin)계 색소는 수용성이며 조리 시 어느 정도 안정한 색소이나 채소 내의 황과 철이 플라보놀(flavonol)과 반응하기 때문에 오래 가열하면 갈변된다. 산에는 안정하나 알칼리와 반응하면 노르스름해지므로 소량의 산을 조리수에 첨가하면 백색을 선명하게 유지할 수 있다. 양파, 무, 감자, 배추 속, 양배추 속, 콜리플라워 등의 백색과 담황색이 이에 속한다.

(5) 탄닌(tannin)

탄닌은 때때로 색소로 분류하지 않으나 보조색소의 역할을 하며 과일이나 채소의 색과 맛에 영향을 준다. 채소 중의 탄닌은 떫은맛을 느끼게 하는데 홍차(tea), 커피(coffee), 코코아(cocoa) 등의 떫은맛은 바람직하나 미숙한 바나나나 덜 익은 감의 떫은맛은 좋지 않으므로 익은 후 이용하는 것이 좋다. 떫은 감이 익으면서 달아지는 것은 수용성 탄닌이 불용성 탄닌으로 바뀌면서 떫은맛은 못 느끼고 단맛만 느끼게 되기 때문이다. 탄닌은 단백질과 결합하여 불용성 물질을 형성한다.

8) 채소류의 변색

채소를 자르거나 껍질을 벗기면 색이 변하는데 이것을 갈변반응(browning reaction)이라고 한다. 이러한 반응은 효소에 의한 갈변과 비효소적 갈변으로 크게 나누며 여기에 관한 설명은 'chapter 8(과일류의 조리원리)'에 상세히 설명되어 있으므로 참고하기 바란다.

4. 채소류 조리 특성의 이용

1) 생채소

채소는 생것 그대로 먹으면 영양을 최대한 취할 수 있다. 그러나 채소를 생채로 먹을 때는 물로 잘 씻어야 하며, 근채류나 셀러리는 솔로 문지른다. 당근, 무, 콜리플라워, 양파, 오이, 토마토, 셀러리, 양상추, 빨간 무, 연한 풋콩, 아스파라거스 등이 주로 샐러드에 흔히 쓰이는 채소들이다. 완숙 토마토는 칼집을 내어 끓는 물에 살짝 데치면 쉽게 껍질이 벗겨진다. 채소를 날것으로 먹을 때는 영양가는 약간 손실되나 차고 아삭아삭한 식감을 위해 셀러리, 무 등을 얇게 썰어 얼음물에 담가 두면 좋다. 각각의 채소는 그 성질에 따라 보관하고 취급하는 것이 필요하다. 요사이 겨울에도 비닐하우스에서 채소를 키워 먹을 수 있으나 고가이므로 채소를 저장하기도 한다. 저장 방법은 채소에 따라 다르나 대부분 온도 10℃내외, 습도는 80~95%를 유지시켜 주는 것이 좋다. 과거에는 땅속에 움을 파서 저장하였으나 보통 가정에서는 냉장고에 보관한다. 상업적으로 저장성을 높이기 위해서 CA(controlled atmosphere: 공기조절)저장을 하여 신선도를 오래 보존하기도 하나 비용이 많이 든다.

2) 나물

채소를 나물로 섭취하는 경우에는 생채소나 샐러드를 섭취하는 경우에 비해 많은 양의 채소를 섭취하게 되므로 채소로부터 얻는 단백질의 양은 의외로 많다. 채소는 열량이 적어 다이어트 식품으로 생식하는 경우가 많지만 숙채(나물)를 조리할 때는 가열에 의해 위생적인 문제가 해결되므로 좋다. 채소는 수분이 많아 상하기 쉬울 뿐만 아니라 일반적으로 저장성이 약하고 부피가 크기 때문에 보관이나 운반에 있어 불편한 점이 많다. 수확 후에도 세포는 호흡작용을 활발히 하므로 열이 많이 발생하거나, 수분의 증발에 따른 중량 감소, 비타민 C의 감소 및 효소작용에 의한 조직의 연화 등이 발생하여 품질이 저하되므로 싱싱할 때 잘 씻어 나물로 이용할 수 있으면 좋을 것이다.

한국의 나물은 생채와 숙채로 나누는데 생채는 생채소를 전 처리해 생채로 양념하는 것이고 숙채는 데치거나 볶아서 사용하는 것이다. 조직이 연한 채소는 살짝 데쳐 사용하고 조직이 질긴 것은 좀 오래 삶고 다시 볶아서 섬유소를 부드럽게 해야 섭취하기 쉽다. 콩나물, 숙주나물은 한국이나 동남아시아에서 많이 이용되는 나물이다. 콩나물, 숙주나물은 싹이 터 자라면서 비타민 C 함량이 원료 콩보다 증가한다. 콩나물, 숙주나물에 쓰이는 콩은 알맹이가 작은 품종을 택하여 물로 씻고 하룻밤 물에 담가 두어 수분을 충분히 흡수시킨다. 시루나 뚫린 나무통에 담아 어둡고 습한 곳에 두어 하루 4~5회 정도 미지근한 물을 준다. 빛깔이 희고 광택이 있으며, 연하고 악취가 없는 것이 좋다. 비타민, 무기질 등이 비교적 많다. 콩나물, 숙주나물의 조리 시 비린내가 나지 않게 뚜껑을 꼭 덮어 주는 것이 좋다.

3) 건조 채소

채소류에 함유되어 있는 수분을 감소시켜서 채소류의 생물학적 및 화학적 변질을 억제하는 방법으로 햇볕에 말리는 자연 건조와 열풍 이용 건조법 등 인공적인 탈수에 의한 인공 건조법이 있다. 습도가 많은 열풍으로 건조시켜 조직이 굳어지는 것을 방지하고 어느 정도 건조되면 환기하고 온도를 차차 높여 건조시킨다. 전 처리한 채소를 건조시키면 세포액의 농도가 높아지고 미생물 번식이 억제되어 채소는 저장성이 높아진다. 표고, 말린 산채들, 고구마, 콩, 무말랭이, 호박고지 등 건조 채소는 물에 담가 불린 후 조리하여 사용한다.

4) 통조림, 병조림 채소

통조림에는 계절적인 채소로 완두콩, 줄기 콩(string beans), 토마토, 옥수수 등이 적당하다. 통조림 가공 시 신선하고 질이 좋은 채소를 깨끗이 씻어 날것 그대로 혹은 살짝 데친 것을 유리 항아리나 통조림통에 넣는다. 채소는 탄수화물 분해로 나오는 가스로 인한 병 파열 방지를 위해 통조림통이나 유리 항아리의 윗부분을 약간 남기고 넣고 중심부 온도가 76.7℃가 될 때까지 열탕 속에서 살균한다. 토마토 같은 산성 식품은 통조림을 제대로 한 경우 비타민 C의 손실이 거의 없다. 집에서 만드는 병조림은 병을 깨끗이 살균하여야 한다.

통조림 채소는 이미 조리된 것이므로 단시간 내에 다시 데워 채소가 지나치게 연화되지 않게 한다.

5) 냉동 채소

냉동할 수 있는 채소는 완두콩, 옥수수, 리마콩(lima beans), 아스파라거스, 시금치, 브로콜리, 콜리플라워 등이고, 냉동할 수 없는 채소는 오이, 양파, 셀러리, 양상추, 래디시 등이다. 채소는 냉동 시 세포에 생기는 얼음 결정 때문에 세포막이 파괴되어 해동했을 때 축 늘어지므로 샐러드에 쓰는 채소는 냉동하지 않는다.

채소를 깨끗이 씻어 끓는 물이나 증기에 채소 전체가 열을 받도록 빠르게 잠시 데쳐 채소의 용적을 줄이고 빨리 온도를 낮추어 준다. 냉동 저장 시 채소의 체적이 팽창하여 채소는 현저히 연화하며 승화 현상으로 건조되기 쉽다. 단백질, 지방은 큰 변화가 없으나 비타민 C는 파괴될 수 있으며 냉동 시 공기 중 산소에 의한 산화가 일어날 수 있으므로 처리한 채소는 포장을 빨리 하고 곧 냉동기에 넣는 것이 질을 보존하는 최선의 방법이다. 냉동 채소는 해동과 동시에 조리하는 것이 좋다(김희섭 외, 2012).

6) 토마토의 가공 제품

토마토의 색소는 주로 리코펜(lycopene)과 카로틴(carotene)이다. 붉은 종류에는 리코펜, 노란 종류에는 카로틴과 잔토필(xanthophyll). 푸른 것에는 클로로필(chlorophyll)이 많다.

토마토 가공품으로는 원형 그대로 가공한 토마토 솔리드팩(tomato solid pack)과 과육과 과즙을 이용한 토마토펄프(tomato pulp), 토마토퓌레(tomato purée) 및 토마토케첩(tomato ketchup), 과즙을 주로 한 토마토주스(tomato juice)가 있다.

토마토 솔리드팩은 껍질을 벗긴 토마토를 그대로 통조림한 것을 말하며 토마토펄프는 토마토의 완숙 부분을 열처리하여 초퍼(chopper)와 펄퍼(pulper)를 통과시켜 껍질과 씨앗을 제거하고 피니셔(finisher)에 넣어 치밀한 조직을 만든 것이다. 제조한 토마토펄프는 토마토퓌레, 토마토케첩의 원료로 사용한다. 토마토퓌레는 토마토를 파쇄하여 껍질과 씨를 제거한 뒤 농축시킨 것을 말하며 전 고형물의 양에 따라 토마토 페이스트(Tomato paste: 전고형물이 22% 이상인 것), 콘센트레이트 토마토(concentrated tomato: 33% 이상)로 분류할 수 있다. 토마토케첩은 양파 등의 침출액을 솥에 넣고 농축시킨 후 토마토퓌레와 설탕을 가하고 향신료, 소금, 초, MSG, 색소 등의 혼합물을 넣어 만든 것이다. 토마토주스는 선별한 토마토를 마쇄하고 가열한 후 걸러서 만든 액체로 점성이 높다(한국대학 식품영양관련학과교수협의회, 2002).

7) 땅콩버터(peanut butter)

정선한 완숙 낙화생(땅콩)을 볶고 기름과 함께 낙화생을 마쇄하고 2~3%의 소금을 첨가하여 저장한다. 지나치게 마쇄하면 저장 중 기름이 분리되어 맛과 저장성에 영향을 준다.

8) 피클(pickle)

피클링이란 식초, 소금, 설탕, 향료를 사용하여 채소, 과일 또는 고기 등을 저장하는 것을 말한다. 딜 피클(dill pickles)과 양배추를 소금에 절인 사우어크라우트(sauerkraut)는 효소에 의해 생성된 특이한 맛을 주는 젖산(lactic acid)에 의하여 저장성이 높아진다.

피클링에 사용되는 대부분의 채소는 수분이 많기 때문에 소금을 뿌리거나 소금물에 담가서 수분을 먼저 제거하고 피클 용액을 부어야 한다. 농도가 낮은 소금물에는 산을 형성하는 박테리아, 주로 젖산 박테리아가 자라게 되므로 다른 박테리아의 성장을 저지한다. 사우어크라우트(sauerkraut)의 소금양은 양배추 무게의 2~3% 정도가 적당하다. 발효를 억제하는 중농도의 소금물은 발효시킨 피클을 저장하는 데 쓰인다. 철이 많은 물은 피클의 색을 변화시키고 알칼리가 많은 물은 발효한 피클에서 생성된 산을 중화시켜서 저장 효과를 내는 산의 농도를 유지하지 못하므로 소금물은 연수로 만들어야 한다. 엽록소(chlorophyll)는 산과 가열에 의하여 거의 파괴되므로 황록색으로 변한다. 변색을 막기 위해 구리 이온이나 식용색소를 사용하기도 하나 피하는 것이 좋다.

피클을 안전하게 보관하려면 밀봉하는 것이 최선의 방법이다. 피클의 부패 원인은 곰팡이와 이스트, 감자 박테리아(potato bacteria) 등인데 공기가 있는 표면에서 자라게 된다. 소금물 밖으로 올라온 피클이 제일 먼저 영향을 받으므로 피클이 용액 밖으로 나오지 않게 무거운 것으로 눌러 놓아야 하며 발효된 피클은 공기를 배제하기 위하여 파라핀으로 봉한다.

방향을 내는 물질로 젖산(lactic acid)이 쓰이는데 젖산과 초산을 함께 쓰는 것이 한 가지 산만을 쓰는 것보다 맛이 좋다. 초산(acetic acid)이 4~6% 정도일 때 피클을 보다 안전하게 보관할 수 있다. 피클의 특이한 맛은 아삭아삭한 것이므로 피클을 만들 때 단단하고 아삭아삭한 맛이 나게 하기 위하여 상업적으로 염화칼슘을 이용한다. 정향(clove)과 계피(cinnamon), 셀러리씨(celery seed), 겨자씨(mustard seed), 겨자(mustard), 아니스(anise), 딜(dill) 등 잘게 썬 향료를 주머니에 넣어 피클 용액에 담근다.

9) 김치류

김치는 예로부터 우리나라의 가장 중요한 부식 중의 하나이다. 고유한 채소 저장 발효식품으로 채소 특유의 아삭한 맛과 유기산류가 어우러져 독특한 풍미와 뛰어난 영양성을 가지고 있다. 상쾌한 맛과 특유한 발효미를 이루고 건더기와 국물을 모두 사용할 수 있도록 가공한 것이다. 배추, 무를 주재료로 하고 파, 마늘, 생강, 갓, 미나리 등을 부재료로 하며 잣, 배, 밤, 생선, 고기 등을 넣기도 한다.

각종 젓갈과 고춧가루를 사용하는 점과 저장성이 좋고 씹는 맛이 좋은 점이 특색이다. 김치의 맛은 배추를 절이는 방법과 사용하는 젓갈의 종류 및 상태에 의해 크게 영향을 받는다. 김치의 종류는 재료, 시기, 지방에 따라 통배추김치, 배추김치, 막김치, 섞박지, 열무김치, 갓김치, 무김치, 보쌈김치, 무채김치, 깍두기, 동치미, 나박김치, 식혜김치, 오이김치, 오이지, 무짠지, 가지김치, 미나리김치, 파김치 등 여러 가지가 있다. 각 지방에서는 특산물과 기후에 맞는 여러 가지 특색 있는 김치들이 전래되고 있다(김귀영 외, 2017).

(1) 김치의 성분과 특징

김치는 식욕증진, 섬유소의 공급원, 소화작용 촉진, 비타민과 무기질의 급원 식품이며 발효 숙성 과정 중에서 바람직한 변화가 일어나므로 현대인의 건강식품으로 각광을 받고 있다. 김치는 고추가 우리나라에 들어왔던 조선시대 중반 이후에 더욱 발전하였다. 동물성과 식물성 식품을 함께 함유한 식품으로 김치와 김장 문화가 유네스코 세계문화유산에 등록되었다.

〈표 7-8〉 **김치의 성분과 특징**

함유성분	각 성분의 특징
맛과 향	미생물의 작용으로 생성된 유기산, 알코올, 에스테르 등에 의하여 특유의 풍미를 가짐. 식욕이 증진되고 소화액 분비 촉진
섬유소	섬유소를 다량 함유. 채소가 부족한 겨울철에 좋은 섬유소 급원. 장의 운동을 자극하여 변통효과를 좋게 하여 변비를 방지
효소들	아밀라아제, 리파아제, 프로테아제 등의 효소가 함유되어 있어 소화가 촉진. 미생물 중에도 소화를 돕는 것이 있어 그 효과가 더욱 상승
영양소	비타민 A, B_1, C 등의 급원으로도 중요하며 특히 겨울철에 채소가 부족한 지역에서는 중요한 비타민 급원. 각종 젓갈류로 김치를 담기 때문에 채소 중 무기질뿐 아니라 젓갈에 의해서 많은 무기질, 단백질을 함유
주요 미생물	락토바실러스 플란타럼(*Lactobacillus plantarum*), 류코노스톡 메센테로이데스(*Leuconostoc mesenteroides*)

(2) 김치 담그기

김치 담그기는 절이기, 버무리기, 발효숙성 과정 등으로 크게 나눌 수 있다. 그 중에서 절이기와 발효 숙성에 대해 알아보도록 하겠다.

① 절이기

배추를 절이는 과정은 김치 담글 때의 첫 단계로서 김치의 맛을 좌우하는 중요한 과정이다. 배추를 소금으로 절여 수분을 적당히 탈수하고 간을 배게 하는 동시에 물러지지 않게 해 준다. 소금은 정제염보다 호염으로 절이는 것이 더 좋다. 그 이유는 호염 중에는 마그네슘이나 칼슘이 함유되어 있어서 펙틴(pectin)질과 결합하여 아삭아삭한 맛을 더해 주어 씹히는 맛이 좋아지기 때문이다. 소금의 양은 재료의 약 10~15% 정도가 적당하며 배추의 최종 염농도는 3% 정도가 적당하다. 이보다 소금 농도가 적으면 김치의 빛깔은 좋은데 쉽게 물러지고 소금의 양이 6% 이상이 되면 빛깔과 향미가 나빠진다. 배추가 3%의 염 농도가 되게 하려면 20% 식염수에서는 3시간, 15% 식염수에서는 6시간, 3% 식염수에서는 24시간이 적당하다.

② 발효 숙성

각 종류의 김치에 적당하게 배합된 부재료를 주재료에 알맞게 섞거나 소를 넣고 김치를 담은 다음 적당한 온도에서 발효 숙성시켜 익힌다. 김치의 발효 과정 중에서 가장 중요한 것은 숙성온도로 고온에서는 단시간, 저온에서는 장시간이 소요되며 가장 좋은 맛을 위해서는 5~10℃에서 수 주일간 익히는 것이 좋다. 김치의 숙성 기간은 온도와 소금농도에 따라 달라지나 김치는 숙성온도가 4~5℃ 전후일 때 김치의 맛이 가장 좋다.

김치의 발효 과정은 대체적으로 숙성 기간, 균일한 상태를 유지하는 기간 및 산패와 연부현상이 일어나는 기간으로 구분할 수 있는데 산패가 일어나기 전에 소비하는 것이 좋다.

〈표 7-9〉 김치 발효 숙성 과정 중의 변화

성분	발효 중 변화
산도	· 김치의 숙성 과정 중에 일어나는 주된 화학적 변화 · 숙성 기간 중 당분과 산도가 점진적으로 증가하며 pH는 저하. 산패 기간에 산도는 급격한 변화없이 증가하나 당분은 급격히 감소 · pH는 숙성이 진행됨에 따라 감소하는데, 김치의 맛이 가장 좋은 상태의 pH는 4.3 이상 · 젖산, 구연산, 옥살산, 식초산 등이 생성. 산에 의해서 저장성이 높아짐
맛	· 양념 속의 침투성분이 채소 속에 이행하는 것 · 채소 내 미생물의 발효작용으로 맛이 증진 · 무, 배추 속의 소량의 전분이 분해되어 당과 유기산이 생성되어 맛을 내며 무, 배추, 젓갈 속의 단백질이 분해되어 아미노산이 생성되어 맛이 좋아짐 · 숙성 기간 중 당분은 증가하나 산패기간 중 감소
비타민	· 비타민 B_1, B_2는 김치를 담근 직후 약간 감소 · 점진적으로 증가하여 맛이 좋은 3주일까지에는 처음 것의 약 2배의 함량 · 카로틴(carotene)은 숙성과 더불어 점차 감소하여 산패 시에는 침지 당시의 반 정도 · 비타민 B_2는 처음 1주일에 당초 함량의 약 반으로 감소하나 그 후 다시 증가하기 시작하여 3주일에 최고 함량 · 비타민은 완숙된 김치에 가장 많이 함유. 김치는 비타민의 좋은 급원
관여 미생물	· 혐기성인 락토바실러스 플란타럼(*Lactobacillus plantarum*), 락토바실러스 브레비스(*Lactobacillus brevis*), 스트렙토코커스 패칼리스(*Streptococcus faecalis*), 류코노스톡 메센테로이데스(*Leuconostoc mesenteroides*) 등과 호기성 바실러스(*Bacillus*), 아크로모박터(*Achromobacter*) 등이 주종 · 류코노스톡 메센테로이데스는 숙성 초기부터 말기까지 꾸준히 증가하는 김치의 주된 숙성균 · 숙성 관여 효모는 사카로미세스(*Saccharomyces*)가 주종 · 토룰롭시스(*Torulopsis*), 칸디다(*Candida*), 한세눌라(*Hansenula*), 피치아(*Pichia*) 등도 있음. 그중 한세눌라와 피치아 등은 김치 표면에 막을 만들어 김치의 품질을 손상

김귀영 외(2017). 발효식품. 교문사.

(3) 김치의 병조림, 통조림

김치는 pH 4, 식염농도 3%, 벤조산(benzoic acid) 0.1%이면 75℃에서 35분으로 완전 살균되고 식염농도가 10%이면 pH 6에서도 완전 살균된다.

10) 단무지

단무지는 여러 상황에서 간편하게 사용할 수 있는 식품이다. 단무지 만드는 법은 무의 건조와 담기로 나누는데 먼저 수확한 단무지용 무를 잘 세척한 후 건조하여 부원료와 담그기를 한다. 무를 건조시키는 정도는 저장 기간에 따라 조절하고 오래 저장할 것은 저장 기간이 짧은 것보다 더 오랫동안 건조시킨다. 용기 밑바닥에 소금을 뿌려 부원료를 깔고 건조 무를 사이가 뜨지 않도록 일렬로 깔고 또 부 원료를 그 위에 깐다. 이 조작을 반복하여 용기보다 10~15cm 높게 담아 소금을 뿌리고 뚜껑을 덮어 돌로 눌러 둔다. 7~10일이 지나 액즙이 나오고 무가 밑으로 가라앉게 되면 조미액이 무 속에 스며들게 하고 다시 돌을 얹어 둔다. 저장장소는 온도의 변화가 적은 곳이 좋다. 9~10월경에 생산되는 무를 건조시키지 않고 무 잎을 잘라 물로 씻은 다음 곧 4~5%의 소금물에 5~6일 절이는 속성제법도 있다(김희섭 외, 2012).

Chapter 08

과일류의 조리원리

과일은 식물학적으로 현화식물의 꽃이 수정되어 커진 것을 말한다. 과일은 과육, 과즙이 풍부하고 향기가 좋으며 단맛이 있다. 과일을 재배지역에 따라 온대과일과 열대과일로 분류하는데 과일을 재배하기 시작한 것은 약 5000년 전 이집트, 메소포타미아, 중국 등으로 추측된다. 우리나라는 온대과일 지역으로 중국이 원산지인 종류가 많다. 농경문화가 가장 먼저 발달한 황하유역에서는 복숭아, 배, 매실, 살구, 대추 등과 함께 감, 밤, 개암 등을 재배하였으며, 이를 가공하여 가공품으로도 이용하였다. 요사이 여러 열대 과일들이 수입되어 과일의 종류는 더욱 다양해지고 있다.

1. 과일류의 분류 및 특성

우리의 일상 식생활에서 사용하는 과일은 과육이 발달된 형태에 따라 다음과 같은 몇 가지로 분류할 수 있다.

〈표 8-1〉 **과일류의 분류 및 특성**

분류	영문	발달부위	특성	종류
인과류	kernel fruits	꽃받침이 발달하여 과육부를 형성	꼭지와 배꼽이 서로 반대편에 있음	사과, 배, 감, 감귤류 등
핵과류	stone fruits	씨방이 성장 발달하여 결실한 과일. 딱딱한 핵층이 있고 그 속에 종자가 있음	내과피가 단단한 핵을 이루고 그 속에 씨가 들어 있으며, 중과피가 과육을 이룸	복숭아, 매실, 자두, 살구, 대추, 앵두 등
장과류	berries	꽃턱이 두꺼운 주머니 모양	육질은 부드러우며 즙이 많은 과일. 작은 종자도 많이 들어 있음	포도, 무화과, 딸기, 바나나, 파인애플, 블루베리 등
견과류	nuts	곡류나 두류처럼 떡잎으로 된 것	외피가 단단하고 식용부위는 지방이 많음	밤, 호두, 아몬드, 은행, 잣 등

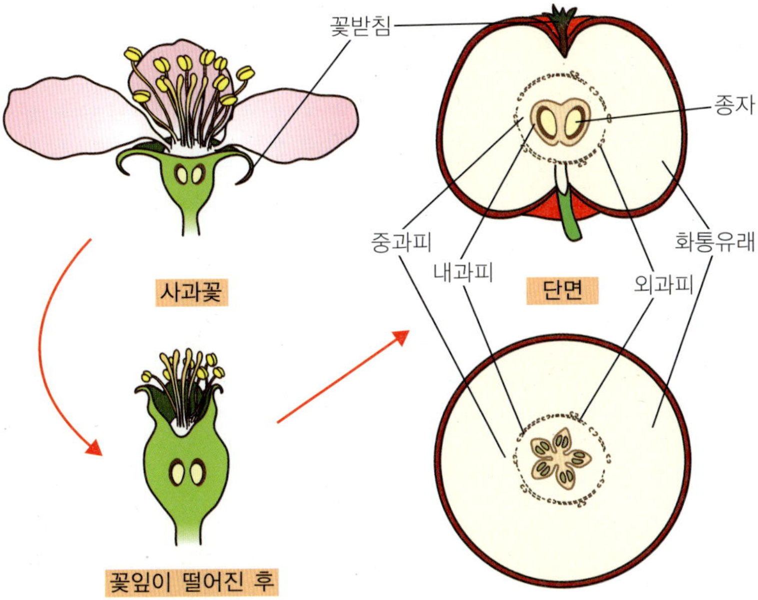

[그림 8-1] 인과류(사과)의 단면도

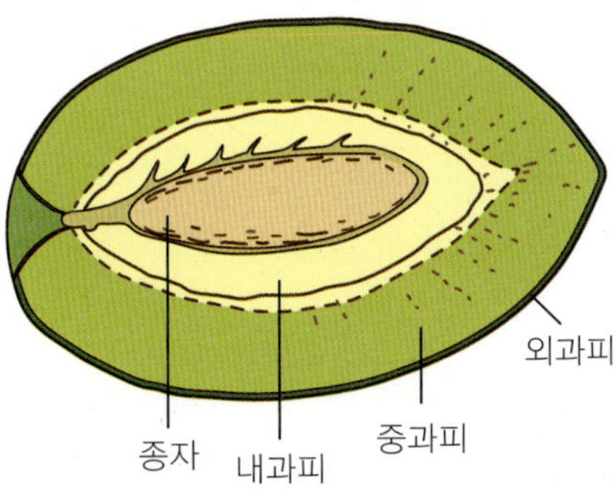

[그림 8-2] 핵과류(올리브)의 단면도

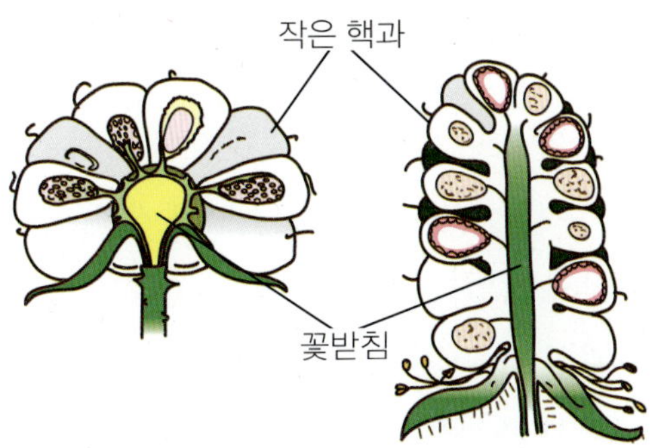

[그림 8-3] 장과류(딸기)의 단면도

2. 과일류의 구조와 구성성분

1) 과일세포의 구조

신선한 과일은 살아 있는 것으로 영양분을 공급받던 나무에서 떨어져 수확된 후에도 살아 호흡한다. 식물세포의 세포벽은 주로 섬유소로 구성되어 있는데 섬유소는 섬유질(fiber)이 기본이며 섬유질은 결정과 비결정 상태로 구성되어 있다. 세포를 연결하는 것은 비결정형 섬유질로 주로 반섬유소이다. 세포내부에는 세포의 생명체인 원형질이 있고 여러 가지 물질이 섞여서 콜로이드(colloid)상태로 분산되어 유동성 있게 움직이며 세포핵, 세포질이 존재한다. 세포질에는 색소체가 산재되어 있으며, 이들은 엽록체, 백색체, 크로모플라스트(chromoplast, 잡색체) 등 3종류로 나눈다. 엽록체(chloroplasts)는 초록색 식물에 존재하며, 엽록소가 들어 있어 탄수화물의 광합성에 중요한 역할을 한다. 엽록체에는 엽록소 외에 등황색소인 카로티노이드(carotenoid)도 함유되어 있다. 백색체(leucoplasts)는 무색인 전분 입자를 내포하고 있으며, 감자, 콩 및 기타 전분이 풍부한 채소 내에 있다. 크로모플라스트(chromoplast)는 엽록소가 아닌 색소로 지용성인 카로티노이드와 같은 색소를 지닌다. 공포는 색소체 외에 성숙한 식물의 세포질 내부에 있는 것으로 세포핵과 원형질에 비해 큰 공간을 차지하고 있다. 공포 내에는 당, 염, 수용성 비타민, 안토시안계 색소 등 대부분의 수용성 물질이 콜로이드상태로 분산되어 있다(chapter 7의 [그림 7-2] 참조).

과일을 구성하는 세포 및 그 조직은 부분에 따라 현저한 차이가 있어 주로 다음의 네 종류로 구분된다.

〈표 8-2〉 과일세포의 종류와 특징

종류	위치, 특징	역할
보호세포 (protective cells)	· 식물의 표면 · 식물은 표피에서 호흡을 함	· 식물의 표면을 구성 · 이물질의 침입이나 불필요한 수분의 증발을 막는 보호역할
유도세포 (vascular cells)	· 긴 관과 같은 모양 · 목질소와 같은 물질로 구성	· 물, 전해질 물질, 영양분 등이 각 조직에 운반 · 조리 과정에서 연해지지 않음 · 조리 전 제거 요함
지지세포 (supporting cells)	· 지주적 역할을 하는 조직구성 요소 · 성숙한 식물에 생김	· 식물체 조직을 유지하기 위해 형성
유세포 (parenchyma cells)	· 대부분의 과일의 먹을 수 있는 부분	· 얇은 벽, 다각다면한 모양을 형성 · 영양소의 합성과 저장에 관여 · 세포 간은 펙틴(pectin)물질에 의해 결합 · 공기층이 있음

2) 과일의 성분 및 영양가

일반적으로 과일은 영양성분상 단백질과 지방의 함량이 낮으며, 수분 함량은 높다. 과일은 여러 가지 맛, 섬유소, 유기산과 색소, 향을 내는 성분을 갖고 있는 식품으로 수확된 후로는 저장, 가공함에 따라 그 성분이 변화될 수 있다. 또한 당, 탄닌, 무기질, 염 등이 과일의 맛에 영향을 주어 금속 용기에서 과일을 조리하면 금속의 산염을 형성해서 어느 정도 맛에 변화를 주나 독성은 나타나지 않는다. 세포 안에는 색소체 외에 액포(vacuole)가 있는데, 이 액포는 세포액(cellsap)이라고 불리는 물과 같은 물질로 채워져 있으며 당, 염 외에 여러 가지 수용성 물질을 함유하고 있다. 어린 세포는 액포의 크기가 작고 수가 많으나 세포가 자람에 따라 액포들이 한데 뭉쳐서 크기가 훨씬 커지고 수는 적어져 가끔 성숙한 세포에 있어서는 액포가 한 개만 있을 때도 있다. 지방 함량이 높은 세포는 기름 액포(oil vacuole)를 갖는다.

(1) 맛

과일의 맛은 단맛, 신맛이 주이고, 그 밖에 식감을 돋우는 물질로 펙틴이 들어 있다. 종류에 따라서 떫은맛이 나는 것도 있다. 단맛과 신맛의 균형은 완숙되었을 때가 가장 좋으며, 미숙 상태일 때는 단맛이 적고 신맛이 많아 맛이 없다. 과일이 익을수록 단맛이 나는 것은 당분이 많아지며 산의 양이 줄어들기 때문이다. 온도에 의하여 신맛은 변하지 않으나 단맛은 온도가 저하됨에 따라 낮아져 과일은 시원하게 하면 단맛이 줄고 신맛이 강하게 느껴져 상쾌한 맛이 된다. 과일의 종류에 따라 떫은맛을 내는 것도 있다.

〈표 8-3〉 **과일 맛의 특징과 종류**

종류	특징	종류
단맛	· 당분의 함량은 과일의 종류와 성숙도에 따라 다름	· 과당, 포도당, 수크로오스 등
신맛	· 유기산은 섬유소와 함께 장을 자극하여 변통을 좋게 함 · 과일 내의 pH 범위는 대략 2.0~4.0 정도 · 이들 유기산들은 과일의 향기와 맛을 내는 주요성분으로 세포에 용해 · 유기산의 염이나 에스테르 형태도 있음	· 주로 능금산(malic acid)과 구연산(citric acid) · 감귤류는 시트르산, 포도는 주석산(tartaric acid), 사과는 말산이 주를 이룸
떫은맛	· 식물의 세포액에 용해되어 있는 페놀(phenol) 화합물로 수렴성을 가짐 · 탄닌은 식품의 절단면을 갈변시킴 · 덜 익은 과일에 특히 많고 과일이 익으면 탄닌이 불용성으로 되는 동시에 당분이 증가하여 단맛을 냄	· 과일과 채소 내에 존재하는 페놀(phenol) 화합물의 대표물질은 카테킨(catechin) · 음식에 수렴성인 떫은맛을 내게 하는 요인

(2) 색

과일에는 안토시아닌(anthocyanin), 카로티노이드(carotenoid), 플라보노이드(flavonoid), 엽록소 등의 천연 색소들이 들어 있는데, 주된 것은 카로티노이드와 안토시아닌이다. 과일의 카로티노이드는 거의 물에 불용성이며 산과 알칼리의 영향을 많이 받지 않는다. 한 개 또는 두 개의 단당류와 결합되어 있는 배당체인 안토시아닌계 색소는 적색, 자색 또는 청색을 나타내며 수용성이고 알칼리 존재하에 푸른색 혹은 보라색으로 변한다. 안토잔틴(anthoxanthins: 좁은 의미의 플라보노이드)는 안토시아닌계 색소보다 식물계에 더 널리 분포되어 있으며 백색 또는 담황색을 나타낸다.

(3) 향

과일의 향기성분은 수십 종이 있으며 대부분 휘발성 화합물의 혼합체로 이들이 조화를 이루어 각종 과일의 독특한 향기를 낸다. 향기성분으로는 대체로 여러 종류의 유기산의 에스테르(ester), 방향족화합물, 알코올, 알데히드 등이 있다. 과일의 향미성분인 에스테르를 화학적으로 만들어 합성 향료를 만들 수 있다. 레몬이나 오렌지 같은 과일들은 정유(essential oil)를 함유하는데, 이 정유는 과일의 외피에 포함되어 있어서 향료 혹은 알코올과 함께 섞어 만드는 추출물의 기본 물질로 사용된다. 정유를 포함하는 과일은 보통 맛과 향기가 매우 강하다.

(4) 영양가

과일 속에는 수분이 다른 식품에 비하여 많고, 전분의 함량은 미숙한 과일에 많고 성숙한 과일에는 적다. 성숙한 과일은 다량의 당분이 함유되어 있는데 이는 과일이 익으면서 탄수화물의 대부분이 포도당, 과당, 설탕 등 당으로 전환되기 때문이다. 과일은 폐기율이 30%가 넘기도 한다. 과일에 들어 있는 비타민 함량은 품종, 성장 기후, 일조량, 성숙도에 따라 다양하며 과일의 취급방법, 가공방법, 저장온도 및 저장기간에 따라 비타민 함량이 반 정도로 감소된다. 과일은 비타민의 급원으로 주로 비타민 C가 많고 이 중 황색 계통의 과일은 비타민 A를 함유하며 비타민 B의 함량은 낮다(최지유 외, 2013).

〈표 8-4〉 과일의 영양성분과 특징

영양성분	함량	특징
수분	약 85~90% 마른 과일의 경우 25%	좋은 수분의 공급원
탄수화물	약 10~12%, 다양함	과일의 열량 급원, 당을 포함
단백질	약 0.5~1%	미량
지방	약 0.3%	열대산인 아보카도는 지방을 25%나 함유하고 있으며, 성숙한 올리브도 지방 함량이 높음
무기질	약 0.4%	칼륨이 들어 있고 마그네슘, 칼슘, 나트륨이 많아 알칼리성 식품임
비타민	비타민 C가 풍부	계절에 맞게 성숙한 과일이 비타민 C의 함량이 가장 높음

(5) 섬유소

세포벽은 주로 섬유소로 구성되어 있으며 반섬유소(hemicellulose)와 목질소(lignin)도 함께 들어 있다. 식이섬유(dietary fiber)의 종류에는 섬유소, 반섬유소, 펙틴, 목질소 등이 있다. 섬유소는 세포벽에 경도를 주어 구조를 이루고 있는데, 전분처럼 포도당이 단위로 되어 있지만 이 두 다당류는 구조적으로 다른 결합을 하고 있다. 즉 전분은 α-결합(α-glucoside linkage), 섬유소는 β-결합(β-glucoside linkage)으로 결합되어 있는데, 인체 내에는 α-glucoside linkage를 끊는 효소만이 분비되므로 섬유소의 체내 이용은 불가능하다. 반섬유소는 세포벽에 섬유소, 목질소와 함께 존재하는데, 다당류의 일종으로서 섬유소보다는 산이나 알칼리에 의하여 분해되기 쉽고 조리에 의하여 그 양이 감소된다. 섬유소는 장을 자극, 변통을 조절하는 역할을 하기도 한다.

(6) 펙틴 물질들

펙틴 물질들(pectic substances)은 과일이나 채소 중에 널리 함유되어 있고 D-갈락트유론산(D-galacturonic acid)의 중합체가 주체를 이루고 있으며 세포벽과 세포벽 간에 존재하여 세포벽을 결착시키는 시멘트와 같은 역할을 함으로써 식물조직의 단단함과 수분 보유력을 주는 물질이다. 펙틴 물질에는 프로토펙틴

(protopectin), 펙틴(pectin), 펙티닌산(pectinic acid), 펙트산(pectic acid)이 포함되며 보통 펙틴과 펙티닌산을 펙틴이라 하고 조리나 식품가공에 가장 많이 이용된다. 프로토펙틴은 펙틴의 선행 물질로 불용성이고 젤리를 만드는 힘은 없다. 그러나 펙틴은 수용성이며 젤리를 만드는 데 반드시 필요한 요소로서 프로토펙틴을 묽은 산 용액에서 끓일 때 효소에 의해 분해됨으로써 생성되기도 한다. 펙티닌산은 프로토펙틴이 효소에 의해 분해되어 생기는 물질이다. 그러므로 덜 익은 과일로 젤리를 만들려면 숙성시키거나 자연산을 넣고 끓여서 프로토펙틴을 펙틴으로 전환시켜야 한다. [그림 8-4]는 펙틴의 구조를 설명한 것이다.

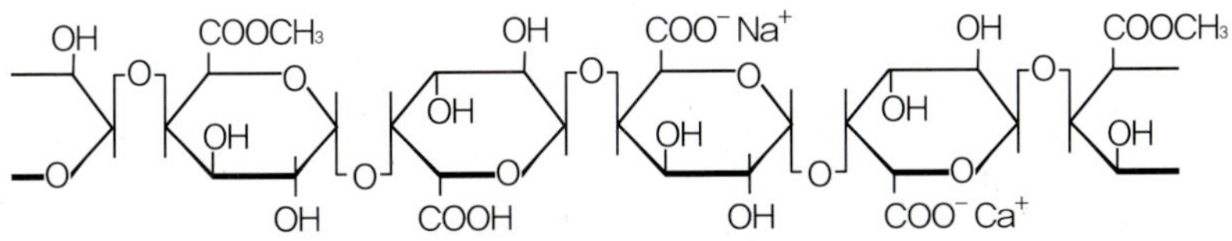

[그림 8-4] 펙틴의 분자구조

펙틴은 D-갈락트유론산이 쇄상으로 중합되어 있으며 ^{6}C의 카르복실기가 부분적으로 메톡실화(methoxylation, $-OCH_3$)되어 있고 펙틴 분자 상호 간에는 여러 가지의 2차적인 결합방법(cross-linkage)으로 결합하여 3차 망구조를 만들어 겔(gel)을 형성하게 한다. 메톡실기의 함량이 0%인 경우 펙틴이 아니라 펙트산(pectic acid)이라고 하고 7% 이상인 경우 고메톡실 펙틴, 7% 이하인 경우 저메톡실 펙틴이라고 한다.

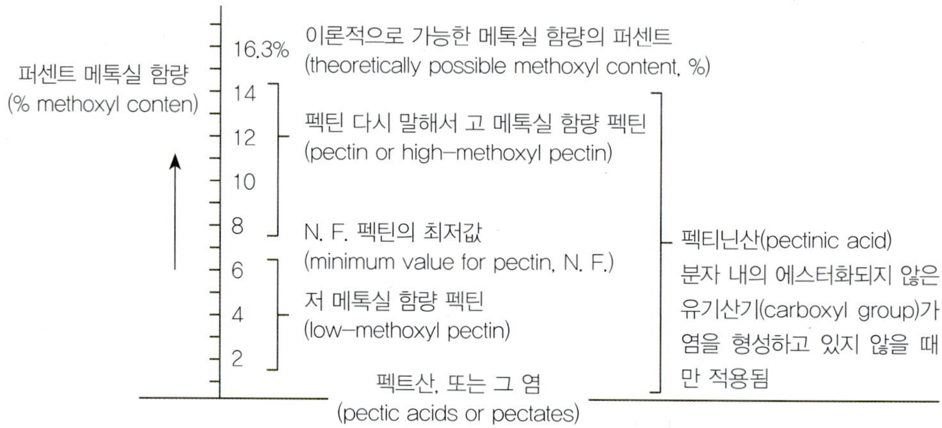

[그림 8-5] **펙틴물질들의 메톡실 함량과 그 명칭**

김동훈(2015). 식품화학. 탐구당.

과일의 종류와 부위에 따라 펙틴 함량이 다르며 추출된 펙틴류는 산 및 설탕과 함께 끓이면 과일 젤리가 형성된다. 펙틴 물질의 분포 상태는 성숙도에 따라 다르다. 사과, 포도, 밀감 등의 껍질과 중심부에는 펙틴 물질이 농축되어 있다. 〈표 8-5〉는 과일 중 펙틴(pectin)질의 상태와 조리와의 관계를 설명해 주고 있다.

〈표 8-5〉 **과일 중 펙틴 물질들의 상태와 조리와의 관계**

펙틴 물질들	상태	조리와의 관계
프로토펙틴 (protopectin)	· 과일이 미숙할 때, 칼슘과 마그네슘의 염이 되어 섬유소와 결합 · 세포의 모양, 경도를 유지	· 물에 녹지 않고 열탕처리나 붉은산과 가열하면 펙틴이 됨
펙티닌산 (pectinic acid)	· 과일이 성숙하면 효소의 작용으로 프로토펙틴(protopectin)이 펙티닌산이 되므로 과일이 연해짐	· 수용성이며 알코올을 넣으면 침전되므로 펙틴의 함량을 알 수 있음 · 당과 유기산과 펙틴과 함께 넣어 가열하면 젤리가 됨
펙틴(pectin)	· 펙티닌산, 또는 이 펙티닌산의 중성염, 산성염 또는 그 혼합물에 대한 일반명	· 적당한 양의 당, 산의 존재하에서 젤을 형성할 수 있음
펙트산 (pectic acid)	· 과실이 과숙하면 펙티나아제(pectinase)에 의해 펙틴이 분해되어서 펙트산(pectic acid)이 됨	· 물에 녹지 않고, 젤리를 형성하지 않음 · 펙틴을 가열하면 또는 산을 넣어 오래 가열하면 펙트산이 생성되므로 장시간 가열은 삼가야 함

한국대학 식품영양관련학과 교수협의회 편저(2002). 식품학. 문운당.

3. 과일류의 조리 특성

1) 과일류 조리의 목적

과일을 조리함으로써 맛이 더욱 좋아지고 소화도 쉬워져 소화율이 증가된다. 이는 섬유소와 반섬유소가 연화되고 부분적으로 전분이 호화되기 때문이며 되도록 조리 시 원래의 색과 모양을 유지시켜 보기에 먹음직스럽게 하며 영양소의 손실을 적게 하여야 한다.

과일의 구조를 이루는 부분과 외층은 주로 섬유질로 구성되어 있으며, 식물 세포는 세포벽에 의해 나누어져 있고 세포 사이는 펙틴질에 의해 결합되어 있다. 이 펙틴질이 숙성되거나 가열되면 용해도가 높아지는데 조리에 의하여 식물 조직이 쉽게 연화하는 것도 이 때문이다. 풋사과를 그냥 먹으면 맛도 좋지 않고 소화도 잘 안 되나 파이로 만들면 아주 좋은 음식이 된다. 또 칠면조구이나 오리구이를 할 때 사과를 넣어 주면 풍부한 맛을 즐길 수 있다. 조리된 과일의 풍미는 생과일과는 다른 맛을 주며 식단에 변화를 준다. 이와 같이 여러 가지 조리 방법에 의하여 식이에 다양한 변화를 줄 수 있다. 무르익은 과일은 통조림, 건조 또는 냉동과일을 만듦으로써 연중 과일을 먹을 수 있게 된다. 채소의 조리에서 설명했듯이 과일의 조리에도 삼투압 현상이 적용된다.

2) 과일류의 조리

과일 조리의 기본적인 방법은 물 또는 시럽에 넣고 끓이는 것이다. 과일의 모양을 보존하려면 시럽에서 조리하는데 삼투압에 의하여 세포가 당을 흡수하므로 과일이 좀 더 투명해지고 약간 오그라든다. 너무 진한 시럽에서는 지나친 수축이 생기고 딱딱해진다. 과육을 부드럽게 조리하려면 먼저 물에서 적당한 농도가 될 때까지 조리한 다음 설탕을 첨가하여 과일 소스의 농도를 증가시킨다. 이때 설탕을 지나치게 넣으면 과일 향기가 나쁘게 된다. 대부분의 과일에 적당한 농도는 설탕:물의 비율이 1:2인 것이 좋다. 센 불에서 너무 빨리 조리하면 세포벽이 파괴되어 죽같이 분해되므로 천천히 조리해야 보다 나은 모양을 유지하게 되며, 특히 연한 과일은 적은 양의 물로 천천히 조심스럽게 가열해야 한다.

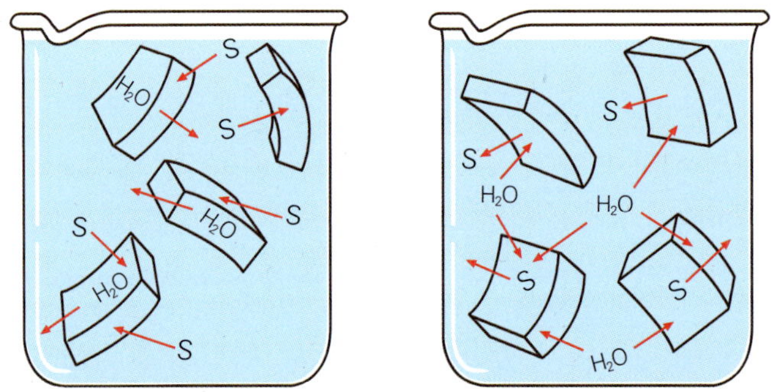

[그림 8-6] 저농도, 고농도 용액 속에서 일어나는 당과 수분의 이동 모습

사과는 껍질째 조리하는 것이 맛과 색이 좋고 영양가를 높인다. 조리한 후에 과육을 부드럽게 하기 위하여 찌꺼기를 걸러 낸다, 사과, 배 등은 굽기에 적당한 과일이고 바나나는 그냥 먹어도 좋지만 구우면 독특한 맛이 더 난다. 구울 때 과일 모양이 변하지 않고 전체가 연하게 익도록 하는 것이 좋다. 사과는 굽는 동안 80%의 비타민 C가 파괴된다(김희섭 외, 2012).

〈표 8-6〉 과일의 조리 방법

종류	조리 방법
생과일	· 물이나 시럽에 넣고 끓여 줌
말린 과일	· 찬물에 오랫동안 불리는 것보다는 80℃의 물에서 불리는 것이 최대한 물을 흡수하여 조리시간을 단축시킴. 밤새 찬물에 담가 놓는 것보다 맛과 질감이 좋음
냉동과일	· 가열하지 않고 동결시키는 경우가 많으므로 효소의 작용을 약품이나 포장으로 방지하고 있을 뿐 과육 중의 산화 효소는 그대로 존재. 해동 시 공기와 접촉하면 급속히 갈변하거나 맛이 나빠질 우려가 있음 · 먹기 직전에 포장한 그대로 서서히 해동하는 것이 좋으며 완전 해동시키면 섬유질이 연화되므로 반 해동시키는 것이 과일의 질감을 살릴 수 있음

종류	조리 방법
통조림 과일	· 과일을 익혀 밀봉한 것 · 과일의 향과 질감, 비타민 등이 감소하나 간편하게 사용 가능 · 조리된 것이므로 그대로 먹거나 단시간 내에 다시 데워 조직이 너무 연화되지 않게 함

3) 조리에 의한 변화

과일의 조리는 그 용도에 따라 다르다. 주로 물이나 설탕물에 졸이기, 찌기, 오븐에 굽기, 기름에 지지기 등을 과일의 조리로 볼 수 있다. 과일의 형태를 유지하려면 설탕 시럽으로 조리며 젓지 않는 것이 좋고 소스를 만들려면 물에서 먼저 조리해 과육을 연하게 파괴할 필요가 있다.

〈표 8-7〉 과일 조리 시의 변화

종류	조리 시의 변화
질감	· 과일의 독특한 질감은 구성 섬유소의 양과 특성에 의해 좌우됨 · 섬유소가 인체 소화관 내에서 불소화성이나 조리에 의하여 섬유소의 이용이 약간 증가
조직	· 익힌 과일은 독특한 질감을 상실, 조직이 연화됨. 과일 조리 중에 일어나는 섬유질의 변화는 세포를 결합하고 있는 세포 간의 물질이 용해되기 때문. 불용성 프로토펙틴이 용해성 펙틴으로 바뀌기 때문
색소	· 과육 내에 함유되어 있는 유기산과 무기질, 조리수의 알칼리도 등에 의한 반응 때문. 안토시아닌(antocyanin)계 색소가 있는 적색 과일이 철 이온과 반응하면 퇴색됨. 냉장 딸기를 급히 가열하면 색이 속히 퇴색되므로 서서히 가열하여 조직 내 산소를 방출시켜야 선명한 색을 낼 수 있음
향미	· 과일의 향미성분은 휘발성인 유기산과 그 에스테르이므로 뚜껑을 열고 조리하면 맛을 내는 물질이 휘발. 너무 오래 조리하면 분해되어 향미를 잃음 · 설탕물에 끓이는 경우 소량씩 조리하는 것이 좋음. 탄닌(tannin)의 수용성은 온도가 높을수록 크므로 오래 끓인 홍차일수록 떫은맛이 강함
영양가	· 열과 산화에 약한 비타민 C는 많은 영향을 받음. 조리시간 단축이 비타민뿐만 아니라 향미성분의 소실도 막을 수 있음

4) 과일의 갈변현상

과일을 자르거나 껍질을 벗기면 색이 변하는데 이것을 갈변반응(browning reaction)이라고 하고 주로 복숭아, 사과, 배 등이 쉽게 갈변된다. 과일의 조직 내에는 갈색 변화를 일으키는 물질 즉 '기질'과 '효소'가 존재한다. 갈변현상은 기질인 페놀(phenol)이 산소와 효소에 의해서 퀴논(quinone)화합물을 형성하고 계속 산화, 축합되어 멜라닌(melanine) 색소를 생성하기 때문이다. 이러한 반응 중의 일부는 조직 내에 활성효소를 가지고 있어 일어나는데, 효소가 열이나 그 밖에 다른 요인에 의하여 변성되면 더 이상 갈변은 일어나지 않는다. 그러므로 생복숭아를 벗기면 변색하나 통조림한 복숭아는 변색되지 않는다. 사과에는 여러 가지 효소가 들어 있으므로 절단면이 갈변되기 쉽다. 갈변 방지법으로 묽은 소금물에 담가 주면 폴리페놀레이즈(polyphenolase)의 작용이 억제된다. 폴리페놀레이즈는 구리와 철에 의하여 활성화되므로 사과를 철로 만든 칼이나 구리로 만든 용구로 처리하면 갈변이 촉진된다.

효소 아닌 다른 어떤 원인으로 나타나는 갈변 현상을 보면 농축시킨 오렌지 주스가 가끔 변색되고 맛 뿐만 아니라, 외양에도 좋지 않은 변화가 생기는데 이것은 대부분의 효소가 변성을 일으킬만한 온도 이상에서 가열 처리되어 일어난 것이므로 비효소적 변화라 한다.

(1) 갈변 현상의 종류

① 효소에 의한 갈변(enzymatic browning)

효소에 의한 변색은 페놀(phenol) 혹은 폴리페놀(polyphenol)이 효소(phenol oxidase: phenolase, polyphenol oxidase: polyphenolase)에 의하여 산화되기 때문이다. 이 효소는 보통 상온에서 분해되기 쉬워 분리가 어렵다. 페놀 혹은 폴리페놀에 효소가 작용하여 과산화물(peroxide) 혹은 과산화수소(hydrogen peroxide)를 형성하는데, 이 과산화수소가 다른 화합물인 크로모젠(chromogen)을 산화시켜 갈색 색소를 형성한다. 예를 들면 사과, 살구, 바나나, 버찌, 포도, 복숭아,

배, 딸기 등은 금방 색이 변하고 이러한 효소가 없는 과일 즉, 레몬, 오렌지, 라임(lime), 자몽(grapefruit), 참외, 파인애플, 토마토는 쉽게 변색을 일으키지 않는다.

② 비효소적 갈변(nonenzymatic browning)

이 변색의 원인으로 세 가지 가설이 있다. 첫째, 탄수화물과 아미노산의 존재로 갈색 색소를 형성한다(maillard reaction). 가공한 과일에서 나타나는 변색을 설명할 수 있다. 둘째, 비타민 C가 산화하여 갈색을 나타내는 화합물이 형성된다. 오렌지주스의 갈변이 그 예이다. 셋째, 탄수화물 혹은 비타민 C가 분해하여 그 분해산물이 중합되거나 질소 화합물과 반응하여 갈색 색소를 형성한다.

저장온도, 공기 중의 수분, 가공 혹은 저장하는 동안 산소에 대한 노출이 갈변현상을 일으키는 데 영향을 준다. 즉, 온도가 높을수록 수분이 적을수록, 또는 산소에 대한 노출이 클수록 갈변이 촉진된다.

(2) 갈변 방지법

① 효소의 기능 저해

효소에 의한 변색을 방지하려면 항산화제(antioxidant)를 첨가하기도 하며 효소가 단백질로 구성되어 있어 열에 약하므로 가열하면 쉽게 불활성화 된다. pH를 조절하는 방법도 있다. pH 3 이하에서는 효소가 활성을 잃으므로 껍질을 깎은 과일을 산성용액 즉 레몬즙, 오렌지즙과 같은 과즙에 담가서 환경을 산성으로 바꾸어 주거나 희석된 소금물에 담가 두면 갈변현상을 방지할 수 있다. 식품 중에 들어 있는 산화제(oxidase)의 활동을 막는 방법도 쓰인다.

② 산소의 제거

산소의 접촉을 피하게 하는 방법으로 껍질을 깎거나 절단한 과일을 설탕물에 담그어 산소와의 직접적인 접촉을 어렵게 하면 갈변을 막을 수 있다. 그 밖에 파인애플주스와 레몬주스에 담가 놓는 방법이 있는데 파인애플은 활발한 항산화제인 설프하이드릴(sulfhydryl) 화합물이 들어 있고, 레몬주스는 구연산(citric acid)과 아스코르빈산(ascorbic acid)이 들어 있다. 비타민 C는 강력한 항산화제이므로 산소를 사용하는 갈변반응을 억제할 뿐만 아니라 페놀화합물의 산화 과정 중간 산물을 환원시켜 갈변을 방지한다.

③ 아황산가스 또는 아황산염의 이용

아황산가스 또는 아황산염은 효소의 작용을 강력히 저해하므로 갈변현상을 방지하는 데 효과적이나 처리 후 식품에 그 성분이 잔류해서는 안 된다(김희섭 외, 2012).

4. 과일류 조리 특성의 이용

과일은 대부분 생과를 섭취, 이용하고 있으나 과일을 말리거나 냉동, 조리 하는 등 가공하여 이용하기도 한다. 생과, 건과, 냉동 과일, 조리 과일의 경우 각각의 특성이 다양하다.

1) 과일의 이용

(1) 생과

대부분의 과일은 그 계절에 성숙한 생과로 먹는 것이 가장 맛이 좋으며 여러 가지 과일의 모양, 색, 맛을 잘 이용하여 풍부한 식생활을 할 수 있다. 생과일도 생채소와 마찬가지로 깨끗이 씻어야 하며 냉장보관 하는 것이 좋다. 자른 면이나 파괴된 표피에서 수용성 비타민 C의 손실을 줄여야 한다. 딸기는 씻은 다음에 꼭지를 따야 하고 감귤류는 자르지 않고 그냥 먹어야 비타민 C의 보존에 좋으며 과일은 벗긴 즉시 바로 먹어야 비타민 C의 산화로 생기는 손실을 최소로 할 수 있다.

생과를 가공 이용하는 방법 중 주스제조는 가장 많이 쓰이는 방법이다. 주스가

탁한 것은 펙틴 물질 때문인데 펙틴 분해효소(pectinase)를 처리하면 주스의 점성이 감소되어 여과하기 쉽다. 이 과정을 청징법(clarification)이라 한다.

(2) 건과

건과의 수분 함량은 30% 이하로 보존해야 한다. 곶감, 건포도 등이 대표적인 예이다.

곶감용으로는 완숙되기 전에 채취한 떫은 감으로 껍질이 얇고 육질이 치밀하며 당분이 많은 것이 좋다. 대규모의 곶감 제조에 있어서 유황으로 훈증하여 제조하면 품질을 향상시킬 수 있다. 건조장은 햇빛이 잘 들고 통풍이 잘되는 곳이 좋다. 곶감은 흰 가루가 나오고 적당히 굳어야 하며 과육은 물엿과 같이 반투명한 것이 좋다.

[그림 8-7] **곶감 말리기**

(3) 냉동과일

영하 18℃ 이하에서 보존하면 크게 변화되지 않은 상태로 과일을 보관할 수 있다. 녹인 후 생과로 이용할 수는 없으나 가공용으로 사용하면 좋다.

(4) 통조림, 병조림 과일

과일 통조림과 병조림도 가능하며 과일 본래의 색 유지에 주의한다.

2) 젤리화

펙틴은 물에 녹으면 콜로이드 상으로 되며 용해도가 높아지는데 조리에 의하여 식물 조직이 쉽게 연화하는 것도 이 때문이다. 물에 녹은 펙틴은 유기산기가 음으로 하전되어 펙틴 분자끼리는 상호 반발하면서 또 물 분자들로 강하게 수화되어 있어서 안정된 콜로이드 상태를 유지하고 있다. 따라서 겔(gel)을 형성시킬 때에 설탕을 첨가하면 펙틴 분자에 수화된 물을 제거하여 분자 간의 결합을 용이하게 해 준다. 음하전을 중화하며($-COO^- + H^+ \rightarrow -COOH$) 전기적인 반발을 줄여 줌으로써 또한 산을 첨가하여 펙틴 분자 간의 3차원의 망 구조를 형성하기 쉽게 해 준다.

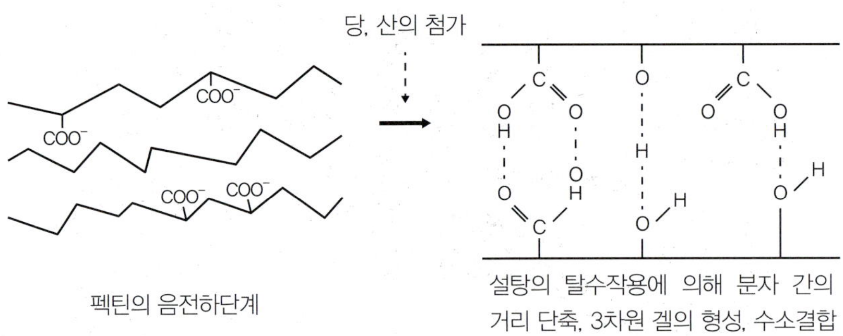

[그림 8-8] **펙틴, 산, 당에 의한 겔의 형성**

과일의 종류에 따라 과일 속에 들어 있는 펙틴(pectin)과 산의 양이 다르기 때문에 좋은 잼, 젤리를 만들기 위하여 과일을 잘 선택할 필요가 있다〈표 8-8〉. 과일 잼을 만들 때에 가장 적당한 조건은 〈표 8-9〉에 표현되어 있으나 펙틴 함량이 1%, pH 3.5, 설탕량 67%이며 이때 가장 단단한 젤리가 형성된다(김희섭 외, 2012).

〈표 8-8〉 과일 중 펙틴질의 양과 산의 양

과일의 종류	pectin	산
사과, 레몬, 오렌지	많다(1% 내외)	많다(0.8~1.2%)
복숭아, 바나나, 무화과	많다(1% 내외)	적다(0.1%)
포도, 잘 익은 사과	중간(0.7% 이하)	중간(0.4%)
딸기, 살구	적다(0.5% 이하)	많다(0.1%)
배, 감, 잘 익은 복숭아	적다(0.5% 이하)	적다(0.1%)

〈표 8-9〉 당과류 만들 때의 적당한 비율

물질	비율
수분	30~35%
펙틴	0.5~1%
산	0.5~1%
당분	50~70%
pH	3.0~3.5%

대개의 경우 펙틴질은 과육에 포함되지만, 사과의 경우엔 속과 껍질에 펙틴을 많이 포함하므로 껍질을 과육과 함께 조리하는 것이 좋다. 과일의 종류에 따라 펙틴의 경도가 달라지는데, 덩굴월귤(cranberries)의 펙틴은 너무 단단하여 하늘하늘한 맛이 없고 잘 퍼지지 않는 반면 감귤류의 펙틴은 쉽게 부서진다. 그러나 사과의 펙틴은 위와 같은 단점이 없으므로 탄력성 있는 젤리를 만들 수 있다. 또한 산이 많은 경우 단단한 젤리가 만들어진다. 과일에는 여러 종류의 산이 포함되어 있지만 특히 포도에는 주석산(tartaric acid)이 풍부하여 구연산(citric acid)이나 초산(acetic acid)보다 젤리를 만드는 데 있어서 효과적이다.

또한 주스에 있어서도, 펙틴이 없어야 하는 투명한 주스의 경우에는 반대 전하를 가진 전해질, 즉 폴리에틸 아민(polyethyl amine: $-CH_2-CH_2-NH_3^+$)으로 침전시켜 제거해 주며 반대로 탁도가 유지되어야 하는 주스의 경우는 펙틴이 그대로 존재해야 하므로 70℃에서 10초간 열처리하여 펙틴 분해효소의 작용을 실활(deactivation)시켜 펙틴의 분해가 일어나지 않고 유지되도록 한다.

펙틴은 가열 시에 분해되어 연화되는데 알칼리 용액에서 끓이면 섬유소가 쉽게 분해되나 산 용액에서는 조직이 더욱 견고해진다. 또 경수 중의 Ca^{++}과 펙티닌산(pectinic acid)이 결합하여 불용성 염이 만들어지므로 경수로 조리하면 조직이 단단하게 된다(김동훈, 2015).

3) 젤리 만드는 과정

(1) 과일의 선택

맛과 색을 잘 내기 위해서는 충분히 성숙한 것이 좋고, 최대한의 펙틴량과 산량을 얻기 위해서는 약간 미숙한 것을 택해야 하므로 과일의 성숙도를 잘 맞추어야 한다. 또한 과숙한 과일은 펙틴질이 펙트산(pectic acid)으로 변화된 단계이므로 좋지 않다.

(2) 과즙액의 추출

과일의 경도에 따라 첨가하는 물의 양이 달라진다. 즉, 연한 과일은 1파운드의 과일량에 1/4컵의 물을 처음 조리를 시작할 때 넣는다. 만일 과일 중의 수분이 많거나 펙틴, 산이 적은 경우에는 물 첨가량을 조금 줄여서 8~15분 정도 끓인다. 단단한 과일은 얇게 썰어 속과 껍질을 함께 넣은 후 과일이 잠길 만큼 물을 부어 과일이 연해질 때까지 약 20~30분간 끓인다. 펙틴과 산을 풍부하게 포함하는 과일이라면 두 번이나 세 번까지 추출할 수 있다. 첫 번째로 추출할 때 대부분의 색, 맛, 향기, 산, 염, 펙틴이 포함되고, 두 번째 추출 시 주로 펙틴만이 포함되므로 첫 번 것과 같이 섞어 놓는다.

(3) 펙틴의 정량

알코올 침전시험(alcohol precipitatioin test)에 의한다. 실험 결과 젤리 같은 침전이 형성되면 펙틴이 풍부한 것이고, 고운 솜털 같은 침전이 형성되면 반대로 펙틴이 적게 포함된 것을 의미한다.

(4) 설탕량의 결정과 첨가 시기

과일 주스의 종류에 따라 어느 정도의 설탕이 적당한 것인가는 아직도 확실히 알려져 있지 않으나, 대부분의 과일주스는 주스 1컵당 설탕 3/4컵이 적당하고, 포도의 경우에는 1컵 또는 그 이상의 설탕이 필요하지만 과일의 성숙 정도와 조리에 사용되는 물의 양에 따라 약간씩 달라진다. 설탕은 주스를 끓이기 직전에 첨가해야 보다 단단한 젤리를 얻을 수 있다.

(5) 젤리의 조리

젤리는 많은 양을 한꺼번에 조리하는 것보다는 4~6컵 정도로 덜어서 조리해야 시간도 빠르고 색, 맛, 질감이 좋아진다. 센 불에서 빨리 조리해야 증발도 빨리 되고 색도 선명하다.

(6) 완성된 젤리의 감별법

① 시팅 테스트(sheeting test)

다 된 젤리라면 수저로 떨어뜨릴 때 방울이 수저 가장자리에서 덩어리로 뚝뚝 떨어지게 되는데, 이렇게 될 때 불에서 내리면 된다.

② 온도 테스트

용액 속에 온도계를 담가 온도를 재 보는 방법이다.

(7) 젤리에 생기는 결정

젤리에 결정이 생기는 것은 설탕 농도가 75% 이상이거나 설탕의 전환이 거의 일어나지 않은 경우이고, 이외에 포도 젤리에서 주석산칼륨(acid potassium tartrate)의 농도가 높을 때도 생긴다. 이것을 방지하려면 주스를 냉각한 후 결정을 걸러 내거나 그러한 염을 포함하지 않은 주스와 섞어 염의 농도를 희석시키면 된다(우인애 외, 2014).

4) 젤리 및 기타 당과류

(1) 젤리(jelly)

젤리는 과일주스로부터 만드는데 잘 만들어진 젤리는 틀(mold)에서 뽑아냈을 때 형태를 유지할 정도로 단단하면서도 질감이 하늘하늘하고 빛깔이 투명할 뿐만 아니라 젤리 특유의 향기와 맛을 지닌다. 젤리는 충분한 펙틴과 유기산을 포함한 과일 주스에 적당한 농도의 설탕을 첨가시켜야 좋은 제품을 얻을 수 있다.

젤리 만드는 과정은 과일을 선택하고 과즙액을 추출하여 설탕을 넣은 후 가열, 조리하는 것이다. 완성된 젤리의 감별법은 시팅 테스트(sheeting test), 온도 테스트 등이 있다.

(2) 프리저브(preserve)

프리저브란 말은 시럽에 넣고 조리하여 연하고 투명하게 된 과일을 말하는데, 조리하는 동안 과일세포가 시럽을 서서히 흡수하게 하기 위하여 처음부터 너무 진한 시럽에 넣지 않는다. 시럽이 너무 진하면 삼투압에 의하여 과일 중의 수분이 빠져나가 과일이 쭈그러지고 단단하며 질겨진다. 배와 같은 단단한 과일은 시럽에 넣기 전에 물에서 잠깐 조리하거나 묽은 시럽에서 조리한다. 이렇게 함으로써 과일이 연하고 통통해진다.

프리저브의 색은 투명하고 반짝여야 한다. 빨리 끓이는 것이 서서히 오래 끓이는 것보다 색과 맛이 좋다. 딸기, 버찌(cherries) 같은 과일들은 오래 끓이면 맛이 강해지고 색이 어두워진다.

(3) 햇볕에 말린 프리저브

딸기나 버찌같이 작은 열매는 5분 정도 약간 가열하거나 날것 그대로를 시럽과 함께 섞는다. 설탕과 과일을 같은 양 첨가한다. 이것을 넓은 쟁반에 펴 놓고 햇볕에 3~4일간 말리면 시럽이 어느 정도 굳어지고 과일은 통통해지며 투명하게 된다. 과일을 가열하지 않았기 때문에 방향물질의 손실이 없으며 설탕의 전환과 캐러멜화(caramelization)가 거의 일어나지 않는다. 햇볕에 말린 프리저브가 조리한 프리저브보다 맛, 향기, 색깔이 훨씬 좋다.

(4) 마멀레이드(marmalade)

마멀레이드는 젤리 같은 바탕에 잘게 썬 과일입자가 섞여 있는 것이다. 1가지 과일 혹은 그 이상의 과일을 섞어서 만들 수 있는데 펙틴의 함량이 젤리를 형성할 수 있어야 한다. 과일입자를 연하게 하기 위하여 특히 감귤류의 과일들은 잘게 썰거나 다지는 기계를 이용하는 것이 좋다. 과일에 대한 설탕의 비율은 프리저브와 같다.

(5) 컨서브(conserve)

마멀레이드와 비슷하나 좀 더 걸쭉한 편이며, 여러 종류의 과일과 함께 건포도, 견과류 등을 섞은 것이다. 감귤류의 과피나 시럽에서 조리했을 때 딱딱해지기 쉬운 과실을 사용하지 않는다면 아주 가늘게 썰 필요는 없다.

(6) 잼(jam)

프리저브는 과실의 형태를 유지하고 있는데 비하여 잼은 과실의 형태가 아니며 다만 과육이 균일한 농도로 들어 있는 것이다. 만일 펙틴이 포함된 과실이라면 젤리에서와 같이 뚜렷하지는 않지만 시팅 테스트(sheeting test)를 함으로써 알맞은 조리시간을 알 수 있다.

사과잼은 사과를 물로 씻어 껍질을 벗긴 다음 반으로 잘라 심을 제거하고 잘게 썰어 놓는다. 사과의 갈변을 막기 위하여 2% 소금물에 잠시 담가 과육의 1/2가량 물을 넣은 후 연해질 때까지 끓이고 걸러서 펄프를 만든다. 이 펄프에 70~80%의 설탕을 넣어 용해시키면서 완성점까지 끓인다.

(7) 프루트 버터(fruit butter)

과육이 많은 과일이나 적은 과일이나 모두 버터를 만들 수 있다. 과일을 조리하여 설탕을 첨가하기 전에 여과기를 통해 걸러내어 과육을 덩어리 없이 부드럽게 만든다. 설탕량은 잼이나 프리저브보다 적게 넣으며 과육의 1/2~2/3정도가 적당하다. 조리 시에는 눌어붙지 않게 자주 저어 준다. 펙틴이 포함된 과실이라면 시팅 테스트를 함으로써 알맞은 조리 정도를 알 수 있다(김희섭 외, 2005).

5) 탈삽법

감은 탄닌(tannin)을 함유하고 있기 때문에 떫다. 떫은 감이 단맛이 나는 것은 탄닌이 당분으로 전환된 것이 아니고 불용성이 되어 떫은맛을 느끼지 못하게 되기 때문이며 이 과정을 탈삽이라 한다.

탈삽법에는 온탕 탈삽법, 알코올 탈삽법 탄산가스법, 액화탄산법, 아세틸렌 이용 탈삽법, 동결 탈삽법 등 이외에 건시(곶감)로 하는 방법이 있다. 다음은 그 특징과 사용 예이다.

〈표 8-10〉 탈삽법의 종류와 특징

탈삽법	원리	방법	실제의 예	주의사항
온탕 탈삽법	효소작용을 활발하게 하는 방법. 농가에서 예전부터 해온 방법. 간편하고 단시간에 탈삽	45℃ 정도의 온탕에 15~24시간 떫은 감을 침지. 통은 거적으로 덮어서 보온	소량을 탈삽할 때 많이 씀. 감의 양이 많을 경우에는 시행 곤란	온도가 높으면 감이 상하고 낮으면 완전 탈삽이 되지 않음
알코올 탈삽법	효소에 의하여 알코올이 알데히드로 변화하는 것을 촉진하는 방법	밀폐 용기 바닥에 목면을 깔고 서로 상처를 입지 않게 과일을 쌓고 알코올·소주 등을 분무하여 밀봉	대량 탈삽에 많이 이용. 보통 감 10 kg에 대하여 35% 알코올 80~100㎖ 사용	20℃에서 보통 1주일 걸림. 나무통, 철통, 폴리에틸렌 부대 등도 이용

탈삽법	원리	방법	실제의 예	주의사항
가스 탈삽법	탄산가스 또는 액화 탄산법을 이용하여 CO_2로 호흡을 정지시켜 에틸알코올을 생성시키는 방법	가스로서는 이산화탄소 또는 드라이아이스를 사용	탈삽기간이 짧아 과일 저장성을 높이고 대량 처리할 수 있어 대규모 영업용에 적합	나무통, 드럼통을 이용
아세틸렌 이용 탈삽법	사과 상자에 종이를 깔고 생감과 카바이드(carbide)를 넣어 종이를 싸서 둠	운반하는 동안에 공기 중에 습기를 흡수하여 아세틸렌(acetylene)을 발생		안전성 문제로 사용이 제한됨
동결 탈삽법	떫은 감을 -20℃ 부근에서 냉동	냉동 저장하면 서서히 탈삽됨	탈삽에 상당한 기간을 요함	품종 따라 빠른 것은 20일, 늦은 것은 80일 이상 소요

김희섭 외(2012). 조리의 과학. 대가.

Chapter 09

수조육류의 조리원리

수조육류는 쇠고기, 돼지고기, 양고기, 염소고기, 토끼고기, 말고기 등의 적색고기인 수육류(meat)와 닭고기, 오리고기, 꿩고기, 칠면조고기 등 백색고기인 가금류(poultry)의 통칭이다. 수조육류의 근육은 뼈에 붙어 있는 골격근, 내장과 혈관을 구성하고 있는 평활근과 심장을 이루는 심장근으로 되어 있는데, 식품으로 주로 이용되는 것은 골격근이다. 수조육류는 동물성 단백질의 중요한 급원식품으로 주로 가열한 후 섭취한다. 우리나라에서 주로 많이 섭취하는 수조육류는 쇠고기, 돼지고기와 닭고기인데, 육류의 품질은 동물의 품종, 성별, 나이, 영양상태, 생활환경 등에 따라 크게 달라진다.

1. 육류의 조직

1) 근육조직

육류 구조의 기본이 되는 것은 근섬유(muscle fiber)라는 세포이다. 근섬유는 가늘고 길며, 수십 혹은 수백 개의 근원섬유(myofibril)와 그 사이를 채우고 있는 근장으로 이루어진다. 근섬유는 결합조직인 근섬유막으로 둘러싸여 있다. 근섬유는 수십 개가 모여 근섬유다발을 이루는데, 근섬유다발은 근속막으로 둘러싸여 있으며, 여러 개의 근섬유다발이 모여 하나의 근육이 된다. 고기는 하나 또는 몇 개의 근육으로 이루어진다. 근육조직은 신경, 혈관, 지방 등이 분포되어 있으며, 결합조직으로 덮여져 뼈와 연결된다.

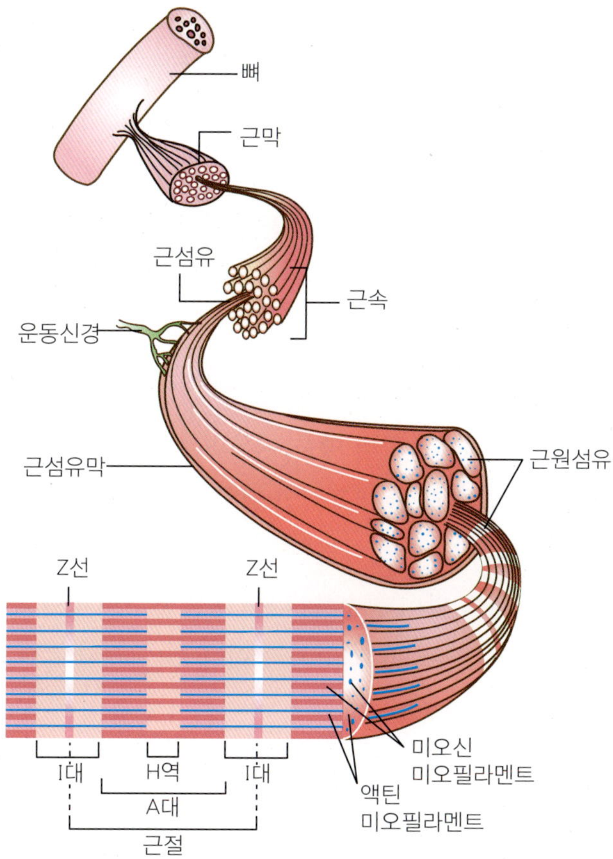

[그림 9-1] **근육의 구조**

이주희 외(2017). 과학으로 풀어 쓴 식품과 조리원리. 교문사.

근원섬유를 현미경으로 관찰하면 가로무늬가 밝은 I대(I-band)와 어두운 A대(A-bamd)가 규칙적으로 나타나고 밝은 I대는 Z선이라는 진하고 가는 선에 의해 둘로 나뉜다. 이 중 어두운 색인 A대의 무늬는 주로 미오신(myosin)으로 이루어진 굵은 필라멘트 영역이고, 밝은 곳인 I대는 액틴(actin), 트로포미오신(tropomyosin), 트로포닌(troponin)으로 이루어진 가는 필라멘트 영역이다. H대는 근절의 중심에 존재하는 미오신으로 구성된 굵은 근원섬유만 존재하는 영역이다. 액틴으로 이루어진 필라멘트 영역의 중앙에는 어두운 색의 얇은 Z선이 있는데, 2개의 Z선 사이를 근절이라 하며 근육의 수축과 이완이 일어나는 기본단위이다. 근육의 수축은 미오신과 액틴이 결합하여 액토미오신을 형성하면서 일어나며, 이완은 액토미오신이 해리되면서 일어난다. 근육이 수축할 때는 미오신 사이로 액틴이 미끌어져 가면서 근절의 길이가 짧아진다. 근원섬유 주변에는 근육의 수축과 이온에 필요한 ATP를 공급하는 미토콘드리아가 많이 있는데, 근육이 이완될 때 ATP가 소모된다.

2) 결합조직

결합조직은 근섬유와 지방조직의 막을 이루며, 근육이나 장기를 다른 조직과 결합하게 한다. 건이나 인대 등은 대표적인 결합조직이다. 결합조직은 길고 강한 섬유상이며, 콜라겐, 엘라스틴, 레티쿨린 등의 단백질로 구성되어 있다. 결합조직 단백질은 동물이 운동을 많이 할수록, 나이가 많을수록 발달되며, 암컷보다는 수컷에, 돼지고기와 닭고기보다는 쇠고기에 많다. 고기의 종류와 부위에 따라 질긴 정도가 다른 것은 근육조직과 결합조직 단백질의 비율이 다르기 때문인데, 결합조직 단백질이 많을수록 고기는 질긴 맛이 강해진다.

콜라겐은 동물의 근육, 뼈, 힘줄, 진피, 연골, 혈관 등에 있는 백색의 결합조직 단백질이다. 근육에 있는 콜라겐은 근섬유와 근속을 둘러싸고 있으며, 근육의 끝에 가서 한데 모여 뼈에 붙어 있다. 콜라겐의 구성단위는 트로포콜라겐(tropocollagen)으로 세 개의 폴리펩타이드가 삼중나선구조를 하고 있다. 트로포콜라겐이 모여 더 굵고 긴 섬유를 만드는데 이것을 콜라겐 세섬유(collagen fibril)라고 하며, 콜라겐 세섬유가 모여 더 큰 섬유인 콜라겐 섬유(collagen fiber)를 형성한다. 콜라겐은 질겨서 먹을 수가 없지만 물과 함께 가열하면 부드러워져 먹을 수 있는 젤라틴이 된다.

황색의 결합조직인 엘라스틴은 동물의 혈관, 인대와 털 등에 들어 있으며, 콜라겐과는 달리 가열 조리해도 질긴 정도의 변화가 없어 섭취가 불가능하므로 판매나 조리 전에 제거한다.

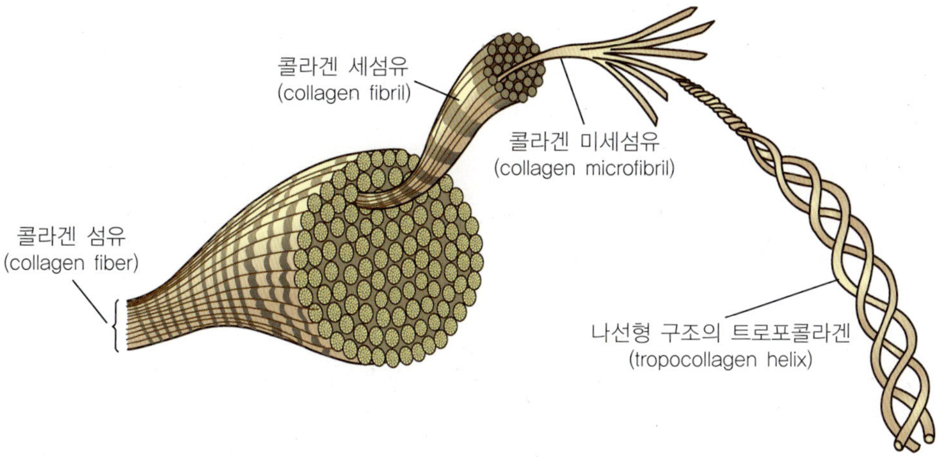

[그림 9-2] 콜라겐의 구조

3) 지방조직

지방조직은 피하 또는 내장기관의 주변에 많이 축적되며, 고기의 맛에 큰 영향을 준다. 근속막이나 근섬유막까지 지방이 들어가 근육 내에 미세한 지방조직이 고르게 발달된 근육을 상강육(marbled meat)이라 하며 쇠고기와 같은 적색육의 육질을 판단할 때는 마블링(marbling)을 기준으로 한다. 상강육의 지방은 근섬유를 짧게 하므로 고기가 연하고 구웠을 때 지방이 녹으면서 윤활제 역할을 하기 때문에 고기의 맛과 풍미가 좋아진다. 따라서 갈비 주위의 살, 안심 또는 등심 등 마블링이 잘되어 있는 부위는 건열조리가 적합하다. 지방 조직의 색은 동물이 어릴 때는 하얀색이나 나이가 들수록 노란색을 띠게 되는데, 이는 먹이로부터 온 지용성 카로티노이드 색소가 지방에 축적되기 때문이다.

2. 육류의 영양성분

육류는 주로 물, 단백질, 지방과 무기질로 구성되어 있으며, 비타민, 색소와 효소도 소량 포함되어 있다. 탄수화물은 글리코겐 형태로 거의 대부분이 간조직에 들어 있으며, 식이섬유소는 거의 함유되어 있지 않다.

〈표 9-1〉 수조육류의 일반성분(가식부 100g 기준)

식품명		에너지 kcal	수분 g	단백질 g	지질 g	회분 g	탄수화물 g	칼슘 mg	철 mg	인 mg	칼륨 mg	나트륨 mg	레티놀 μg	비타민 B_1 mg	비타민 B_2 mg	나이아신 mg	비타민 C mg
닭고기	가슴살	98	76.2	23.0	0.97	1.13	0	4	0.29	251	371	45	10	0.203	0.054	10.815	0
	날개	168	70.6	18.8	10.53	0.78	0	17	0.56	155	195	74	45	0.132	0.072	5.681	0
	다리살	144	75.1	19.4	7.67	0.88	0	9	0.62	170	234	84	28	0.159	0.066	4.13	0
돼지고기	갈비	233	65	17.8	17.06	0.88	0	9	0.73	185	287	64	4	0.61	0.176	3.092	0.87
	뒷다리	113	73.4	21.3	3.34	1.11	0	3	0.74	216	374	57	2	0.377	0.349	3.411	0.31
	등심	125	71.6	24.0	3.6	1.12	0	4	0.38	222	354	39	1	0.273	0.179	1.796	0.52
	목심	214	62	17.2	16.36	0.90		8	0.73	183	301	51	16	0.66	0.293	3.119	0
	사태	146	72.4	19.8	7.72	0.92	0	10	0.83	178	298	71	7	0.552	0.301	3.064	0.38
	삼겹살	373	50.3	13.3	35.70	0.69	0	6	0.42	143	231	55	19	0.489	0.163	1.192	0.44
	안심	114	74.4	22.2	3.15	1.17	0	3	0.78	211	373	46	3	0.868	0.298	0.984	0.26
쇠고기	갈비	292	56.4	16.5	24.40	0.80	1.9	9	3	110	194	127	0	0.03	0.270	0.9	0
	등심	298	55.3	15.6	26.30	0.69	0	11	2.24	147	241	56	26	0.019	0.345	1.754	0.8
	안심	193	66.6	19.2	13.14	0.98	0	5	2.78	197	337	45	5	0.07	0.215	2.12	0.38
	채끝	118	76.2	17.1	5.60	0.90	0.2	11	2.2	111	261	63	7	0.07	0.190	4.20	0
	우둔	163	68.4	20.6	9.20	1.80	0	5	2.67	197	327	51	3	0.094	0.172	2.973	0.22
	사태	137	71.2	24.0	4.86	1.02	0	5	2.84	204	338	57	1	0.06	0.187	1.911	0.7
	양지	240	61.0	18.6	18.59	0.83	0	5	1.92	163	265	55	12	0.009	0.245	2.301	0.93

농업진흥청 국립농업과학원(2016). 국가표준 식품성분표 제9 개정판.

1) 탄수화물

육류에는 탄수화물이 매우 소량 들어 있다. 혈액 내에는 포도당이 유리(遊離, free) 형태로 들어 있으며, 포도당의 중합체인 글리코겐은 간이나 근육에 존재하는데, 동물의 종류, 근육 부위, 도살 전 동물의 환경, 사후 기간 경과 등에 따라 함량이 달라진다. 글리코겐은 도살 후 해당 과정을 통해 젖산(lactic acid)이 되므로 도살되는 동물 체내의 글리코겐 저장량은 사후강직 발생 시점을 결정하는 주요 요인이며, 고기의 맛을 좌우하는 주요 요인이다.

2) 단백질

육류는 단백질의 함량이 약 15~20%이며, 종류로는 근원섬유 단백질, 결합조직 단백질, 근장 단백질 등이 있다. 육류 단백질은 필수아미노산이 골고루 들어 있는 매우 좋은 단백질 급원식품이지만, 뼈와 연골 등으로부터 용출되는 콜라겐은 트립토판 등 필수아미노산의 함량이 낮은 불완전단백질이다.

〈표 9-2〉 **육류 단백질의 종류 및 특성**

종류	특성
근장 단백질	· 구상 단백질이다. · 물 또는 중성 염류 용액에 녹는다. · 해당작용 및 여러 대사반응에 관여하는 효소로 구성되어 있다. · 미오겐, 미오글로빈, 헤모글로빈, 시토크롬, 단백질 분해효소 등이 있다.
근섬유 단백질	· 섬유상 단백질이다. · 대부분이 미오신과 액틴이며, 그 외에 트로포미오신, 트로포닌, 액티닌 등이 있다. · 근육의 수축과 이완에 관여한다.
결합조직 단백질	· 길고 강한 섬유상 단백질이다. · 콜라겐, 엘라스틴, 레티큘린 등이 있다. · 가식부는 콜라겐을 뜨거운 물로 처리하면 얻어지는 단백질인 젤라틴이다. · 콜라겐은 트립토판이 거의 결여된 불완전단백질이다.

〈표 9-3〉 **동물의 종류에 따른 단백질 종류별 함량**

단백질의 종류	포유류	가금류	어류
근장 단백질	30~40	30~34	20~30
근섬유 단백질	49~55	60~65	65~75
결합조직 단백질	10~17	5~10	1~3

김향숙 외(2014). 조리과학. 수학사.

3) 지방

육류의 지방은 대부분 중성지방이며, 함량은 1.5~30%이다. 육류의 지방 함량은 동물의 종류, 품종, 나이 및 부위, 사료 등에 따라 크게 달라지는데 일반적으로 지방 함량이 많은 부위에는 수분 함량이 적다. 돼지고기가 닭고기에 비해 지방 함량이 높고, 어린동물의 고기는 성숙한 동물의 고기보다 수분 함량이 높고 지방 함량이 적으며, 같은 동물이라도 운동량이 많은 부위에는 지방 함량이 적다.

육류의 지방은 구성하는 주요 지방산은 팔미트산($C_{16:0}$), 스테아르산($C_{18:0}$), 올레산($C_{18:1}$)이며, 포화지방산의 비율이 높기 때문에 융점이 높은 편이다. 수육류는 가금류보다 융점이 높기 때문에 뜨거운 상태에서 먹어야 맛있게 먹을 수 있다.

〈표 9-4〉 동물성 지방의 융점

동물의 종류	융점(℃)	동물의 종류	융점(℃)
소	40~45	칠면조	31~32
돼지	33~46	닭	30~32
양	44~55	오리	27~39

김향숙 외(2014). 조리과학. 수학사.

4) 비타민과 무기질

육류에는 비타민 A와 티아민(비타민 B_1), 리보플라빈(비타민 B_2), 나이아신(niacin) 등 비타민 B 복합체가 주로 들어 있다. 비타민 A는 주로 간에 많고, 심장, 신장 등의 내장에 함유되어 있으며, 티아민은 특히 쇠고기보다 돼지고기에 많이 들어 있다. 비타민 C는 거의 존재하지 않는다.

육류에는 약 1% 정도의 다양한 무기질이 존재한다. 뼈에는 칼슘이 많이 존재하고, 간에는 철분이 풍부하며, 살코기에는 인과 철이 많이 들어 있다. 칼슘, 마그네슘 아연 등의 2가 금속이온은 전하를 띠어 물과 결합하므로 고기의 보수성과 밀접한 관계가 있다.

5) 색소

육류의 색소는 주로 근육색소인 미오글로빈(myoglobin)이며, 혈색소인 헤모글로빈(hemoglobin)을 약간 포함한다. 미오글로빈은 글로빈 단백질 1분자와 헴 1분자가 결합된 색소단백질로 적자색을 나타낸다. 미오글로빈의 함량은 동물의 종류와 부위, 연령 등에 따라 다르다. 미오글로빈의 함량은 소나 양이 돼지보다 많고, 같은 동물이라도 운동을 많이 한 근육일수록 더 많다. 또한 성숙한 소의 미오글로빈 함량이 송아지보다 많다. 육류가 신선하고 공기가 차단되면 미오글로빈은 적자색을 그대로 유지한다. 육류의 표면이 공기 중에 노출되면 산소가 미오글로빈과 결합하는 산소화(oxygenation)가 일어난다. 미오글로빈이 산소화되면 선명한 붉은색의 옥시미오글로빈(oxymyoglobin)이 되는데 산소의 공급이 부족해지면 미오글로빈에서 산소가 분리되고 철은 2가에서 3가로 산화되어 적갈색의 메트미오글로빈(metmyoglobin)이 된다. 미오글로빈과 옥시미오글로빈, 미오글로빈과 메트미오글로빈으로의 변화는 서로 가역적이다.

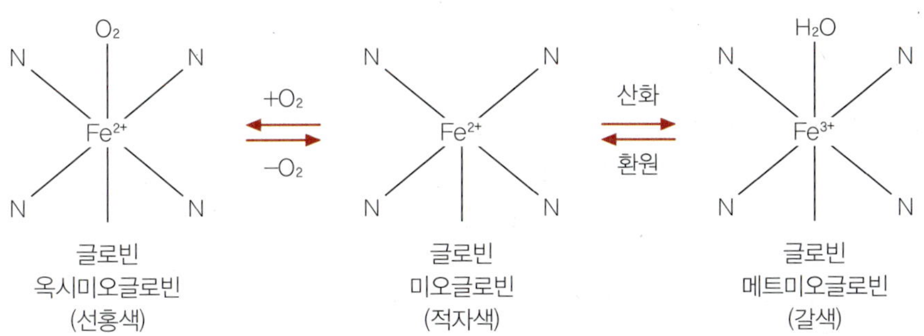

[그림 9-3] 미오글로빈의 변화

3. 육류의 사후경직

동물이 도살되면 도살 직후에는 부드러우나, 시간이 지나면 근육이 단단하게 굳는데, 이것을 사후경직(rigor mortis)라고 한다.

동물이 도살되어 산소 공급이 중단되고, 혈액 순환이 중단되어 혐기적 상태가 되면 해당작용이 일어난다. 해당작용에 의해 저장 탄수화물 복합체와 글리코겐이 젖산으로 분해되어 근육에 쌓이면 근육의 pH는 7.0~7.3에서 6.3 이하로 떨어지는데 pH 5.5 정도에서 최대 사후경직 상태가 된다. 도살 초기에는 ATP(adenosine triphosphate)의 농도는 근육 중에 있는 크레아틴 포스페이트(Creatine Phosphate: CP)가 없어질때까지 인산기를 받아 ADP(adenosine diphosphate)로부터 생성되어 그 함량이 어느 정도 유지되지만 크레이틴 포스페이트가 모두 소모되면 ATP가 감소된다. ATP 수준이 어느 정도 유지될 때는 ATP에 의해 액토미오신이 해리되어 근육이 이완되지만, 모두 고갈된 후에는 근육은 액토미오신으로 유지되어 유연성을 잃고 경직된다.

사후경직이 시작되는 시간은 동물의 종류, 나이, 크기, 도살 전후의 취급 방법에 따라 다르다. 일반적으로 동물이 크면 경직 개시 시간이 늦고, 오래 지속되며, 온도가 높을수록 경직이 빠르게 시작된다. 소는 도살 후 9시간 이내, 돼지는 2시간 이내, 닭은 1시간 이내에 경직이 시작된다. 도살 전에 동물을 굶기거나 격렬하게 운동시키면 근육의 글리코겐 함량이 낮아져서 도살 후 젖산 생성량이 줄어들어 사후강직의 바람직한 pH인 pH 5.5까지 떨어지지 못하고 pH가 6.3이상으로 유지되므로 쇠고기의 경우 색이 어둡게 되어 선호도가 떨어진다. 돼지고기는 도살 후 pH가 5.1~5.4까지 비정상적으로 많이 떨어지면, 희미한 색의 부드럽고 삼출액이 많은 질이 나쁜 돼지고기가 된다. 이러한 돼지고기를 조리하면 다량의 육즙 손실과 함께 희미한 색의 흐늘흐늘한 상태되므로 기호도가 나쁘다. 경직상태의 근육은 근섬유의 보수성이 매우 낮아져 육즙의 분리가 쉽게 일어나며, 조리해도 연해지지 않는다. 이렇게 육류의 질이 저하된 사후경직 상태의 근육은 시간이 경과하여 경직이 풀리면 숙성되어 부드러워진다.

4. 육류의 숙성

근육의 젖산 생성이 중지되어 pH가 더 이상 떨어지는 않는 최대 경직 시기가 지나면 숙성(aging)이 일어난다. 경직 상태의 고기는 도살 직후보다 더 질기지만,

시간이 지나면 숙성되어 근육이 다시 부드러워진다. 육류의 숙성은 근육세포의 리소좀(lysosome)에서 분비된 카텝신(cathepsin)과 같은 단백질 분해효소에 의해 미오신, 액틴과 z-선과의 결합이 끊어 액토미오신이 분해되기 때문에 일어난다.

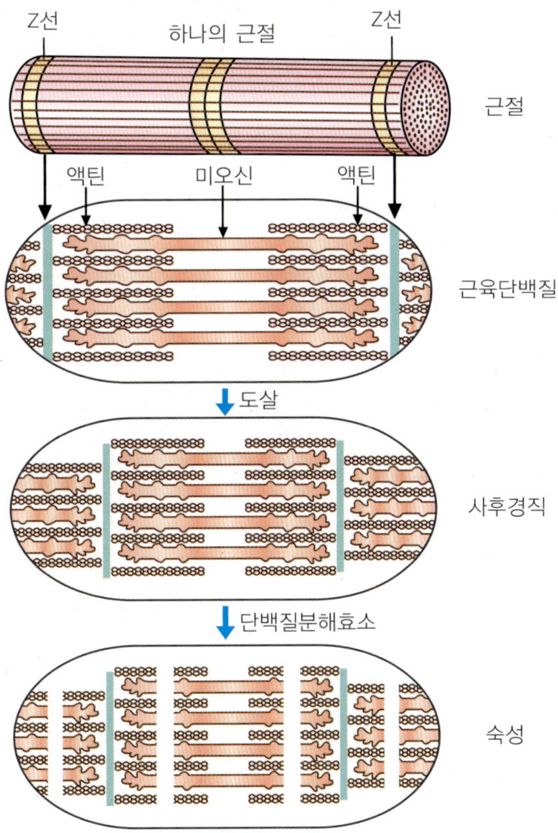

[그림 9-4] **사후경직과 숙성 시 근육의 변화**

숙성에 의한 연화는 근섬유의 구조가 자가 분해에 의해 약해져 생기는 현상이므로 근섬유 조직은 연해지지만 콜라겐과 같은 결합조직에는 큰 변화를 주지 않는다. 숙성에 의해 육류는 연해지고, 보수성이 증가하고, 근육 내에 있던 ATP가 분해되면서 핵산계 맛 성분이 증가되므로 감칠맛 성분도 증가되어 품질이 좋아진다. 또한 숙성되는 동안 산소가 근육 조직까지 침투되어 미오글로빈이 옥시미오글로빈으로 변화되므로 고기는 적자색에서 선홍색으로 변한다.

고기의 숙성은 온도가 높으면 빨리 진행되지만, 세균에 의한 부패를 방지하기 위해, 0~4℃, 상대습도 70%에서 행한다. 이 온도에서 닭고기는 1~2일, 돼지고기는 3~5일, 쇠고기는 7~10일이면 숙성이 완료된다.

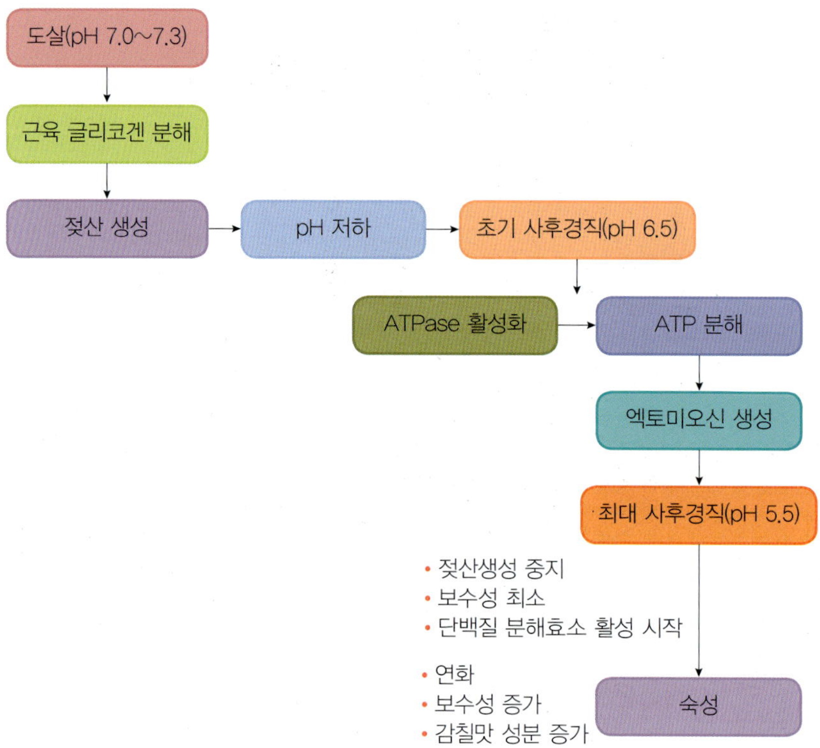

[그림 9-5] **육류의 사후경직과 숙성**

신말식 외(2009). 조리과학. 파워북.

5. 육류의 조리특성

1) 육류의 연화

육류는 숙성에 의해서 연화되지만 다양한 효소, 첨가물, 물리적 방법 등에 의해서도 연화될 수 있다.

(1) 효소에 의한 연화

육류가 숙성 후에도 질길 경우에는 단백질 분해효소를 이용하여 어느 정도 연화시킨 후 조리하면 좋다. 과일과 채소 중에는 육류를 연화시키는 단백질 분해효소를 가지고 있는 것이 있다. 파인애플에는 브로멜린(bromelin), 무화과에는 피신(ficin), 파파야에는 파파인(papain), 키모파파인(chymopapain), 키위에는 액티니딘(actinidine) 등의 단백질 분해효소가 들어 있다. 우리가 흔히 사용하는 배, 생강, 무 등에도 단백질 분해효소가 들어 있어 고기를 연하게 할 수 있다.

(2) 기계적 연화

고기를 갈고, 다지고, 칼집을 내고, 얇게 썰고, 두드리는 방법을 통해 근섬유와 결합조직을 물리적으로 파괴시킴으로써 고기를 연하게 한다.

(3) 염의 첨가

근섬유 단백질은 염용성이다. 육류를 조리할 때 소금이나 간장을 첨가하면 염화나트륨($NaCl$), 염화칼슘(KCl), 염화마그네슘($MgCl_2$)과 같은 염이 근섬유와 접촉되는 부분을 분해시켜 단백질의 극성분자들이 표면에 재배치되면서 수분과 결합하는 능력이 커지기 때문에 연육효과가 나타난다. 일반적으로 육류의 1.3~1.5%의 염을 첨가하면 간도 적절하고 연화효과가 나타나지만, 염의 함량이 5% 이상이 되면 삼투압에 의해 탈수되어 질겨진다.

(4) 당의 첨가

설탕, 꿀 등은 흡습력이 크다. 따라서 육류의 조리 시 당을 첨가하면 보수성이 증가해 고기가 연해진다. 또한 당은 단백질의 열 응고를 지연시키는 효과가 있으므로 육류를 연하게 한다. 그러나 다량 첨가했을 때는 삼투압의 작용으로 오히려 질겨진다.

(5) 산의 첨가

육류에 약간의 산을 첨가하면 수화력이 증가하여 연화된다. 그러나 육류의 등전점은 pH 5~6이므로 지나치게 산을 첨가하면 고기는 단단해진다.

2) 열에 의한 변화

(1) 색의 변화

육류를 가열하면 회갈색으로 색이 변한다. 열에 의해 글로빈 단백질이 변성되고, 철은 2가에서 3가로 산화되어 메트미오크로모겐(metmyochromogen)과 회갈색의 헤마틴(hematin)으로 되기 때문이다. 또한 육류 중의 단백질은 당성분과 메일라드 반응(maillard reaction)을 일으켜 멜라노이딘(melanoidin) 색소를 만들기 때문에 갈변이 일어난다. 쇠고기는 돼지고기에 비해 미오글로빈의 함량이 높아 가열했을 때 색의 변화가 크다.

돼지고기로 햄이나 베이컨과 같은 염장육을 만들 때는 미오글로빈이 아질산염과 반응하여 산화질소미오글로빈(nitrosomyoglobin)으로 변화되어 선명한 붉은색을 띠게 된다. 산화질소미오글로빈을 더 가열하면 산화질소미오크롬(nitrosomyochrome)이라는 더욱 안정한 선명한 붉은색의 물질이 된다.

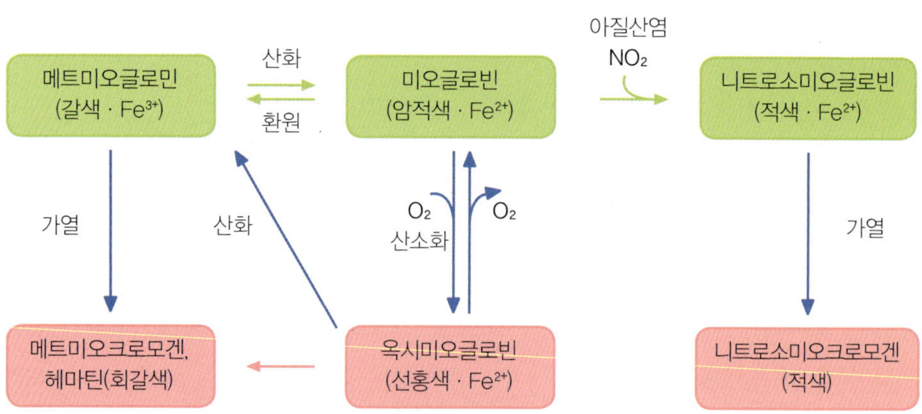

[그림 9-6] 열에 의한 미오글로빈의 변화

송태희 외(2012). 조리과학. 교문사.

(2) 단백질의 변화

육류 단백질의 중 근섬유 단백질은 가열온도가 높아지고 가열시간이 길어질수록 육질이 단단하고 질겨지므로 조리시간을 짧게 하는 것이 좋다. 결합조직 단백질인 콜라겐은 물과 함께 가열하면 젤라틴으로 분해되어 연화되므로, 장기간 가열하는 것이 좋다.

〈표 9-5〉 육류 단백질의 가열 조리에 의한 변화

종류	가열에 의한 변화
근섬유 단백질 (섬유상 단백질)	· 액틴과 미오신이 열에 의해 변성되어 응고되고 수축된다. · 수축은 약 55℃에서 시작되어 80℃ 정도까지 계속된다. · 섬유들이 가늘어지면서 보수력이 감소한다. · 육질이 단단하고 질겨진다.
근장 단백질 (구상 단백질)	· 가열에 의하여 부분적인 변성이 발생한다. · 두부처럼 응고되어 근섬유 단백질을 접착시킨다.
결합조직 단백질 (콜라겐)	· 물과 함께 가열할 때 초기에는 급격히 수축되어 고기가 질겨지나, 장시간 가열하면 콜라겐의 수소결합이 파괴되어 3중 나선구조의 폴리펩타이드 사슬이 풀어지므로 불용성의 콜라겐이 수용성의 젤라틴으로 변하여 물에 용출되고, 고기가 부드러워진다.

(3) 보수성 변화

고기를 가열하면 단백질이 변성되어 보수성이 감소하므로 고기가 수축되고 육즙이 용출된다. 육즙에는 수분, 지방, 맛 성분이 함유되어 있으므로 가능하면 육즙의 용출을 방지하기 위해 고기의 표면을 단시간에 고온으로 가열하여 변성시킨 후 내부를 차차 익히는 방법으로 가열하는 것이 좋다.

(4) 맛의 변화

고기를 가열하면 단백질이 분해되어 생성된 저분자 물질인 글루탐산, 이노신산 등의 감칠맛과 지방이 분해되어서 생성되는 냄새 성분 등이 어우러져 맛과 냄새가 좋아진다. 또한 열에 의해 지방구를 둘러싸고 있는 콜라겐의 막이 용해되고 지방이 용출된다. 용출된 지방은 콜라겐 단백질과 유화되어 맛이 좋아진다.

6. 육류의 조리

쇠고기, 돼지고기 및 닭고기는 우선 크게 몇 개의 부위별로 자른 후 소비자가 이용할 수 있는 크기와 모양으로 소분하는데, 자르는 방법과 명칭은 나라에 따라 다르다. 육류는 부위에 따라 특성과 맛이 다르므로 조리 시 용도에 맞게 선택해야 한다.

1) 육류의 부위별 특징

(1) 쇠고기

우리나라에서는 쇠고기를 10부위로 대분할한 후 조리 용도에 맞게 39개 부위로 소분할하여 판매한다.

쇠고기의 조리법은 결합조직 단백질의 함량에 영향을 받는다. 일반적으로 결합조직 단백질의 함량이 낮은 안심, 등심, 채끝, 우둔 등은 구이, 볶기, 튀기기 등의 건열조리법이 적당하지만, 결합조직 단백질의 함량이 높은 양지, 사태, 목심 등은 탕, 장조림, 찜, 편육 등 물에서 장시간 조리하는 습열조리법이 더 적당하다.

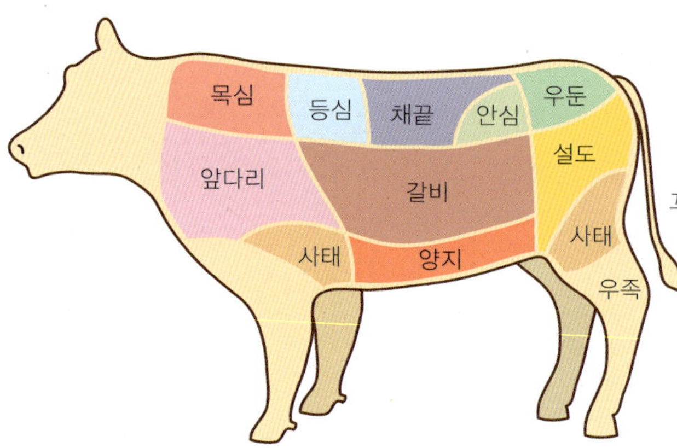

[그림 9-7] 쇠고기의 부위별 명칭

〈표 9-6〉 쇠고기의 부위별 특징과 조리법

대분할 부위명	소분할 부위명	특징	조리법
안심	안심살	· 유일하게 척추뼈 안쪽에 위치하는 근육이다. · 움직임이 없어 조직이 가장 부드럽고 연하다. · 마블링이 잘 형성되어 있지만 지방의 양은 많지 않다. · 육즙이 많고 고기의 결이 가늘고 곱다. · 양이 적은 부위로 귀하다.	· 고급 스테이크 및 구이
등심	윗등심살 꽃등심살 아래등심살 살치살	· 비육이 잘된 소는 마블링이 잘 발달되어 있다. · 육질이 연하며 지방 적당히 섞여 있어 맛이 좋다. · 근육결이 가늘고 부드럽다. · 공기 중에 노출되면 빨리 변색된다.	· 구이나 스테이크(고급육) · 전골이나 불고기(저급육)
채끝	채끝살	· 등심과 맞닿은 운동성이 없는 부분이다. · 비육이 잘된 소는 마블링이 잘 발달되어 있다. · 육질이 연하고 지방이 적당히 섞여 있다. · 등심보다는 지방이 적고 살코기가 많다.	· 로스구이·샤부샤부(고급육) · 불고기와 국거리(저급육)
목심	목심살	· 어깨 위쪽에 붙어 있는 근육이다. · 여러 개의 다양한 근육이 모여 있고 두꺼운 힘줄이 여러 갈래로 표면에 존재하기 때문에 약간 질긴 편이다. · 목뼈 윗부분(1/3)은 비교적 부드러워 건열조리한다.	· 대부분 국거리 · 일부 스테이크나 구이(고급육) · 불고기, 장조림(저급육)
앞다리	꾸리살 부챗살 앞다릿살 갈비덧살 부채덮개살	· 갈비 바깥쪽에 위치하고 있다. · 내부에 지방층과 근막이 많기 때문에 연한 부위와 질긴 부위가 서로 섞여 있다. · 운동량이 많아 육색이 짙다. · 설도, 사태와 비슷하다.	· 꾸리살: 카레, 육회 · 부챗살·갈비덧살: 구이 · 그 외는 불고기나 장조림, 스튜, 탕
우둔	우둔살 홍두깨살	· 지방이 적고 살코기가 많다. · 우둔살은 고기의 결이 약간 굵으나 근육막이 적어 연하다. · 홍두깨살은 결이 거칠고 단단하다.	· 우둔살: 주물럭, 산적, 육포, 불고기 · 홍두깨살: 육회, 장조림

대분할 부위명	소분할 부위명	특징	조리법
설도	보섭살 설깃살 설깃머리살 도가니살 삼각살	· 엉덩잇살 아래쪽의 넓적다리살이다. · 바깥쪽 엉덩이 부분으로 다소 결이 거칠고 질긴편으로 우둔과 비슷하다. · 부위별 육질의 차이가 크다. · 설깃살은 가장 운동량이 많은 부위이다. · 도가니살은 가장 근육결이 가늘고 부드럽다. · 보섭살은 채끝과 연결되는 부분으로 막이 적고 맛이 좋다.	· 보섭살: 스테이크 · 설깃살: 산적, 편육, 불고기 · 삼각살과 설깃머리살: 구이, 불고기 전골 · 도가니살: 육회나 불고기
양지	양지머리 차돌박이 업진살 업진안살 치마양지 치마살 앞치마살	· 앞가슴에서 복부 아래쪽에 걸쳐 있는 부위로 결합조직이 많아 육질은 질기다. · 지방 함량이 많다. · 오랜 시간에 걸쳐 끓이는 조리를 하면 맛이 매우 좋다. · 업진살과 치마살은 양지의 뒤쪽 부분으로 지방과 살코기가 교차하여 풍미가 좋다. · 차돌박이는 양지 하단부분 중의 하얀 조직으로 독특한 맛이 있다.	· 국거리나 장조림으로 가장 많이 이용된다. · 차돌박이: 얇게 썰어 구이용 · 업진안살·치마양지·치마살: 구이용
사태	앞사태 뒷사태 뭉치사태 아롱사태 상박살	· 앞·뒷다리 사골을 감싸고 있는 부위이다. · 운동량이 많아 색상이 진한 반면 근육다발이 모여 있어 특유의 쫄깃한 맛을 낸다. · 가장 큰 근육을 아롱사태라고 한다. · 장시간 물에 넣어 가열하면 연해진다. · 기름기가 없어 담백하면서도 깊은 맛이 난다.	· 장조림, 찜, 육회, 탕, 수육
갈비	본갈비 꽃갈비 참갈비 갈빗살 마구리 토시살 안창살 제비추리	· 육즙과 골즙이 어우러진 부위 · 농후한 맛을 낸다. · 갈빗살에는 막이 많고 근육이 비교적 거칠고 단단한 부위지만 근내지방이 많아 맛이 있다.	· 찜갈비, 불갈비, 양념갈비 등 · 마구리살: 갈비탕 · 갈빗살, 토시살, 안창살, 제비추리: 구이용

www.ekapepia.com(축산유통종합종보센터) 일부 수정.

(2) 돼지고기

우리나라에서 돼지고기는 7개 부위로 대분할하며, 이를 조리용도에 맞게 16부위로 소분할하여 판매한다.

돼지고기는 쇠고기에 비해 지방 함량이 많고, 지방의 융점이 낮아 육질이 연하고 부드럽다. 돼지고기도 부위에 따라 지방 함량과 맛이 다르므로 조리 목적에 맞는 부위를 잘 선택해야 한다.

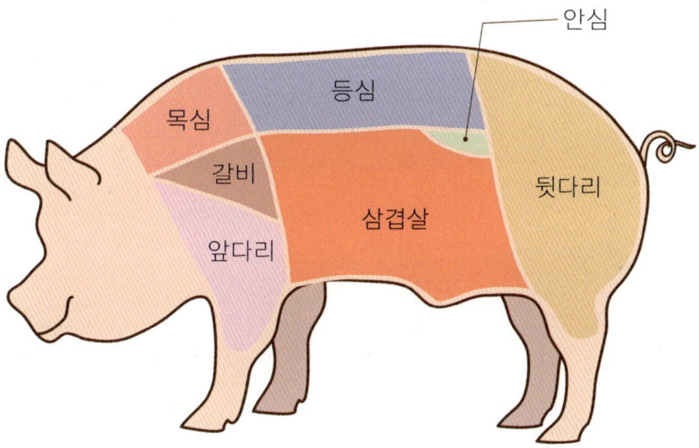

[그림 9-8] 돼지고기의 부위별 명칭

〈표 9-7〉 돼지고기의 부위별 특성과 조리법

대분할 부위명	소분할 부위명	특징	조리법
안심	안심살	· 허리부분의 안쪽에 위치한다. · 안심주변은 약간의 지방과 밑변의 근막이 형성되어 있고 육질은 부드럽고 연하다.	탕수육, 로스구이, 스테이크, 잡채
등심	등심살, 알등심살 등심덧살	· 지방 함량이 적다. · 고기의 결이 곱다.	폭찹, 돈가스, 튀김, 스테이크, 잡채
목심	목심살	· 등심에서 목쪽으로 이어지는 부위로서 여러 개의 근육이 모여 있다. · 근육막 사이에 지방이 적당히 박혀 있어 풍미가 좋다.	구이, 수육

대분할 부위명	소분할 부위명	특징	조리법
앞다리	앞다릿살, 사태살 항정살, 꾸리살 부챗살, 주걱살	· 어깨부위의 고기이다. · 안쪽에 어깨뼈를 떼어낸 넓은 피막이 나타난다.	불고기, 찌개, 수육(보쌈)
뒷다리	볼깃살, 설깃살 도가닛살, 두깨살 보섭살, 뒷사태살	· 볼기부위의 고기이다. · 살집이 두터우며 지방이 적은 편이다. · 부드럽고 맛이 좋다.	튀김, 불고기, 장조림, 찌개
삼겹살	삼겹살, 갈매기살 등갈비, 토시살 오돌삼겹살	· 갈비를 떼어낸 부분에서 복부까지의 넓고 납작한 모양의 부위이다. · 근육과 지방이 삼겹의 막을 형성하며 풍미가 좋다.	구이, 베이컨(가공용), 수육, 찌개
갈비	갈비, 갈빗살, 마구리	· 옆구리 늑골(갈비)의 첫 번째부터 다섯 번째 늑골부위 · 근육 내 지방이 잘 박혀 있어 풍미가 좋다.	바비큐, 숯불갈비, 갈비찜

www.ekapepia.com(축산유통종합종보센터).

(3) 닭고기

닭고기를 분할하여 부위별로 이용하기도 하지만 통닭으로도 많이 이용된다. 닭은 연령과 부위에 따라 육질이 다르므로 조리목적에 따라 적합한 것을 선택해야 한다. 닭고기는 쇠고기나 돼지고기에 비해 육색소인 미오글로빈의 함량이 적어 색이 연하며, 지방 함량은 낮지만, 단백질 함량은 높다.

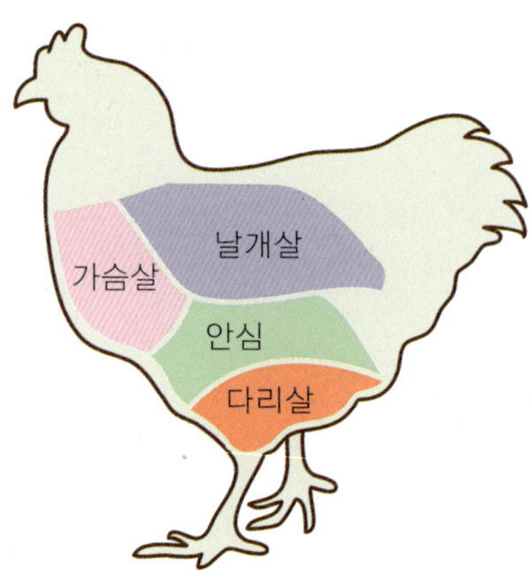

[그림 9-9] 닭고기의 부위별 명칭

〈표 9-8〉 닭고기의 부위별 특성과 조리법

부위명	특징	조리법
안심	· 가슴살 안쪽의 고기이다. · 담백하고 지방이 거의 없다.	튀김, 구이, 샐러드, 탕, 카레
가슴살	· 지방이 매우 적고, 단백질 함량은 높다. · 열량이 낮고, 맛이 담백하다.	샐러드, 튀김, 볶음, 조림
날개살	· 살은 적으나 지방이 많고 맛이 있다. · 콜라겐 성분이 다량 함유되어 있다.	튀김, 볶음, 조림
다리살	· 다리살·운동을 많이 하는 부위로 탄력이 있고 육질이 단단하며 근육의 색이 짙다. · 지방과 단백질이 조화를 이루어 쫄깃쫄깃하다.	튀김, 볶음, 조림, 구이

www.ekapepia.com(축산유통종합종보센터), 일부 수정.

2) 육류의 조리법

(1) 습열조리

습열조리는 물과 열을 가하여 조리하는 방법으로 탕, 찌개, 찜, 조림, 편육, 수육, 전골 등이 있다.

① 탕(국)

결합조직 단백질 함량이 높은 양지, 사태, 꼬리, 우족 등은 탕으로 조리하는 것이 적합하다. 탕은 국물을 먹는 음식이므로 육류의 성분이 국물에 잘 우러나야 한다. 그러므로 찬물부터 고기를 넣고 끓이기 시작하고 끓으면 불을 약하게 줄여 콜라겐이 젤라틴이 될 때까지 충분히 끓여 준다.

② 조림

쇠고기의 사태, 우둔과 홍두깨살, 돼지고기의 뒷다리살 등은 장조림에 적합하다. 특히 홍두깨살은 근육의 길이가 길고 근섬유 사이사이에 결합조직이 얇게 발달되어 있어 장조림을 하면 결대로 찢어지는 장점이 있다. 장조림은 탕(국)과는 달리 국물보다는 고기를 먹는 음식이므로 물이 끓은 후 고기를 넣어 완전히 익힌 후 간장을 넣어야 부드럽게 조리된다. 장조림을 만들 때 고기가 부드럽게 익기 전에 간장물을 넣고 끓이면 고기에서 수분이 탈수되어 단단하고 질긴 장조림이 만들어진다.

③ 찜, 스튜(stew)

찜은 소량의 물에 고기를 충분히 익힌 후 채소와 양념을 넣어 중불에서 충분히 익히는 조리법이다. 결합조직 단백질 함량이 많은 부위인 사태, 갈비, 꼬리 등이 찜에 적합하다. 찜은 고기를 먹기 위한 조리법이므로 물을 너무 많이 넣지 않도록 해야 하며, 지나치게 오래 끓이면 젤라틴이 지나치게 많이 만들어져 고기가 흐물거리게 되므로 주의해야 한다.

스튜는 서양식 찜으로 고기와 채소에 소스를 충분히 넣어 재료가 잠길 정도로 하고 완전히 익혀 먹는 음식이다. 고기의 종류에 따라 비프스튜(beef stew), 치킨스튜(chicken stew) 등이 있다.

④ 편육

편육은 고깃덩어리를 잘 삶아서 눌러 두었다가 얇게 썬 음식이다. 편육은 국물보다 고기를 먹기 위한 조리법이므로 물이 끓을 때 고기를 넣어 수용성 성분이 많이 용출되지 않도록 한다. 부드럽게 익은 고기는 뜨거울 때 보자기에 싸서 무거운 것으로 눌러 놓는데, 이는 뜨거울 때 졸(sol) 상태인 젤라틴이 식어 겔(gel)이 될 때 편육의 모양을 잡아 주기 위해서이다.

(2) 건열조리

건열조리는 물을 사용하지 않고 열을 가하는 조리법으로 구이, 튀김, 볶음 등이 있다. 건열조리를 하기 적합한 부위는 결합조직 단백질이 적은 부위이다.

① 구이

쇠고기의 안심, 등심, 채끝과 돼지고기의 삼겹살, 목심살 등은 결합조직 단백질이 적고 지방이 적당량 있어 구이에 적합하다. 구이는 열에 의해 단백질이 응고되어 내부 육즙이 용출되지 않아야 풍미가 좋으므로 센불에서 표면을 먼저 익히고 불을 약하게 한 후 내부를 익히는 것이 좋다.

스테이크, 불고기, 너비아니, 떡갈비, 삼겹살 구이 등은 굽는 조리법에 속한다.

② 튀김

기름을 열전달 매체로 이용하기 때문에 160~190℃에서 빠른 시간에 조리할 수 있다. 기름을 사용하면 고기의 풍미가 좋아지며, 고온에서 단시간 조리하므로 영양성분의 용출을 막을 수 있다.

③ 볶음

볶음도 튀김과 마찬가지로 기름을 열전달 매체로 사용하기 때문에 빠른 조리가 가능하다. 우둔이나 설도 등 결합조직 단백질과 지방 함량이 적은 육류를 볶으면 풍미가 좋아진다. 고기를 볶을 때는 미리 팬을 뜨겁게 달구었다가 센불에서 단시간에 조리해야 한다. 약불에서 서서히 볶으면 육즙이 빠져나가 질겨지고 품질이 저하된다.

Chapter 10

어패류의 조리원리

어패류는 육류와 함께 중요한 동물성 단백질의 급원식품이며, 비타민과 무기질의 함유량도 높은 편이다. 어패류는 육류에 비해 불포화지방산, 특히 오메가-3 지방산의 함량이 높다. 신선한 어패류는 생식을 하기도 하지만 가열섭취하는 경우가 많고, 건조, 염장, 냉동 등의 방법으로 장기간 저장하기도 한다. 어패류는 육류에 비해 결합조직이 적으며, 사후경직 기간이 짧고 숙성과 부패가 빨리 진행되어 부패되기 쉽다. 또한 지질의 불포화지방산의 함량이 높아서 쉽게 산패되므로 유통과 저장 시 주의해야 한다.

1. 어패류의 종류 및 특성

수산동물은 척추를 가진 어류와 무척추인 패류로 분류된다. 어류는 다시 바다에 사는 해수어와 민물에 사는 담수어로 분류할 수 있는데, 해수어로는 복어, 돔, 참치, 고등어, 뱀장어 등이 있으며, 담수어로는 메기, 붕어, 빙어, 송어, 잉어 등이 있다. 어류는 지방 함량에 따라 저지방, 고지방 어류로도 분류하기도 한다. 패류에는 껍질을 가진 갑각류와 조개류, 껍질이 없는 연체동물 등이 있다. 갑각류는 절지동물의 일종으로 외피는 단단한 껍질로 되어 있고, 여러 조각의 마디로 구별되어 있으며 안에는 연한 조직을 가진다. 게, 새우, 가재 등이 갑각류에 속한다. 연체동물은 단단한 껍질 속에 마디가 없는 부드러운 근육이 존재하는 대합, 홍합, 굴 등의 패류와 뼈와 껍데기가 없는 오징어 문어 등이 있다.

〈표 10-1〉 지방 함량에 따른 어류의 분류

분류	지방 함량	종류 및 특징
저지방 어류	2% 이하(대부분 간에 존재)	· 넙치류(광어, 가자미 등), 농어류 등 흰살 생선 · 깊은 바다에 서식하며 활동량이 적다.
고지방 어류	5% 이상	· 다랑어, 고등어, 청어, 연어 등 붉은살 생선 · 해수면 가까이에 서식하며 활동량이 많다.

2. 어패류의 구조와 구성성분

1) 어패류의 구조

어류는 머리, 몸체, 꼬리의 세 부분으로 구성되며, 몸통에서 꼬리에 이르는 근육을 주로 먹는다. 생선의 몸체를 이루는 근육은 근섬유가 모인 다발로 구성되어 있는데, 육류에 비해 근섬유의 길이가 짧고, 결합조직 단백질이 적어서 연하다. 등푸른생선의 암적색 근육을 혈합육(血合肉)이라고 하는데, 혈합육은 어류의 체측을 따라 존재한다. 정어리, 가다랑어 등과 같이 회유성 어류나 활동성이 큰 어류는 혈합육이 많고, 넙치나 광어 같은 활동성이 적은 어류는 적다. 패류는 일매패와 이매패가 있다. 일매패는 굴 등과 같이 껍질이 한쪽에만 있어 껍질이 없는 부분은 바위에 붙어서 몸을 보호하는 것이며, 이매패는 두 개의 껍질이 마주 닫히고 그 내부에 근육이 들어 있는 것으로 홍합, 재첩조개 등이 여기에 속한다. 갑각류의 몸은 머리, 가슴, 배의 세부분으로 구별된다.

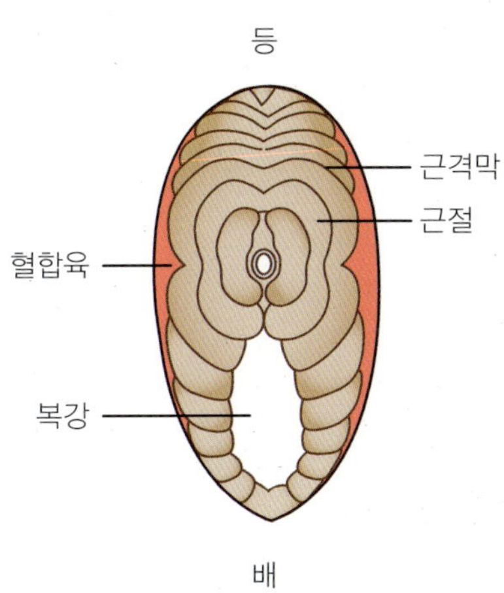

[그림 10-1] 붉은살 생선의 근육 구조

김철재 외(2015). 식품과학. 교문사.

2) 어패류의 구성성분

어패류의 성분은 종류, 부위, 연령, 암수, 계절 등에 따라 크게 달라지는데, 특히 지질 함량의 차이가 크다.

〈표 10-2〉 어패류의 일반성분(가식부 100g 기준)

식품명		에너지 kcal	수분 g	단백질 g	지질 g	회분 g	탄수화물 g	칼슘 mg	철 mg	인 mg	칼륨 mg	나트륨 mg	레티놀 μg	비타민 B_1 mg	비타민 B_2 mg	나이아신 mg	비타민 C mg
어류	가자미	120	72.3	22.1	3.7	1.6	0.3	40	0.7	196	377	230	8	0.18	0.26	4.3	2
	갈치	79	78.6	19.5	0.3	1.3	0.3	46	1	191	260	100	20	0.13	0.11	2.3	1
	고등어	172	68.1	20.2	10.4	1.3	0	26	1.6	232	310	75	23	0.18	0.46	8.2	1
	꽁치	132	70.9	22.7	4.7	1.3	0.4	42	1.7	241	150	80	21	0.02	0.28	6.4	1
	다랑어(유지 통조림)	182	66.1	23.3	10.6	1.1	0	8	0.9	198	247	157	4	0.013	0.071	11.42	0.34
	멸치	118	73.4	17.7	5.4	3.2	0.3	496	0.3	202	-	-	38	0.04	0.26	8.8	1
	명태	74	80.3	17.5	0.7	1.5	0	109	1.5	202	293	132	17	0.04	0.13	2.3	tr
	삼치	104	76	20.1	2.9	2.05	0	5	0.1	211	387	39	-	0.08	0.06	-	0
	연어	98	75.8	20.6	1.9	1.5	0.2	24	1.1	243	330	95	18	0.19	0.15	7.5	1
패류	굴	80	80.3	9.7	2.2	2.58	5.27	428	8.72	159	322	480	-	0.22	0.124	-	-
	바지락	70	80.4	12.3	0.9	3.2	3.2	70	2.68	129	121	383	-	0.04	0.3	-	2
	백합	70	79.9	11.7	1.0	3.8	3.6	161	11.9	133	-	-	0	0.03	0.22	3.4	3
	전복	86	77.2	15	0.7	2	5.1	49	2.4	141	-	-	tr	0.26	0.25	3.5	2
	홍합	77	79.7	13.8	1.2	2.2	3.1	43	6.1	249	-	-	30	0.22	0.33	2.5	4
갑각류	꽃새우	106	67.5	22	2.0	7.9	0.6	48	6	261	-	-	0	0.02	0.06	4	0
	꽃게	71	80.6	16.2	0.7	2.08	0.43	127	0.74	137	216	419	-	0.04	0.12	-	0
	바닷가재	119	74.1	15.5	5.1	2.3	3.0	230	15.8	256	320	124	38	0.07	0.39	2.6	2
연체류	오징어	87	78.3	18.8	1.4	1.26	0.16	11	0.18	270	351	199	-	0.05	0.02	-	0
	낙지	54	82.3	13.0	0.4	2.19	-	26	1.48	166	237	479	-	0.03	0	-	-
	문어	68	81.5	15.5	0.8	2	0.2	31	1	189	300	211	tr	0.03	0.12	2.2	tr
	주꾸미	48	86.8	10.8	0.5	1.4	0.5	19	1.4	129	-	-	tr	0.03	0.18	1.6	tr
기타	해삼	23	91.8	3.7	0.4	2.8	1.3	119	2.1	27	70	1300	-	0.01	0.03	1.2	0
	성게	146	71.5	15.8	8.5	2.2	2	20	4	196	490	190	-	0.03	0.4	2.5	0
	멍게	80	80.9	7.3	2	2	7.8	89	1.7	84	-	-	-	0.05	0.2	1.1	2

*tr: 미량(trace)

농업진흥청 국립농업과학원(2016). 국가표준 식품성분표 제9 개정판.

(1) 어패류의 일반성분

① 탄수화물

어류의 탄수화물 함량은 1% 이하로 낮지만, 패류의 글리코겐 함량은 2~5% 정도로 높다. 굴, 전복, 대합, 패주 등이 단맛이 나는 것은 글리코겐이 효소작용에 의해 분해되어 포도당이 되기 때문이다. 글리코겐은 어패류의 포획 직후부터 분해되기 시작하므로 싱싱할수록 단맛이 강하다. 게, 새우와 같은 갑각류의 껍질에는 난소화성 다당류인 키틴과 키토산이 존재한다.

② 단백질

어류의 단백질 함량은 약 20%, 낙지와 오징어는 약 15%, 패류는 약 8%이며, 종류나 계절에 따른 변화는 크지 않다. 어패류의 단백질은 수조육류 단백질과 마찬가지로 필수 아미노산을 모두 함유하고 있으며, 리신(lysine)의 함량이 더 높기 때문에 곡류와 함께 섭취 시 단백질 상호보충 효과를 기대할 수 있다. 어류 단백질은 염용성이며, 이러한 성질을 이용해 어묵을 만들 수 있다. 어류 단백질은 수조육류와 마찬가지로 근원섬유 단백질인 액틴과 미오신, 결합조직 단백질인 콜라겐과 엘라스틴, 그리고 근장 단백질인 미오겐, 효소 등으로 구성되어 있다. 어류의 근섬유 단백질 함량은 65~75%로 수조육류 단백질에 비해 높으며, 결합조직 단백질은 1~3%로 적기 때문에 근육이 연하고 잘 부스러지는 특성을 가진다.

③ 지질

어류의 지질은 어종, 부위, 계절, 서식지 등에 따라 0.1~20%로 차이가 크며, 지질 함량과 수분 함량은 반비례한다. 지질은 고소한 맛을 가지고 있을 뿐만 아니라 가열하면 용해되고 근육에 스며들어 생선살을 부드럽게 해 주기 때문에 어류의 지질 함량이 높을수록 맛이 좋다. 어류의 지방 함량은 배 부위와 피하층에 특히 높으며 산란기가 가까워지면 에너지를 지방형태로 체내에 축적하므로 산란 직전에는 지방 함량이 높아 맛있지만, 산란 후에는 지방 함량은 급격히 감소하고, 수분 함량은 증가하므로 맛이 없어진다. 어류의 지질은 주로 중성지방이고 불포화지방산의 함량이 수조육류에 비해 높다. 특히 고도불포화지방산의 함량이 높기 때문에 산화되기 쉽다. 고등어, 삼치, 꽁치 등의 등푸른 생선에 많이 들어 있는 고도불포화지방산 중 오메가-3 지방산(DHA, EPA 등)은 혈중 중성지질을 개선시키고 혈행개선에 도움을 줄 수 있다.

④ 비타민과 무기질

지방 함량이 높은 어유와 간유에는 지용성 비타민 A와 D의 함량이 높지만, 비타민 C의 함량은 적다. 어패류의 무기질 함량은 1～2%이며 패류의 무기질 함량은 어류의 2배 정도이다. 소듐, 칼륨, 마그네슘, 인의 함량이 높은 편이다. 굴에는 철분과 아연, 요오드가 풍부하게 들어 있으며, 새우, 멸치, 뱅어포 등 뼈째 먹는 식품에는 칼슘이 많이 들어 있다.

(2) 어패류의 맛 성분

어패류를 물에 넣고 가열하면 저분자 펩타이드, 유리아미노산, 핵산분해물질, 저분자 질소화합물, 유기산 등 저분자량의 수용성 물질들이 용출되어 국물맛이 좋아진다. 이러한 맛 성분은 갑각류에 가장 많이 들어 있고, 연체류, 어류의 순으로 많이 들어 있다. 감칠맛을 내는 유리아미노산으로는 글루탐산, 글리신, 알라닌, 프롤린, 아르기닌, 히스티딘 등이 있고 비단백아미노산인 타우린이 있다. 핵산분해물질로는 IMP, 이노신산 등이 있다. 저분자 질소화합물 중 트리메틸아민옥시드(trimethylamine oxide : TMAO)와 베타인(betain)은 단맛을 내며 패류에 많이 들어 있는 유기산인 숙신산(succinic acid)은 구수한 맛을 낸다.

(3) 어패류의 냄새성분

어류의 비린내는 어종이나 선도에 따라 달라진다. 담수어의 비린 냄새는 리신(lysine)으로부터 생성된 피페리딘(piperidin)과 아세트알데히드(acetaldehyde)의

축합물에 의해 발생한다. 해수어는 선도가 떨어질수록 비린 냄새가 강해지는데, 냄새 성분은 주로 트리메틸아민옥시드가 세균에 의해 환원되어 생기는 트리메틸아민(trimethylamine: TMA)에 의한 것이며, 델타-아미노발레랄(δ-aminovaleral)과 델타-아미노발레르산(δ-aminovaleic acid)도 비린내 성분이다. 어류는 신선도가 크게 떨어지면 암모니아, 인돌(indole), 스케톨(sketole), 메틸메르캅탄(methyl-mercaptan), 히스타민(histamine), 황화수소 등이 생기면서 악취가 난다. 특히 홍어, 가오리, 상어 등은 체내에 다량의 요소(urea)를 가지고 있어서 선도가 떨어지면 요소가 효소에 의해 분해되어 암모니아를 생성하기 때문에 심한 암모니아취가 발생한다.

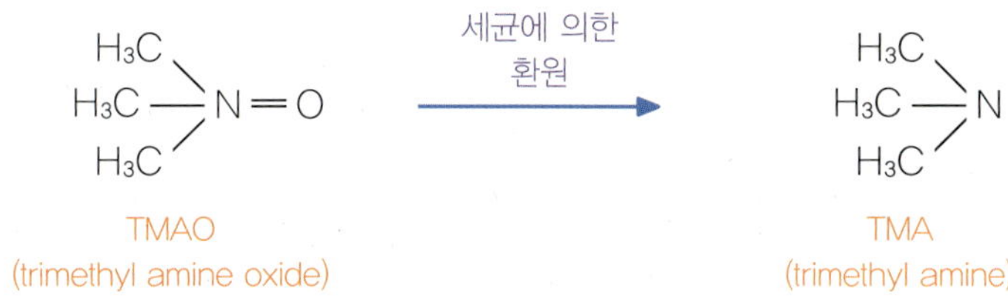

[그림 10-2] **생선 비린내의 생성과정**

이주희 외 7인(2017). 과학으로 풀어 쓴 식품과 조리원리. 교문사.

(4) 어패류의 색

어류의 색소에는 헤모글로빈, 미오글로빈, 시토크롬 등 수용성 색소와 지용성인 카로티노이드로 분류된다. 참치나 꽁치, 고등어의 붉은살 또는 등푸른생선의 혈합육은 미오글로빈과 헤모글로빈의 붉은색이다. 연어, 송어, 새우, 게 등의 붉은색은 카로티노이드 색소이며, 갈치의 껍질은 구아닌과 요산이 섞인 침전물이 빛을 반사하여 은색을 나타낸다. 새우나 게에 있는 붉은색 색소인 아스타잔틴(astaxanthin)은 신선한 상태에서는 단백질과 결합하여 회색 또는 청색으로 존재하지만, 가열 조리하면 색소와 단백질이 분리되어 색소가 노출되면서 산화가 발생해 적색의 아스타신(astacin)이 된다. 오징어의 먹물은 티로신(tyrosine)으로부터 합성된 멜라닌 색소이다.

3. 어패류의 사후경직과 자기소화

어패류의 사후 변화는 기본적으로 수조육류와 같다. 단지 어패류는 수조육류에 비해 몸집이 작고 체내 저장된 글리코겐의 양이 적기 때문에 사후경직의 개시시간이 빠르고 지속시간도 짧다.

어패류의 사후경직은 죽은 후 1~7시간 안에 시작되어 5~22시간 지속된다. 일반적으로 붉은살 생선이 흰살 생선에 비해 사후경직이 빨리 시작되며 지속시간도 짧다. 또한 운동량이 많은 회유성 어류는 사후경직이 빠르다. 사후경직이 끝나면 단백질 분해효소에 의해 자기소화가 일어나는데 수조육류에 비해 자기소화 과정이 빠르게 일어난다. 대형 어류를 제외하면 일반적으로 어패류는 자기소화가 일어나면 근육이 연해지고, 풍미가 저하되고 부패되기 쉬운 상태가 되므로 수조육류와는 달리 자기소화가 일어나기 전에 섭취하는 것이 바람직하다. 어패류를 잡은 즉시 동결처리하면 사후경직 개시시간을 연장하여 선도 유지기간을 늘릴 수 있다.

어패류의 자기소화가 끝나면 부패가 진행된다. 어패류는 자기소화 후 pH가 올라가 중성으로 되어 세균이 번식하기 좋은 환경이 된다. 어패류에서 단맛을 내는 트리메틸아민옥시드(TMAO)는 세균에 의해 트리메틸아민(TMA)으로 환원되어 비린내가 발생한다. 부패가 진행되면 세균, 효소 등의 미생물에 의해 지질의 산화, 암모니아의 발생 등이 일어나 비린내와 부패취가 생성되며, 아미노산인 히스타민이 유독성의 히스타민으로 변화하여 알레르기나 식중독을 일으키게 된다.

4. 어패류의 선도 판정법

어패류를 선택할 때에는 선도가 높은 것을 선택하는 것이 중요하다. 선도를 판별하는 방법으로는 관능적 판정법, 화학적 판정법, 미생물적 판정법 등이 있다.

1) 관능적 판정법

사람의 감각을 이용하여 어패류의 선도를 판정하는 방법이다.

〈표 10-3〉 관능적 평가에 의한 어류의 신선도 판정법

구분	내용
근육	· 사후경직 중의 어류는 탄력이 강하다. 살이 뼈에서 쉽게 떨어지지 않는다. · 선도가 저하되면 탄성이 떨어져 눌렀을 때 자국이 오래 남고 근육과 뼈가 쉽게 분리된다.
복부	· 탄력성이 있고, 팽팽하며, 내장이 나와 있지 않다.
피부	· 광택이 있으며 특유의 색채가 있다.
눈	· 안구가 외부로 돌출되어 있고 맑다.
아가미	· 선명한 적색을 띠며, 냄새가 나지 않는다. · 부패되면 갈색, 흑색이 되며, 부패취가 난다.
비늘	· 윤택이 나며 단단하게 붙어 있다. 선도가 저하되면 비늘이 군데군데 떨어진다.
냄새	· 어패류 특유의 독특한 냄새가 있다. · 선도가 떨어지면 비린내가 심해지고 부패취가 난다.

2) 화학적 판정법

어패류가 부패하면 암모니아, 인돌, 휘발성 유기산, 휘발성 환원물질, 히스타민 등이 생성되므로 그 양을 측정한다.

〈표 10-4〉 화학적 평가에 의한 어류의 신선도 판정법

구분	내용
pH	· 사후경직 이전의 신선한 어류의 pH는 7.0 전후이며, 사후경직 중에는 pH 5.4~5.6이다. · 자가소화를 거쳐 부패가 진행되면 pH가 점차 상승하는데, pH 6.0~6.2이면 초기부패, pH 6.2~6.5이면 부패로 본다.
휘발성 염기질소	· 어류가 부패하면 휘발성 염기질소의 양이 증가한다. · 상어를 제외한 어류는 30~40mg%를 부패의 시작으로 본다.
휘발성 암모니아	· 어류가 부패하면 휘발성 암모니아의 양이 증가한다. · 상어, 가오리, 홍어를 제외한 어류는 30mg%를 부패의 시작으로 본다.
트리메틸아민	· 어류의 선도가 떨어질수록 트리메틸아민의 양은 증가한다. · 질소로서 2~3mg%를 초기부패로, 4~6mg% 이상은 부패한 것으로 본다.

3) 미생물적 판정법

근육 내의 생균 수로 어류의 선도를 판정하는 방법이다. 검사 결과가 나오기까지는 수일이 걸리므로 실용성이 적다. 신선한 어패류는 근육 1g 내에 있는 세균 수가 10^3 이하이며, 10^7～10^8이면 초기 부패상태로 본다.

5. 어패류의 조리 특성

어패류는 수조육류에 비해 연하고, 습열조리하면 생선살이 부서지기 쉬우며 소금용액에 잘 용해되는 특성 등을 가지고 있다.

1) 비린내 제거

(1) 물로 씻기

비린내의 주성분인 트리메틸아민(TMA)과 암모니아는 수용성이라 물에 쉽게 용출되므로 물로 씻으면 어느 정도 비린내를 제거할 수 있다. 특히 체표면의 점액에 비린내 성분이 많이 들어 있으므로 씻을 때 점액을 잘 제거하도록 한다. 어패류를 토막 낸 후 씻으면 단면적으로 맛 성분이 빠져나가므로 토막을 내기 전에 씻는 것이 바람직하다.

(2) 산의 첨가

비린 냄새 성분인 트리메틸아민과 암모니아 등은 알칼리이므로 산과 결합하면 냄새가 감소된다. 따라서 식초나 레몬즙 등을 생선요리에 사용하면 비린내를 많이 감소시킬 수 있다.

(3) 향신성 채소 또는 조미료의 첨가

마늘, 파, 양파 등 황 함유 채소류는 맵고 냄새가 강하기 때문에 비린내를 감소시킬 수 있다.

고추의 매운맛 성분인 캡사이신(capsaicin)과 겨자의 겨자유(mustard oil, allylisothiocyanate), 고추냉이의 아릴이소티오시아네이트(allylisothiocyanate), 후추의 치비신(chavicine) 등은 미뢰를 둔하게 만들거나 마비시켜 비린맛을 감지하지 못하게 한다. 생강의 매운맛 성분인 진저론(zingeron)과 쇼가올(shogaol)은 미뢰의 감각을 마비시켜 맛을 못 느끼게 하기도 하고, 트리메틸아민과 결합하여 비린내가 나지 않는 다른 물질로 변화시켜 냄새를 감소시키기도 한다.

향신성 조미료는 일반적으로 생선을 익혀 단백질을 변화시킨 후에 넣는 것이 비린내 제거에 더 효과적이다.

(4) 알코올의 첨가

알코올은 조리 과정에서 휘발될 때 비린내 성분도 함께 휘발시키므로 어패류의 비린내를 감소시킨다. 우리나라와 일본에서는 정종이나 맛술을 생선 요리에 많이 사용하고 서양에서는 포도주를 많이 이용한다. 정종은 비린내 제거뿐 아니라 감칠맛을 내는 숙신산이 함유되어 있어 생선요리를 더 맛있게 만들어 준다.

(5) 단백질 용액 사용

① 간장, 된장의 첨가

생선을 간장에 담가 두면 묽은 염에 용해되는 단백질인 글로불린이 비린내와 함께 용출되어 비린내가 감소된다. 된장은 콜로이드 물질이므로 생선의 비린내를 흡착할 수 있다. 된장을 다른 조미료와 함께 첨가하면 된장이 다른 조미료가 생선으로 침투하는 것을 방해므로 나중에 따로 첨가하는 것이 바람직하다.

② 우유의 첨가

생선을 우유에 담가 두면 비린내가 약화되는데, 그 이유는 우유 단백질인 카세인(casein)이 비린내를 흡착하여 제거하기 때문이다.

2) 소금에 의한 변화

생선을 조리할 때 소금을 이용하면 생선의 맛을 좋게 할 뿐 아니라 단백질의 질감도 변하게 된다.

생선 구이를 할 때 소금을 1～3% 정도 뿌리면 탈수가 일어나는데, 이때 비린내 성분이 소금 중의 염소이온(Cl^-)과 결합하여 빠져 나오므로 비린내가 감소된다.

어류의 단백질은 염용액에 의해 용출된다. 물 또는 낮은 염용액(2% 이하)에서 어류 단백질 중 미오겐(myogen)이 용출되는데, 용출량이 적기 때문에 투명하고 점도가 낮은 용액을 형성한다. 소금의 농도가 2% 이상이 되면 단백질의 용출이 급격하게 증가되어 점도가 높아지는데 2～6%의 소금 농도에서는 미오신과 액틴이 주로 용출되어 액토미오신을 형성한다. 액토미오신 분자는 서로 엉겨 입체적 망상구조를 형성하여 겔(gel)이 되는데, 어묵은 이러한 성질을 이용하여 제조한 식품이다. 일반적으로 어묵은 생선살에 3% 정도의 소금을 넣고 갈아 겔을 만든 후 일정한 모양을 만들어 찌거나 기름에 튀긴 것이다. 소금농도가 15%까지는 단백질 용출량에 큰 변화가 없지만 15% 이상이 되면 단백질 표면의 수분이 소금으로 대치되어 단백질이 응고되고 용출량은 감소하며 액토미오신의 형성은 저해된다. 높은 농도의 소금으로 절였던 생선을 물에 담가 소금을 빼도 근육 조직이 원상태로 돌아가지 않는 것은 단백질의 변성에 의해 불용성이 되었기 때문이다.

3) 산에 의한 변화

생선에 식초를 넣으면 생선의 비린내가 감소되기도 하고, 신맛에 의해 식욕이 상승하기도 한다. 식초는 생선 단백질을 응고시켜 단단하게 하므로 생선회를 먹을 때 초간장이나 초고추장을 찍으면 근육이 단단해져 더 맛있게 즐길 수 있다. 또한 세균에 대한 살균효과도 기대할 수 있다.

4) 가열에 의한 변화

생선을 가열하면 단백질이 변성해 텍스처의 변화, 육즙의 용출, 색과 풍미의 변화 등이 일어나며, 위생적으로도 안전해진다.

(1) 결합조직 단백질의 변화

생선의 껍질과 근육섬유를 둘러싸고 있는 결합조직 단백질인 콜라겐은 불용성이지만, 물속에서 가열하면 변성되어 초기에는 수축하다가 계속 가열하면 수용성인 젤라틴으로 변하여 용출된다. 콜라겐이 갑자기 수축하는 온도를 열수축온도라고 하는데 어류의 열수축 온도는 포유동물보다 낮으며, 어류의 서식지에 따라 다르다. 수온이 높은 곳에서 사는 어류의 열수축 온도는 50~56℃이고, 낮은 곳에서 사는 어류는 38~40℃이다. 따라서 생선은 낮은 온도에서 습열조리해도 젤라틴이 용출되어 국물이 식으면 겔화된다.

(2) 근섬유 단백질과 근장 단백질의 변화

근섬유 단백질의 주성분인 액토미오신은 45℃에서 응고되며, 수용성의 근장 단백질인 미오겐은 50~60℃에서 응고된다. 어육은 가열하면 근섬유 단백질과 근장 단백질이 응고되어 생선살이 단단해지고, 근격막의 결합조직 단백질은 용해되어 결합력이 약해지므로 살이 쉽게 부서지게 된다. 특히 생선살의 단단한 정도는 근장 단백질의 함량에 영향을 받는다. 근장 단백질은 가열에 의해 두부상으로 응고되어 근섬유 사이에 채워져 접착을 강화시키므로 근장 단백질의 함량이 높은 붉은살 생선이 근장 단백질의 함량이 적은 흰살생선보다 가열 후 더 단단하다.

(3) 열응착성

어육을 가열할 때 냄비나 프라이팬의 금속 표면에 들러붙는 성질을 열응착성이라 한다. 열응착성은 50℃ 정도부터 시작되어 온도가 높아질수록 심해진다. 열응착성은 미오겐 단백질의 변성에 의해 생긴다. 미오겐은 펩타이드 사슬이 구부러진 구상 단백질이지만 가열에 의해 단백질이 변성되어 구부러진 펩타이드 사슬이 풀어지고 결합이 끊어져 분자표면에 노출된 활성기가 금속면에 닿아 금속과 반응을 일으켜 열응착성을 나타낸다. 열응착성을 방지하기 위해서는 냄비나 프라이팬의 금속 표면에 기름칠을 하거나 실리콘 등으로 코팅된 조리기구를 사용하면 된다.

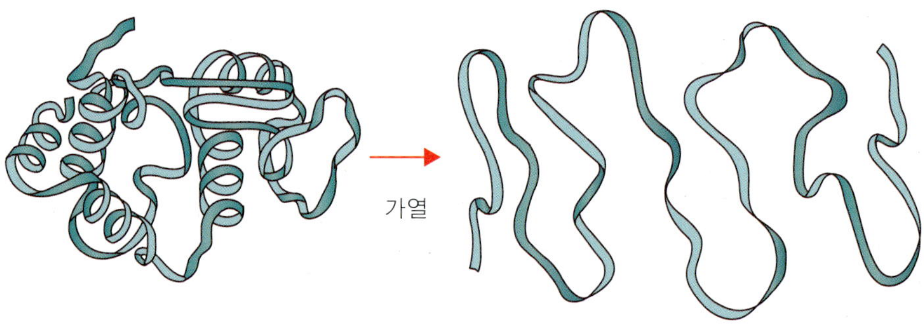

[그림 10-3] 열에 의한 구상 단백질의 변성

(4) 껍질의 수축

생선을 껍질째 조리하면 껍질이 수축되어 찢어지거나 살이 굽어진다. 이러한 현상은 껍질을 이루는 콜라겐이 열에 의해 수축하기 때문에 생긴다. 껍질의 수축온도는 37~58℃이며, 수온이 높은 곳에서 사는 생선의 수축온도가 더 높다. 오징어를 구우면 둥글게 말리는 것도 콜라겐 섬유의 수축 때문이다. 따라서 어패류를 보기 좋게 구우려면 미리 껍질에 칼집을 넣어 주어야 한다.

(5) 오징어의 가열에 의한 변화

오징어의 근육섬유는 횡문근과 비슷한 평활근 근육이 체축과 직각으로 나란히 존재하며 그 사이를 결합조직이 채우고 있다. 오징어의 바깥쪽 껍질은 4개의 층으로 이루어져 있는데 제1층은 표피층, 제2층은 색소층, 제3층은 다핵층, 제4층은 진피층으로 강인한 콜라겐 섬유로 이루어져 있다. 보통 오징어 껍질을 벗기면 제1층과 색소층인 제2층이 제거되므로 껍질을 벗긴 후 오징어를 조리하면 백색으로 익는다. 오징어 껍질의 제4층인 콜라겐 섬유는 몸통의 체축방향으로 존재하며 근육섬유와 직각으로 교차하여 근육을 고정시키고 있다.

오징어는 가열하면 껍질의 제3층과 4층이 강하게 수축되므로 체축 방향으로 동그랗게 말리며, 평활근 사이를 채우는 결합조직이 약화되므로 근섬유는 체축과 직각 방향으로 찢어지기 쉬워진다. 따라서 오징어는 칼집을 넣는 부위와 방향에 따라 가열에 의한 수축의 정도와 모양이 달라진다.

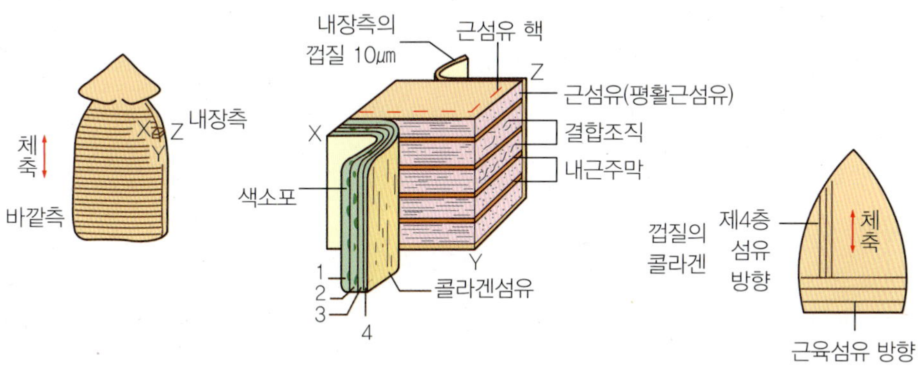

1. 제1층 표피 15μm 2. 제2층 색소층 250μm
3. 제3층 다핵층 60μm 4. 제4층 진피 40μm

[그림 10-4] **오징어의 근육구조**

김향숙 외(2014). 조리과학. 수학사.

6. 어패류의 조리

1) 생선회

생선회는 익히지 않고 먹는 음식이므로 특히 선도와 위생이 중요하다. 도미, 광어, 우럭 등의 흰살 생선과 고등어, 삼치 등 붉은살 생선 모두 회로 먹을 수 있지만 붉은살 생선은 지방 함량이 높아 산패되기 쉬우므로 흰살생선이 더 많이 이용된다. 흰살 생선은 붉은살 생선에 비해 결합조직이 많아 육질이 질기므로 회를 뜰 때 가늘고 얇게 썰어야 하며, 붉은살 생선은 두껍게 썬다.

2) 구이

구이는 지방 함량이 높은 생선에 더욱 적합하다. 생선을 구우면 비린내 성분이 수분과 함께 증발하고 지방이 용해되어 응고된 단백질과 잘 어우러지므로 생선의 맛이 더욱 고소해진다.

생선구이는 소금구이와 양념구이로 나눌 수 있다. 일반적으로 흰살 생선이나 신선한 생선은 비린내가 많이 나지 않으므로 소금구이를 하는 경우가 많고 지질 함량이 높은 붉은살 생선이나 비린내가 강한 생선은 간장이나 고추장 양념구이가 적합하다. 고추장 양념구이를 할 때는 고추장이 타기 쉬우므로 고추장을 제외한 양념으로 미리 생선을 익힌 후 고추장 양념을 낮은 온도에서 조금씩 발라가며 구워야 타지 않는다. 생선을 구울 때는 고온에서 생선의 표면 단백질을 빨리 익힌 후 중심까지 열이 전달되도록 해야 한다.

어패류를 구울 때 껍질쪽에 미리 칼집을 내면 모양이 뒤틀어지는 것을 방지할 수 있다.

3) 조림

생선 조림은 끓고 있는 조림액에 어패류를 넣어 끓이는 조리법이다. 양념국물이 끓기 시작할 때 생선을 넣고 조림을 해야 모양이 그대로 유지되고 양념이 골고루 배어들어 맛이 좋다. 지나치게 오래 끓이면 양념 속의 소금에 의해 삼투압 현상이 일어나 탈수가 일어나므로 생선살이 단단해지고 맛이 저하된다. 담수어는 해수어에 비해 비린내가 강하기 때문에 양념을 강하게 하여 비린내를 약화시키는 것이 좋으며, 붉은살 생선은 흰살 생선에 비해 어취가 강하므로 양념을 강하게 하는 것이 좋다. 흰살 생선은 맛이 담백하기 때문에 단시간 조리고, 붉은살 생선은 비린맛이 강하므로 비린내를 없애기 위해 청주나 조리용 술, 된장 등을 넣어서 조리는 것이 좋다.

4) 튀김

지방 함량이 높은 생선은 튀기는 동안 기름이 용출되어 튀김에서 좋지 않은 맛이 나기 쉬우므로 지방 함량이 적은 흰살 생선이 튀김요리에 적합하다.

어패류를 튀기는 방법에는 튀김옷을 입히지 않고 튀기는 방법과 튀김옷을 입혀서 튀기는 방법이 있다. 작은 생선을 튀김옷을 입히지 않고 튀길 때에는 기름이 튀는 것을 방지하기 위해 마른 밀가루나 녹말가루를 살짝 입혀 튀기면 뼈와 머리가 연해져 통째로 먹기 적합하다. 흰살 생선, 새우, 오징어 등은 튀김옷을 입혀서 튀기는 것이 적합한데 튀김옷을 입히면 재료의 수분 증발을 막고 재료 자체의 맛을 느낄 수 있는 장점이 있다. 튀김옷의 재료로는 밀가루, 전분, 빵가루, 달걀 등이 있다.

5) 젓갈과 액젓

젓갈과 액젓은 어패류를 소금에 절여 부패되지 않게 저장하는 식품이다.

젓갈은 숙성되는 동안 단백질이 가수분해되어 유리아미노산과 핵산 관련물질이 생성되어 감칠맛을 나타낸다. 젓갈은 반찬으로 이용되기도 하고 양념으로 사용되기도 한다. 젓갈은 어패류를 숙성 발효시켜 원료가 완전히 분해되지 않은 상태에서 식용하지만 액젓은 젓갈보다 더 오랫동안 숙성시켜서 어패류의 육질이 효소에 의해 충분히 가수분해된 후 여과장치로 걸러서 만든다. 액젓은 젓갈에 비해 맛과 향이 뛰어나 김치 등에서 조미료로 많이 이용된다.

Chapter 11

달걀의 조리원리

1. 달걀의 구조와 성분

1) 달걀의 구조

달걀은 단백질 공급원 중에 가장 쉽고 편하게 이용할 수 있으며, 양질의 아미노산으로 잘 조성된 완전 단백질식품으로 정의된다. 특히, 콜레스테롤을 조절해 주는 인지질과 비타민 A, 철분 함량이 풍부하다.

달걀의 구조는 외각부와 내각부로 구성되어 있다. 외각부는 껍질, 막, 기공의 세 부분으로, 내부는 흰자, 노른자막, 노른자의 세 부분으로 구성되어 있다. 모양은 타원형이나 한쪽은 뾰족하고 한쪽은 약간 넓적하다. 달걀은 난각 10~11%, 난백 55~60%, 난황 30~33%로 구성되어 있다. 달걀의 1인 1회 분량은 60g을 달걀 한 개의 평균 중량으로 하고, 100kcal의 열량을 함유한다.

(1) 난황

인지질인 레시틴(lecithin)과 세팔린(cephalin)을 많이 함유하고 있으며, 난황막에 싸여 알끈(chalaza)으로 연결되어 있다. 산란 후 시간 경과에 따라 알끈의 탄력이 감소되고 난황막이 약해져 터지기 쉽게 된다. 알끈의 단단한 정도는 신선한 달걀의 지표이다.

(2) 난백

배아가 외부로부터의 진동과 습도변화에 영향을 받지 않게 하고 미생물 오염으로부터 보호하는 역할을 한다. 시간 경과에 따라 난백의 점도는 묽어지게 된다.

(3) 난각

산란 직후의 달걀은 표면에 수란관으로부터 분비된 점액이 피복되어 있으며, 이것이 산란 수 분 후에는 건조되기 시작하여 부착되어 셀 큐티클(shell cuticle)을 형성한다. 신선란의 표면은 94% 이상이 탄산칼슘으로 구성되어 있으며, 까칠까칠한 느낌이 있는데 외피(cuticle)층으로 이루어져 시간이 흐름에 따라 매끈해진다. 이런 점을 신선란 감별에 이용하기도 한다. 그리고 난각이 얇은 연각란이나 난각이 울퉁불퉁하거나 찌그러진 난각 이상란 등의 경우에는 영양결핍이나 노산, 질병 등에 의한 경우가 많아 품질이 떨어지는 경우가 많다.

달걀의 색은 품질에 영향을 주지 않는 것으로 보고되고 있으며, 달걀의 양끝 중 넓은 부분에 기실(공기집)이 있고, 시간이 흐름에 따라 달걀 내 내용물의 증발로 인하여 면적이 커지게 된다.

난각의 오물 등에서 오염된 살모넬라균이 원인균으로 식중독 발생이 보고되고 있어 60℃에서 5분 이상 또는 70℃에서 1분 이상 가열로 살균한다.

(4) 난각막

난각 내부에 존재하는 두 겹의 막(shell membrane)으로, 신선한 달걀은 외부의 것은 겉껍질에 단단하게 부착되어 있으나, 저장하는 동안 수분과 이산화탄소의 증발로 내용물이 줄어들면서 외난각막과 내난각막의 사이가 벌어져 둔단부(넓은쪽)에 기실(air cell)이 생긴다. 난각막은 박테리아의 달걀 내부 침입을 막아 주고, 뮤신(mucin)과 케라틴(keratin)이 주성분이다.

2) 달걀의 주요성분

난황이 난백보다 수분 함량은 낮고 단백질과 지질 함량이 높아 에너지 함량이 높다. 또한 난황은 철의 좋은 급원이다. 달걀의 단백질은 완전단백질로 어떤 식품보다도 질이 높다.

(1) 수분

전란의 수분 함량은 76%이다. 난백은 88%로 난황 51%에 비해 높다.

(2) 단백질

달걀 1개는 단백가가 100인 완전 단백질을 7g 정도 함유하여 표준가로 이용된다. 메티오닌을 비롯한 필수아미노산과 시스틴과 같은 함황아미노산의 함량이 높다.

① 난백

난백의 단백질은 10%로 난백의 수분 함량 88%를 제외하면 난백의 주성분이다. 주요 단백질은 오브알부민(ovalbumin, 난백 알부민)이다. 라이소자임(lysozyme)은 용균작용을, 아비딘(avidin)은 비오틴의 흡수를 억제하고, 오보뮤신(ovomucin)은 난백의 기포를 안정화시키는 당단백질로, 오보뮤코이드(ovomucoid)는 트립신의 작용을 저해하는 당단백질로 분류된다〈표 11-1〉.

〈표 11-1〉 난백의 주요 단백질과 특성

종류	조성(%)	특성
오브알부민 (ovalbumin)	54~57	· 난백의 주요 단백질이며, 소화가 용이하고 조리 시 구조형성을 도움 · 64~67℃의 열에 쉽게 변성되며, 만노오스(mannose), 글루코사민(glucosamine)을 소량 함유하고 있는 당단백질임
콘알부민 (conalbumin)	12~18	· 철(Fe), 아연(Zn), 알루미늄(Al) 등 금속 이온과 강하게 결합하여 결정화 및 변색을 유발하는 수용성 당단백질임 · 열(55~60℃)에 쉽게 응고됨 · 난백의 단백질 중 열에 가장 불안정하여 변성이 쉽게 일어나 난백의 기포성을 약화시킴
오보뮤코이드 (ovomucoid)	11	· 당단백질로 만노오스(mannose), 글루코사민 등의 당을 함유하고 있음 · 열에 응고되지 않으며, 트립신 저해물질(trypsin inhibitor)임
오보글로불린 (ovoglobulin)	8.0~8.9	· 난백의 거품 형성에 기여하는 글로블린(G_1, G_2 및 G_3) 단백질 · 열(65℃)에 의해 응고됨 · 신선한 난백의 오보뮤신(ovomucin)과 기타 단백질과 결합하여 농후난백의 고점도 특수 망상구조 골격 형성에 기여함 · 특정한 세균을 용해시키는 용균작용이 있음

종류	조성(%)	특성
라이소자임 (lysozyme)	0.4	· 항균성을 지닌 열에 안정한 글로불린(G_1) 단백질로 달걀의 신선도 유지에 기여함 · 신선한 달걀의 난백에서는 라이소자임(lysoayme)이 오보뮤신(ovomucin)과 결합하여 된 난백의 고점도의 특수 망상구조를 형성하는 골격 구조에 기여함
오보뮤신 (ovomucin)	2.0~3.5	· 물에 대한 용해도가 아주 낮은 당단백질로서 난백에 물을 넣어 희석하면 쉽게 침전함 · 난백 기포의 안정화에 기여하며 내열성이 강하나 냉동 시 활성이 소실됨
아비딘 (avidin)	0.5~0.06	· 비타민 B 복합체의 일종인 비오틴(biotin)과 결합하여 비오틴을 불활성화 시킴 · 열에 쉽게 변성되므로 달걀을 85℃에서 5분간 가열하면 쉽게 변성됨

② 난황

레시틴, 세팔린 등의 인단백질은 유화작용을 하며, 단백질은 인단백질로 비텔린(vitellin), 비텔리닌(vitellinin)에 지질이 결합한 리포비텔린(lipovitellin), 리포비텔리닌(lipovitellinin)과 리베틴(livetin), 포스비틴(phosvitin)으로 구성되어 있다〈표 11-2〉.

〈표 11-2〉 난황 단백질의 구성성분

종류		조성(%)	특징
비텔린 (vitellin)	리포비텔린 (lipovitellin)	43~44%	인지질인 레시틴과 결합된 인단백질로 유화성을 나타냄
	리포비텔리닌 (lipovitellinin)	30~31%	
리베틴 (livetin)		10%	글로불린에 속하는 수용성 단백질로 95℃ 이상으로 가열 시 응고됨
포스비틴 (phosvitin)		14~15%	인단백질로서 약 10%의 인을 함유하고 철분 운반 기능을 함

(3) 지질

난백에는 지방이 거의 없어 열량은 49kcal로 낮다. 난황은 반 정도가 수분이고 나머지 반 중에 약 1/3이 단백질이며 2/3가 지질이다. 난황이 난백보다 지방과 단백질이 많고, 수분이 적어 열량이 높다. 지질은 중성지질 62.3%, 인지질 32.8%, 콜레스테롤 4.9%로 구성되어 있다. 지방산은 올레산이 약 50%로 가장 많고, 팔미트산 27%, 리놀레산 11%, 스테아르산 6%이다. 인지질은 레시틴과 세팔린으로 구성되어 있으며 인지질은 유화성이 매우 커서 유화제로 작용하고 수중유적형(O/W)의 유화액을 만든다.

(4) 무기질

난황은 철분의 좋은 급원이며, 칼슘도 들어 있다.

(5) 비타민

난황에는 비타민 A · B_1 · B_2 · D · E가 풍부하다. 난백에는 비타민 B_1 · B_2, 판토텐산이 있으며 비타민 B_2가 풍부하여 형광빛을 낸다. 그러나 비타민 C는 부족한 편이다.

(6) 색소

난황의 노란색은 루테인(lutein)과 제아잔틴(zeaxanthin) 색소로 노인성 황반변성 및 백내장에 도움이 된다.

2. 달걀의 품질

1) 신선란의 특징

달걀은 등급 판정법에 따라 분류된다〈표 11-3〉.

〈표 11-3〉 우리나라 축산물 등급에 의한 달걀의 등급 판정법

판정항목		품질기준			
		A급	B급	C급	D급
외관판정	난각	청결하며 상처 없고 모양과 조직에 이상 없음	난각의 조직에 약간의 이상 있음	달걀의 모양과 난각의 조직에 이상이 있음	현저하게 불량
투광판정	공기집	깊이 4mm 이내	깊이 8mm 이내	깊이 12mm 이내	깊이 12mm 이상
	난황	중심에 위치하며 윤곽이 흐리나 퍼져 보이지 않음	거의 중심에 위치하며 윤곽이 뚜렷하고 약간 퍼져 보임	중심에서 상당히 벗어나 있으며 현저하게 퍼져 보임	중심에서 상당히 벗어나 있으며 완전히 퍼져 보임
	난백	맑고 결착력이 강한 것	맑고 결착력이 약간 떨어진 것	맑고 결착력이 거의 없는 것	맑고 결착력이 전혀 없는 것
할란판정	난황	위로 솟음	약간 평평함	평평함	중심에서 완전히 벗어남
	농후난백	많은 양의 난백이 난황을 에워싸고 있음	소량의 난백이 난황 주위에 퍼져 있음	거의 보이지 않음	이취가 나거나 변색되어 있는 것
	수양난백	약간 나타남	많이 나타남	아주 많이 나타남	아주 많이 나타남
	이물질	크기가 3mm 미만	크기가 5mm 미만	크기가 7mm 미만	크기가 7mm 이상
	하우단위*	72 이상	60 이상~72 미만	40 이상~60 미만	40 미만

*하우단위(Haugh Unit: HU): Raymond Haugh에 의해 1937년 처음으로 제안된 달걀의 신선도 판정에 쓰이는 단위.

축산물품질평가원.

2) 달걀의 저장 중의 변화

구입 후 냉장고에 보관하며, 달걀의 둥근 부분이 위로 오게 저장한다. 달걀을 저장하면 미생물의 작용을 받지 않더라도 달걀 내부의 질이 변화된다.

(1) 외관상의 변화

① 된 난백의 묽은 난백화

달걀이 신선할 때는 난백과 난황의 탄력성과 점도가 높고 농후난백의 중앙에 난황이 위치하는 형태이기 때문에 무게 중심이 중앙에 있어서 잘 쏠리지 않아 계

란을 흔들어 봤을 때 신선한 달걀은 내부의 흔들림이 거의 없는 반면에, 신선도가 떨어지게 되면 점도가 약해지고 탄력성이 적어져 수양난백의 양이 많아지기 때문에 흔들리거나 소리가 들리게 된다.

② 난황계수의 감소

달걀을 저장하는 동안에 수분이 난황막을 통해 난백에서 난황으로 이동하여 난황계수는 저하된다. 난황으로 수분이 이동하면 난황막은 늘어나 약해지므로 깨뜨릴 때 터지기 쉽다. 달걀을 깨뜨렸을 때 난황이나 난백이 옆으로 퍼지지 않고 봉긋한 모양을 유지하고 있다면 신선한 계란인데, 난백(흰자)이 물처럼 퍼지는 경우는 신선도가 상당부분 떨어진 상태로, 난황도 쉽게 터질 수 있다. 단, 난황은 터졌지만 농후 난백이 두툼하게 올라온 경우라면 신선도는 좋은 것으로 간주한다.

③ 기실의 확대

산란 직후에는 공기집이 없던 것이 시일이 경과함에 따라 공기집이 점차 커지고 비중이 가벼워진다. 그 이유는 겉껍질에 있는 작은 구멍을 통하여 수분과 이산화탄소가 증발하기 때문이다.

④ 겉껍질

신선한 달걀은 난각이 두껍고 까칠까칠하며 광택이 없다.

(2) 화학적 변화

① pH

신선한 난백의 pH는 7.6이나 시일이 경과함에 따라 이산화탄소가 기공을 통하여 증발하여 20일 저장 시 pH 9.6이 된다. 난백의 pH가 알칼리로 기울어지면 된 난백이 묽어지고 색이 담황색을 띠게 된다. 신선한 난황의 pH는 6.0정도인데 시일이 경과하면 증가하여 pH 6.8 정도로 증가한 이후에는 오래 저장해도 크게 변화하지는 않는다고 보고된다.

② 성분

단백질이 분해하여 유리아미노산과 비단백질소의 함량이 증가한다. 또한 난황의 지질이 난백으로 이동하는데, 중성지질이 대부분이다. 비타민도 시일이 경과하면 서서히 감소한다.

3) 달걀의 신선도 판정법

(1) 껍질째 보았을 때의 평가

① 크기에 의한 분류

우리나라의 경우 달걀은 중량에 따라 분류하여 판매되고 있다. 중량에 따른 달걀의 분류는 특란(60g 이상), 대란(54~60g), 중란(47~54g), 소란(42~47g), 경란(42g 미만)으로 구분된다(축산물품질평가원, 2018).

② 외관 판정법

껍질의 광택의 정도, 달걀의 생김새, 균열의 유무 등에 의하여도 평가한다.

③ 투광 판정법

일명 '캔들링(candling)'이라고도 하는데, 어두운 방에서 강한 광선을 달걀의 뒤에서 비치고 달걀을 돌리면서 관찰하여 달걀의 공기집의 크기와 위치, 난백의 맑은 정도, 난황의 위치와 움직이는 정도, 껍질의 상태 등을 평가하여 A, B, C, D의 등급으로 판정한다.

④ 비중에 의한 방법

계란의 신선도를 알 수 있는 방법 중에 식염수를 이용하여 측정하는 방법을 부침법(浮沈法)이라 한다. 신선한 계란은 비중이 1.0784~1.0914인데 시간이 지날수록 매일 0.0017~0.0018씩 감소한다. 축산물품질평가원에 의하면, 11% 정도의 식염수에서 바로 가라앉으면 신선란(A급), 11% 식염수에서 떠오르고 10% 식염수에서 가라앉으면 약간 신선란(B급), 10% 식염수에 떠오르거나 8% 식염수에서 가라앉으면 부패경향이 있는 것으로, 8% 식염수에 떠오르는 것은 부패란으로 구분한다. 일반적으로 10% 정도의 식염수를 기준으로 가라앉으면 신선란으로, 중간쯤 떠오르면 오래된 계란, 물 위로 떠오르면 부패나 부패경향이 있는 달걀로 간주한다.

(2) 내용물에 의한 평가

달걀을 깨뜨려 난백과 난황의 상태를 평가하며, 할란판정법이라고도 한다.

① 난백 계수(albumen index)

달걀을 편평한 판 위에 깨뜨린 후 난백의 최대높이를 난백의 평균 지름으로 나눈 것이 난백 계수이다. 신선한 전란의 난백 계수는 0.14~0.17이고, 난백 계수가 클수록 신선하다. 달걀을 저장하면 난백 계수는 감소하게 되면서 0.1 이하로 떨어진다.

② 하우단위(Haugh Unit, HU)

난백의 높이(mm)를 H, 달걀의 무게(g)를 W로 했을 때의 수치를 말한다. 측정값은 100에서 20 사이의 수치를 나타내는데 수치가 높을수록 신선하다.

HU = 100 log(H + 7.57 - 1.7W0.37)
H: 농후난백 높이 (mm)
W: 달걀의 중량(gm)

③ 된 난백의 비

전 난백의 무게에 대한 된 난백의 무게의 백분율이다. 신선한 전란의 된 난백은 전 난백 무게의 약 60%이다.

④ 된 난백의 직경과 묽은 난백의 직경과의 비

두 가지 난백을 모두 두 번씩 직각 방향으로 측정하여 평균치를 낸다.

⑤ 난황계수(yolk index)

편평한 판 위에 달걀을 깨뜨렸을 때 난황의 최대높이를 난황의 지름으로 나눈 값을 말한다. 신선한 전란의 값은 0.36~0.44이고 난황계수가 특수록 신선한 달걀이다. 37℃에서 3일간, 25℃에서 8일간, 그리고 2℃에 100일간 경과했을 때의 난황계수는 0.3 이하가 된다. 난황계수가 0.25 이하인 것은 달걀을 깨뜨렸을 때 난황이 터지기 쉽다.

3. 달걀의 조리특성

달걀의 특성을 이용한 조리의 예는 〈표 11-4〉와 같다.

〈표 11-4〉 달걀의 특성을 이용한 조리의 예

기능성	용도	음식의 예
열 응고성	청정제	콩소메, 맑은 국물
	농후제	커스터드, 달걀찜, 푸딩
	결합제	전, 만두소, 크로켓
알칼리 응고성	응고제	피단
난백의 기포성	팽창제	스펀지케이크, 머랭, 마시멜로
난황의 유화성	유화제	마요네즈, 케이크 반죽
유동성	성형제	햄버거 패티, 오믈렛
색	고명	지단
탄력성	글루텐 형성을 도움	면류

1) 달걀의 열응고성

'응고'란 가열로 인하여 단백질의 분자 형태가 풀어져 소수성결합, 수소결합, 황결합 등이 일어나는 현상이다. 난백응고는 60℃에서 일어나기 시작하여, 65℃에서 완전히 응고된다. 난황은 65℃에서 응고가 시작되어 70℃가 되어야 완전히 응고한다. 속도는 온도가 높을수록 빨리 진행되나, 질겨진다. 설탕은 응고를 방해하며, 소금이나 우유는 응고를 촉진하고 질감을 단단하게 한다. 산을 첨가할 때도 응고성이 촉진되나, pH 4 이하이거나 강알칼리성에서는 응고가 방해받는다.

2) 난백의 기포성과 기포성에 영향을 미치는 요인

난백을 교반하면 기포가 생기는 특성으로 거품을 가진 흰자의 얇은 막이 공기와 접촉하여 굳어지는 성질을 이용하여 케이크 제조 시 팽창제로 이용된다.

난백의 기포성에 관여하는 단백질은 오보글로불린, 오보뮤신, 콘알부민이다. 오보글로불린은 점성이 높고 표면장력은 낮추어 주므로 기포 형성능력이 크다. 오보뮤신은 막을 형성하여 거품을 안정화시킨다. 오리알은 오보글로불린 함량이 낮아 거품이 형성되지 않는다. 콘알부민은 난백의 단백질 중 열에 가장 불안정하여 변성이 쉽게 일어나 난백의 기포성을 약화시킨다.

난백의 기포성을 이용한 음식을 조리할 때에는 기포 형성능력과 안정성이 중요하다. 난백의 기포 형성능력은 거품의 부피를 측정하여 알 수 있으며, 안정성은 거품에서 분리되는 액체량을 측정하여 나타내고 있다.

달걀의 기포성은 다음과 같은 요인의 영향을 받는다.

(1) 달걀의 신선도

- 묽은 난백: 점도가 낮아 기포 형성능력이 좋아 거품의 양은 많으나 안정성이 떨어진다.
- 된 난백: 점도가 높아 기포 형성능력은 좋지 않으나 안정성이 좋다.
- 라이소자임의 양: 많을수록 거품의 부피가 증가한다.
- 난백의 점도: 오보뮤신의 영향을 받으므로 난백을 희석하거나 오보뮤신을 제거하면 난백의 점도가 저하하여 거품의 안정성이 저하된다.

(2) pH

- 등전점: 난백의 기포성은 주요 단백질인 오브알부민의 등전점인 pH 4.8 근처에서 가장 크다. 이것은 등전점에서 난백의 점도가 낮아져 거품이 쉽게 일어나며 단백질이 거품의 표면막을 형성하기 쉬워지므로 비교적 안정한 기포막을 만들기 때문이다.
- 레몬즙이나 주석산염: 난백을 거품낼 때 가해 주면 난백의 pH가 저하되어 난백의 단백질의 등전점에 가까워지기 때문에 난백의 표면장력과 점도가 저하하여 기포성이 좋아지고, 단백질 분자가 표면막을 만들기 쉬워지므로 기포의 안정성이 좋아진다.

(3) 온도

- 난백의 온도가 높을수록: 쉽게 거품이 일고 질이 고우며 기포의 부피도 크

다. 온도가 높아지면 점도가 떨어지기 때문에 기포 형성능력은 증진되나 표면이 마르기 쉽고 안정성이 낮아 액체가 분리되기 쉽다. 온도가 낮으면 점도가 높아 거품을 일으키기 어려우나 안정되고 탄력 있는 거품이 형성된다.

- 난백의 온도가 30℃ 전후: 기포성이 좋으므로 냉장고에 보관했던 달걀은 실온에 놔둔 후에 거품을 내는 것이 좋다. 얼렸다 녹인 난백은 거품이 더 잘 인다. 건조시켜 가루로 만든 난백을 물에 섞어 다시 액체 난백으로 만든 것은 거품을 일으키는 데 시간이 오래 걸리지만, 일단 거품이 일면 안정성은 크다.

(4) 첨가물

- 설탕: 난백에 설탕을 첨가하면 기포 형성능력은 감소하지만 광택이 있는 안정된 거품으로 된다. 설탕은 난백의 점성을 증가시키고 단백질의 변성을 억제하는 작용이 있으므로 기포 형성능력을 감소시킨다. 그러나 형성된 거품의 표면에서 수분 증발을 감소시켜 기포막을 부드럽게 하는 동시에 기포를 미세하게 해 주므로 안정성이 높다. 설탕을 미리 첨가하면 거품 형성 시간은 2배 이상이 요구되므로 먼저 난백을 교반하여 거품을 형성시킨 후에 서서히 첨가해야 부드럽고 광택이 있으며 안정성도 높다.

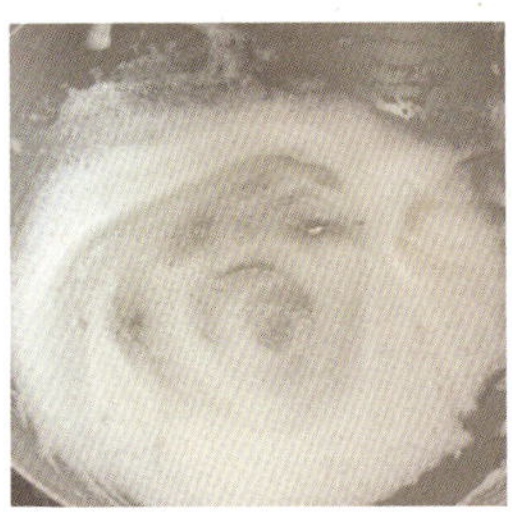

설탕 기포형성 후 첨가 시
기포성 안정도 증가됨

- 소금: 소금은 기포형성을 저해하고 안정성을 저하시킨다. 실제의 조리에서는 소금의 농도가 1% 미만으로 영향이 적다.
- 기름: 기름은 소량이라도 기포형성을 방해하고 안정성을 저하시킨다. 난백에서 난황을 분리할 때, 소량의 난황이 들어가면 기포성이 저하되는데 이는 난황 중의 지질에 의한 것이다.

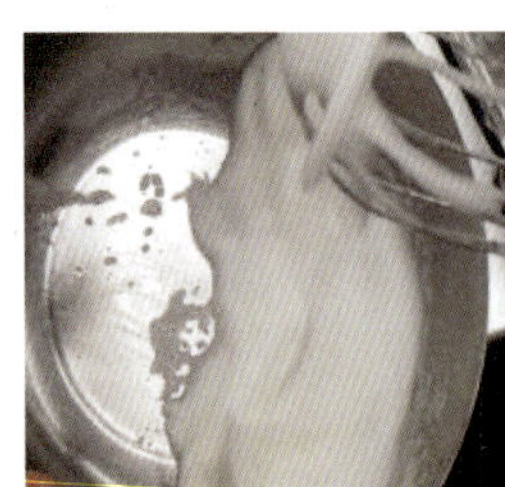

소금 첨가 시
기포성 안정도 감소됨

- 물: 물을 40% 첨가해 주면 거품의 부피는 증가하나 안정성은 저하된다.
- 우유: 기포 형성 시 첨가하면 저하된다.

(5) 거품기의 종류

난백단백질을 끓어 주어 거품을 일으키기 위해서 거품기가 사용되며 수동교반기와 전동교반기의 2종이 있다. 전동교반기는 수동교반기보다 교반력이 강하므로 더 거품이 잘 형성되고, 칼날의 두께가 얇을수록 기포형성이 커진다.

- 수동: 로터리 비터(rotary beater), 와이어 휩(wire whip)
- 전동: 전동교반기(electric egg beater)

3) 난황의 유화성

난황은 레시틴(lecithin)과 지단백질(lipoprotein)의 유화성으로 마요네즈와 같은 수중유적형의 유화액(에멀션, emulsion)을 만드는 데 사용된다. 마요네즈는 수중유적형(oil-in-water: O/W) 유화식품으로 기본 배합은 난황 1개(18g), 식초 1큰술(15g), 식용유 1컵(100g)으로 만들 수 있다. 그 외에 샐러드 드레싱, 크림퍼프, 케이크 반죽 등이 있으며 전란이 들어가는 케이크도 유화음식으로 간주할 수 있다.

4) 가열에 의한 난황의 변색

끓는 물에서 15분 이상 가열하면 난백에서 생성된 황화수소(H_2S)가 난황의 철분과 결합하여 황화 제1철(FeS)를 형성한다. 삶은 달걀의 난황 표면에 생긴 암록색은 황화 제1철에 기인된다. 가열하는 동안 형성된 황화수소의 양은 달걀의 pH가 높을수록 가열온도가 높을수록, 가열시간이 길수록 많이 생긴다. 오래된 달걀은 pH가 높으므로 녹변이 더 잘 일어난다. 달걀을 삶은 후 냉수에 담그면 녹변을 줄일 수 있다.

5) 조리음식

(1) 삶은 달걀

난황이 중심부에 있고 주변이 암녹색을 띠지 않도록 삶는 것이 중요하다. 달걀은 삶는 즉시 찬물에 담가 변색을 방지하는 것이 중요하다. 난황이 중심부에 있게 하려면 난백이 응고하는 80℃까지 달걀을 굴려 가며 가열한다. 껍데기가 터져 유출되는 현상을 방지하려면 온도의 급격한 변화를 막기 위하여 냉장고 온도에서 실온으로 잠시 놓아 두었다가 가열하고, 물에 1% 정도의 소금 또는 식초를 넣어 주면 껍데기에 금이 가도 내용물이 유출되는 것을 막을 수 있다. 완숙에 필요한 온도와 시간은 98~100℃에서 12분, 85~90℃에서 25~30분, 70℃에서 90분 정도이다. 전반적으로 반숙란은 끓기 시작하여 5분 정도, 완숙란은 10분 정도 가열하면 원하는 응고 상태로 조리할 수 있다.

완숙 상태 반숙 상태

- 소금: 수용액 중에서 이온화하여 반대 이온을 흡착하여 응고를 쉽게 해준다. 소금을 비롯한 염류는 달걀 응고물을 단단하게 해주며 염류의 원자가가 클수록 이 같은 경향은 커진다.
- 설탕: 단백질의 열 변성을 저해하므로 응고온도를 높여 주며, 이때 형성된 응고물은 연하고 기공이 적으며 매끄럽다. 설탕 농도가 높을수록 이같은 현상은 뚜렷하나 너무 높으면 응고가 잘 되지 않는다. 난백 100g에 설탕 90g을 가하면 응고온도는 10℃ 상승한다.
- 산: 첨가하면 낮은 온도에서 응고되는데, 오브알부민(ovalbumin)의 등전점

부근에 가깝게 만들어 주어 쉽게 응고하게 하며 단단해진다. 오브알부민의 열 응고온도는 등전점인 pH 4.8에서는 60℃ 전후인데, pH 4.39에서는 80℃, pH 4 이하에서는 잘 응고되지 않는다.

- 우유: 우유 속의 칼슘과 염류 역할로 응고를 촉진시킨다.

(2) 달걀찜 · 커스터드

달걀찜과 커스터드는 달걀의 열응고성을 이용한 대표적인 음식이다. 희석 정도, 첨가물의 종류와 양에 따라 응고온도, 응고시간, 조직감이 달라진다. 달걀찜에 소금만 넣은 경우에는 조직감이 단단해진다. 알찜, 커스터드푸딩은 찜기의 뚜껑을 비껴 놓거나 불을 약하게 해서 증기의 온도가 85~90℃ 이상으로 되지 않도록 주의해야 한다. 재료배합에 따라 응고온도는 다르나 중심온도는 74~80℃ 정도이다.

(3) 수란

수란은 알을 깨어 수란기에 담그거나 그대로 85℃ 정도의 뜨거운 물에 넣어 온도를 85℃로 유지시키면서 난백이 적당히 응고될 때까지 약 4~6분간 익힌 것이다. 물 500㎖당 식초 2tsp과 소금 1/2tsp을 가하면 난백의 응고를 돕는다. 신선한 달걀을 사용해야 하며 오래된 달걀은 묽은 난백이 많이 물에 분산되므로 수란에 적당하지 않다.

(4) 달걀 프라이

달걀 프라이(fried egg)는 기름 두른 팬에 신선한 달걀을 깨서 익힌 것으로 뒤집지 않고 한쪽만 익히는 서니사이드 업(sunny side up)과 뒤집는 오버(over)가 있으며, 익히는 정도에 따라 라이트(light), 미디움(medium), 하드(hard)가 있다. 기름의 온도는 120℃가 적당하다.

(5) 스크램블드 에그

스크램블드 에그(scrambled egg)는 난백과 난황 또는 전란을 우유나 크림과 같은 액체를 소량 섞어서 잘 혼합하여 철판에 부어 저어 주며 익힌다. 적당히 익힌 스크램블드 에그는 습기가 있고, 부드러우며 가벼운 질감을 지녀야 한다.

(6) 오믈렛

오믈렛(omelet)에는 플레인 오믈렛(plain omelet)과 포미 오믈렛(foamy omelet)의 두 종류가 있다.

① 플레인 오믈렛

달걀을 깨뜨려 난황과 난백을 잘 섞고 수분을 가한 후 소금, 후추로 조미한다. 이 혼합물을 기름을 넣은 철판에 붓고 달걀단백질이 응고할 때까지 익힌 다음 접어서 접시에 담는다.

② 포미 오믈렛

난백과 난황을 분리하여 각기 거품기를 사용하여 거품을 낸다. 일반적으로는 물이나 기타 액체는 난황을 거품 낼 때 가하게 된다. 거품이 잘 일은 난황은 거품 낸 난백에 폴딩동작으로 잘 섞어 준다. 프라이팬에 기름을 두르고 준비된 달걀을 부었을 때 곧 응고될 정도로 가열한 프라이팬에 달걀 혼합물을 붓고 노란 갈색이 될 때까지 조리한다. 플레인 오믈렛에 비해서 기포가 많아 스펀지상의 질감을 지닌다.

(7) 수플레와 퐁듀

- 수플레(souffle): 난백을 거품내고 난황과 부재료로 화이트소스, 치즈, 채소, 육류, 초콜릿 등을 사용하여 오븐에 구운 음식으로 매우 가볍고 포미오믈렛과 유사한 조직감을 가진다.

- 퐁뒤(fondue): 거품을 잘 낸 난백에 우유, 빵, 난황 및 치즈의 혼합물을 섞어서 만든다. 수플레와 유사하나 화이트소스 대신에 우유에 빵을 넣은 것을 사용한다. 수플레에 비해 단백질의 농축도가 약한 것이 특징이다.

(8) 머랭

머랭(meringue)은 거품 낸 난백에 설탕과 바닐라향을 혼합한 것으로 파이나 쿠키 위에 장식하여 오븐에 살짝 구워낸다.

(9) 달걀 음료

달걀에 물, 우유, 술 등을 넣어 섞은 후 다량의 당분과 유기산류나 색소, 향료 등을 첨가해서 만든다. 또 발효에 의해서 단백질을 분해하는 방법도 있다.

- 에그노그(eggnog): 미국의 대표적인 달걀 음료로 달걀, 우유, 럼주가 주재료이다. 달걀의 비린내를 막기 위해 중탕으로 살짝 데워 준다.
- 커피 에그노그(coffee eggnog): 커피를 첨가한 것으로 온도를 너무 올려 달걀 노른자가 익어 굳지 않도록 주의를 해야 한다.

(10) 가공

달걀은 신선한 상태로 유통되나, 다량 소비되는 경우에는 액란, 동결란, 건조란 등으로 1차 가공하여 마요네즈, 제과제빵 등의 원료로 이용되고, 피단, 훈제란 등으로도 가공된다.

① 액상란

액상전란(liquid egg)은 제과제빵 및 단체급식의 원료로, 액상 난백은 제과, 어묵, 소시지 및 음료제조용 원료로, 액상난황은 마요네즈, 제과, 면류, 이유식 등에 사용된다.

② 냉동란

냉동란(frozen egg)은 냉동전란, 냉동난황, 냉동난백이 있다. 냉동 전에는 반드시 살균처리한 후 신속하게 냉동(-30~-20℃)시킨다. 냉동 시 난백은 변화가 거의 없으나, 난황은 변성되어 점도가 증가하므로, 5~10%의 소금, 설탕, 글리세린 등을 첨가시켜 냉동한다. 냉동란은 제과제빵용으로 이용된다.

③ 분말란

분말란(dried egg powder)은 전란, 난백, 난황을 저온 살균하여 분무건조시킨 것이다. 분말란은 수분 함량이 5% 이하로 저장성이 좋고, 가벼워 운반 시 편리하나, 갈변현상과 산패취가 나고, 용해도, 응고성, 기포성이 저하되는 것이 단점이다. 건조 전에 당 제거 또는 산성화처리로 방지할 수 있다. 제과원료, 케이크믹스, 제면원료로 사용된다.

④ 훈제란

훈제란은(smoked egg)은 삶은 달걀의 난각을 제거하고 조미액에 담갔다가 훈연시킨 것이다. 특유의 향이 있고 저장성이 좋다.

⑤ 피단

피단(皮蛋)은 오리알을 껍질째로 찰흙, 소금, 왕겨, 석회를 혼합한 강한 알칼리 반죽 속에 파묻어 두고 두세 달 삭혀서 만드는 중국 전통의 가공법으로 만든 식품이며 달걀로도 만든다. 시간이 지나면 난백이 알칼리에 의해 응고되어 흑색의 반투명한 젤이 되고, 단백질의 분해로 생성된 암모니아와 지방의 분해물질 등에 의해 특유한 향이 난다. 난백은 갈색, 난황은 암녹색으로 중심부는 황색 또는 흑색으로 되면서 생긴 담황색 꽃무늬가 소나무꽃과 같다고 하여 쑹화(松花)라고도 한다.

Chapter 12

우유 및 유제품의 조리원리

1. 우유의 성분

우유는 수분 함량이 약 85~89%, 고형분 함량이 약 11~15%이다. 우유의 고형분은 탄수화물 4.0~4.9%, 지질 3.0~5.2%, 단백질 2.7~4.4%, 무기질 0.5~1.1% 그 외 미량 성분으로 구성되어 있다. 우유의 성분 조성은 젖소의 착유시간, 사육방법, 품종, 연령, 건강 상태, 비유기, 계절, 사료 등에 따라 차이가 있다.

1) 수분

우유의 수분 함량은 약 85~89%로 우유의 성분 중 가장 많은 부분을 차지한다. 우유 중의 수분은 다른 물질을 용해하거나 분산시키는 용매 역할을 한다.

2) 단백질

우유 단백질은 필수아미노산을 고르게 함유하고 있으며, 용해도 특성에 따라 카세인(casein)과 유청 단백질(whey protein)로 나누어진다. 우유 단백질의 76~86%가 카세인이며, 유청 단백질은 14~24% 정도이다.

① 카세인(casein)

> **미셀(micelle)**
>
> 여러 개의 분자들이 구형으로 뭉쳐진 형태

카세인은 우유의 주된 단백질로 분자 구조 내에 인산을 함유하여 인단백질로 분류된다. 우유 중의 카세인은 콜로이드상의 인산칼슘이 결합하여 카세인 미셀(casein micelle)이라고 부르는 콜로이드 입자로 분산되어 있다, 카세인은 pH 4.6에서 침전하는 성질이 있는데 이것은 카세인의 평균 등전점(average isoelectric point)이 pH 4.6이기 때문이다. 카세인은 산이나 레닌(renin), 염, 페놀화합물에 의해 응고되는 성질이 있어 치즈나 유단백 농축물 등의 제조 시 기본 재료로 사용된다. 또한 열에 안정하며 유화안정성, 젤 형성 등의 기능적 특성을 가지고 있어 조리와 가공에 많이 이용된다.

② 유청 단백질(whey protein, milk serum protein)

유청 단백질은 카세인을 제거한 유단백질로 산에 응고되지 않고 65℃ 이상의 열에 의해 침전되기 때문에 우유의 열 응고성 단백질이라고도 한다. 유청 단백질의 80%는 락트알부민(lactalbumin), 락토글로불린(lactoglobulin)이 있다. 락트알부민은 유장단백질 중 25% 정도를 차지하며 우유단백질 가운데 가장 좋은 아미노산 조성을 가지고 있고 60℃ 이상으로 가열하면 응고하여 침전한다. 락토글로불린은 85~90℃에서 가열하면 카세인과 복합체를 형성하고 가열에 의해 불안정하게 되어 침전한다. 유청 단백질은 식품에 첨가 시 촉감과 보수성 및 풍미를 증진시키는 기능을 한다.

3) 지방(milk fat)

우유의 지방은 우유 중 약 3.0~5.2% 함유되어 있으며, 작은 지방구의 형태로 수용액 속에 콜로이드입자로 분산되어 있다. 우유의 지방은 대부분 중성지방으로 구성 지방산은 탄소수가 4~10개인 저급 지방산이다. 융점이 30℃로 소화율은 좋으나 약간의 가수분해에 의해서도 유리지방산이 생성되어 뷰티르산(butyric acid) 특유의 불쾌한 냄새를 생성한다. 우유 지방은 중성지방 외에 미량의 인지질(phospholipid), 스테롤(sterol), 지용성 비타민과 불포화지방산인 리놀레산과 아라키돈산도 함유되어 있다. 우유는 지방 함량이 5% 이상인 것이 질이 좋으며, 저지방우유는 1.7%, 무지방우유는 0.1%의 지방을 함유하고 있다.

4) 탄수화물(milk sugar)

우유의 주된 탄수화물은 99%가 유당(lactose)이며, 그 외 미량의 글루코오스(glucose), 갈락토오스(galactose) 및 올리고당(oligosaccharide)이 들어 있다. 당류 중 감미도는 가장 낮고 용해도가 낮아 찬 온도에서 쉽게 침전하여 거친 질감을 나타내기 때문에 아이스크림과 같은 가공식품은 유당을 제거한 우유를 많이 사용한다.

유당은 인체에 에너지원으로 사용될 뿐만 아니라 우유 중의 칼슘, 마그네슘 등의 무기질 흡수를 도와주며 장내 유산균의 발육을 왕성하게 하여 유해균의 번식을 억제한다. 그러나 유당불내증의 경우는 유당분해효소(lactase)의 결핍으로 유당의 분해와 흡수가 충분히 이루어지지 않아 우유를 소화시키지 못하고 설사를 유발하게 된다. 유당은 이스트에 의해 분해되지 않고 150~160℃에서 리신(lysine) 등의 아미노기와 반응하여 갈변반응을 일으키므로 빵과 과자 표면의 색을 내는 역할을 한다.

> **락타아제(lactase)**
>
> 소장에서 생산. 유당을 갈락토오스와 글루코오스로 분해

5) 무기질과 비타민

우유는 0.5~1.1%의 무기질을 함유하고 있으며, 특히 우유 중 0.12% 정도를 차지하는 칼슘은 체내 흡수율이 높아 중요한 칼슘 함유식품 중 하나이다. 주요 무기질로 칼슘, 인, 마그네슘, 칼륨, 나트륨, 염소, 황 등이 들어 있다.

우유에는 거의 모든 종류의 비타민이 비교적 풍부하게 들어 있으나 비타민 C와 E는 거의 함유되어 있지 않다. 우유의 지용성 비타민은 지방구에 용해되어 있으며, 비타민 A의 좋은 급원이고, 비타민 D는 우유에 강화시켜 판매되고 있다. 수용성 비타민은 유청 단백질에 용해되어 있으며, 비타민 B_2가 풍부하나 우유에 자외선을 조사하면 형성되나 쉽게 파괴된다. 비타민 C는 분만 직후에는 상당량 함유되어 있으나 이마저도 살균처리를 하는 과정에서 함량이 많이 감소된다.

우유의 색은 우유에 분산되어 있는 인산칼슘과 카세인의 콜로이드입자가 광선에 반사되어 형성된 것으로, 우유의 색은 지방구와 카세인 입자의 크기와 함량에 영향을 받는다. 우유의 황색톤은 우유의 지방구에 있는 카로티노이드 색소 때문이며, 유청 단백질에는 비타민 B_2가 함유되어 있어 담황색을 나타낸다.

6) 색소성분

콜로이드 상태의 우유는 지방구가 서로 뭉치는 것을 방해하여 유화상태를 유지하게 되며, 우유의 유백색은 카제인과 인산칼슘이 콜로이드 용액으로 분산된 것이 광선에 반사되어 형성된 것이다. 우유 지방구에 있는 카로티노이드 색소가 황색을 띠며, 유청에는 비타민 B_2가 있어 황색과 형광색을 띠게 된다. 따라서 유지방이 제거된 무지방 우유는 유백색 및 연한 황색이 나지 않는다.

2. 우유의 가공

시판되는 우유는 생유를 살균 또는 멸균처리하여 상품화한 것이다. 착유된 원유를 균질화 및 살균과정을 거쳐서 시판을 하게 된다. 우유로 생산되는 제품은 크게 우유류와 유제품류로 나뉜다.

우유류는 시유(market milk)라고 하는데, 우유를 가열 · 살균하여 소비자가 위생상 안전하게 마실 수 있도록 적정 용량으로 포장한 것을 말한다. 그 외에 전지분유, 탈지분유, 연유, 발효유, 전유 등 각종 유제품이 가공되어 이용되고 있다, 살균법으로 저온 살균, 고온 단시간 살균, 초고온 살균, 적외선 살균, 초음파 살균법을 쓴다.

> **초유(初乳)**
>
> 젖소가 새끼를 출산하고 약 5일 정도 후에 나오는 우유로 단백질 함유량이 높아 상품으로 사용되지 못함. 어린 송아지의 면역력을 높이기 위해 면역글로불린이 많이 함유되어 있음

1) 원유검사

착유된 원유의 관능검사, 비중검사, 알코올검사, 산도검사 및 지방, 단백질, 유당, 회분 등의 성분검사, 항생 · 항균성검사, 이물검사, 체세포검사, 세균검사 등을 거쳐 합격된 것만을 가공 처리한다.

2) 균질처리(homogenization)

천연상태의 우유를 방치하면 비중이 가벼운 크림이 위로 떠올라 우유의 위쪽에 층을 형성하여 외관이 나빠지므로 이를 막기 위해 균질화(homogenization) 과정을 거쳐야 한다. 우유를 45~65℃에서 140~210kg/㎠의 압력으로 세공파이프를 통과시켜 우유의 지방구를 원래 직경의 약 1/6이 되도록 기계적으로 세분하는 공정을 균질화라고 한다. 균질 처리한 우유는 지방구 표면에 알부민이 흡착되어 지방구의 재결합을 방지하고, 지방층 분리가 일어나지 않아 점성이 높아지고 풍미도 증진되며, 소화 · 흡수율도 증진되나 지방구가 세분화되면서 표면적이 커져 산패되기 쉽다. 균질처리 전 살균과정을 거치면 산패를 억제할 수 있다.

3) 살균처리(sterilization)

우유는 영양성분이 골고루 함유되어 있고, 수분 함량이 높아 미생물이 번식하기 쉽다. 균질화 공정을 거친 우유는 미생물이 더욱 쉽게 작용할 수 있으므로 우유의 보존성을 증진시키고, 영양소 손실을 최소화하기 위해 살균 과정이 필요하다.

〈표 12-1〉 우유 살균방법

살균법	살균조건	특징
저온 살균법 (LTLT, low temperature long time sterilization)	63~65℃에서 30분 가열	비용이 적게 들고, 색, 풍미, 영양분 변화가 적으나 보존성 떨어짐
고온단시간 살균법 (HTST, high temperature short-time sterilization)	72~75℃에서 15~20초 가열	가장 보편적으로 사용되는 방법으로 세균오염이 적고, 많은 양 처리 가능
초고온 살균법 (UHTH, ultra high temperature heating sterilization)	130~135℃에서 2~5초 가열	우유 영양소 파괴와 화학적 변화를 최소화하면서 미생물을 살균하는 방법
고온멸균법(sterilization) *UHT sterilized and aseptically filled milk(국제낙농연맹 표기법)	초고온살균법과 유사한 조건으로 처리하는 방법	미생물을 거의 살균 후 무균진공포장 상온에서 7주 이상 보존 가능

4) 강화처리(fortification)

우유에 비타민이나 무기질, 부족한 영양소 등을 첨가하여 강화 처리한 것으로, 탈지우유나 저지방우유, 유아용 조제분유 등에 비타민 A와 D를 강화 처리한 것이다. 비타민류 강화우유, 미네랄 강화우유, 단백질 강화우유, 칼슘 강화우유 등이 있다.

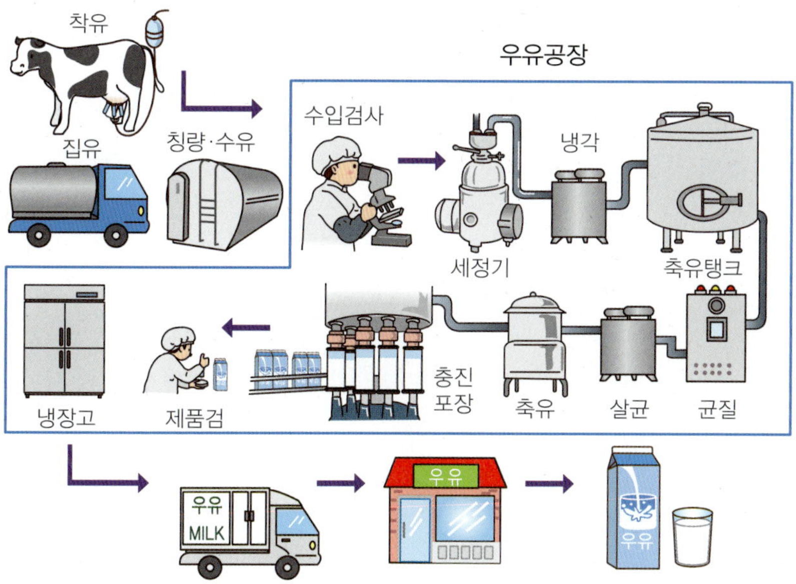

[그림 12-1] 우유의 가공

3. 우유의 조리

우유는 콜로이드 입자로 되어 있어 수프나 크림 등의 조리 시 특유의 매끄러움과 풍미를 주며, 흡착하는 성질로 인해 생선 비린내를 제거하는 효과가 있다. 우유 중의 칼슘은 단백질의 겔화를 용이하게 하여 겔 강도를 단단하게 함으로써 커스터드푸딩, 스크램블드 에그 조리가 용이하며, 카세인이 칼슘, 인산염으로 빛에 부딪쳐 반사되어 요리를 하얗게 보이게 함으로써 화이트소스, 크림소스와 같은 요리를 할 때 흰색을 내는 데 유리하다. 또한 우유 중의 아미노산과 당의 메일라드 반응(maillard reaction)에 의해 과자류에 우유를 사용하여 구워내면 바람직한 갈색 제품을 만들 수 있다.

1) 가열에 의한 변화

(1) 가열취 생성

우유를 74℃ 이상으로 가열하면 락토글로불린과 지방구의 막을 형성하고 있는 단백질의 열변성에 의해서 가열취가 생성되며, 더 이상의 온도로 가열하면 캐러멜 향이 나게 된다. 우유를 가열할 때에는 이중냄비를 쓰는 것이 좋으며, 가끔씩 저어 주는 것이 가열취를 예방하는 방법이다.

(2) 피막 형성

우유는 뚜껑을 덮지 않고 40℃ 이상으로 가열하면 유청 단백질, 염, 지방구가 서로 혼합되어 응고하면서 엷은 피막을 형성한다. 이러한 현상을 방지하기 위해서는 우유를 교반하면서 가열해야 하며, 60~65℃ 이상이 되면 일어나므로 우유를 끓일 경우에는 온도에 주의하고 가볍게 저어 주거나 완성된 것에 버터를 넣어 피막을 방지한다.

(3) 눌어붙는 현상

우유를 가열하면 불과 접촉하는 그릇 밑바닥에 단백질과 유당이 엉겨 눌어붙는데, 이는 유청 단백질인 락트알부민과 락토글로불린이 변성된 유청 단백질과 인산칼슘 등이 함께 가라앉은 것이다. 이것을 방지하기 위하여 이중냄비를 사용하고 가끔씩 고루 저어 가며 끓인다.

(4) 색의 변화

우유를 고온에서 가열하면 우유 속의 단백질과 유당에 의해 갈변이 일어난다. 아미노기와 락토오스와의 결합에 의해 갈색 물질이 생성되는 메일라드 반응(maillard reaction)이 일어난다. 이 반응을 아미노-카보닐반응(amino-carbonyl reaction)이라고도 하며 가열에 의해 수분은 증발되고, 농축된 락토오스의 캐러멜화가 일어난 것이다.

2) 산에 의한 변화

우유 단백질의 주성분인 카세인(casein)은 산의 첨가로 등전점인 pH 4.6 이하로 내려가면 수소이온과 결합하면서 침전하여 응고된다. 이러한 성질을 이용한 것이 치즈이다. 우유 조리 시 토마토, 레몬 등과 같은 산성 성질의 물질을 첨가할 때에는 산을 휘발시킨 후 넣으면 우유가 응고하여 혼탁해지는 것을 방지할 수 있다.

(+) 칼슘 포스포카세이네이트 (−) —수소이온(H^+)→ (중성) 카세인 + Ca^{2+} (+)

↓

카세인 응고

[그림 12-2] 우유의 산에 의한 변화

3) 효소에 의한 변화

포유동물의 위 점막에 존재하는 응유효소인 레닌(renin)은 우유를 응고시켜 소화효소의 작용을 받기 쉽게 한다. 레닌에 의해 κ-카세인이 분해되면 카세인은 칼슘과 결합하여 침전된다. 레닌에 의해 응고한 카세인은 칼슘이 유청에서 분리되지 않아 산으로 만든 치즈보다 칼슘 함량이 높다. 레닌의 최적 작용온도는 40~42℃로 15℃ 이하에서는 응고되지 않고, 60℃ 이상에서는 불활성화된다.

κ-카세인 (친수성) —레닌(펩타이드 결합 분해)→ para-κ-카세인 (소수성) + 글리코펩타이드

↓

카세인 응고

[그림 12-3] 우유의 효소에 의한 변화

4) 동결에 의한 변화

우유를 동결하였다가 해동하면 침전이 생기는데, 그 성분은 Ca^-카세인으로 동결기간 중 높은 염류농도에 의해 염석된 것이다.

우유를 동결시키면 지방구막이 파괴되어 유화 상태가 불안정하게 되므로 지방괴가 부상하는데, 이것은 균질과 급속동결을 통해 약간 방지할 수 있다.

동결과정 중 미동결 부분에 용해되어 있던 유당은 Ca^-염과 일부분 결합하여 있다가 유당이 결정화되면 Ca^-염이 분리되어 단백질에 작용해 침전하게 된다.

5) 기타에 의한 변화

알코올의 탈수작용에 의해 카세인 마이셀이 Ca^{++}, Mg^{++}의 존재하에서 응집을 일으킨다. 차와 커피에 함유된 폴리페놀(polyphenol) 물질인 탄닌(tannin)은 카세인을 응고시키므로 페놀화합물이 우유와 혼합되면 우유단백질이 탈수되어 응고가 일어난다. 또한 우유는 소금과 같은 염에 의해 응고된다. 소금은 카세인이나 알부민을 응고시키며, 고온에서 촉진된다. 햄에는 소금이 들어 있어 우유와 같이 가열하면 응고된다.

4. 우유 및 유제품의 종류

1) 액상우유(살균 시유)

살균 시유(pasteurization milk)는 생유를 각종 살균 처리 과정을 통해 살균한 후 포장용기에 담은 것으로 대부분의 유해미생물은 사멸되지만 상당량 미생물이 남아 있게 되어 0~50℃에서 5일 이내에 소비할 것을 권장하고 있다. 시판우유의 성분은 15℃에서 유지방 3.0% 이상, 무지고형분 8.0% 이상, 세균수 1㎖ 당 4만 마리 이하, 대장균 1㎖당 10마리 이하, 산도는 젖산으로 0.18 이하 및 포스파테이즈 시험(phosphatase test)에서 음성, 비중 1.028~1.034 등으로 규정하고 있다.

〈표 12-2〉 액상우유의 종류

구분	특징
일반 백색시유	지질 함량이 3.0% 이상
저지방우유	비만과 성인병 예방을 위해 지질 함량을 0.5~2.0%로 낮춘 우유
강화우유	비타민 A, 비타민 D, 칼슘 등을 강화시킨 우유
유당분해우유	유당불내증 환자를 위한 우유
환원우유	전지분유, 탈지분유를 물에 용해시켜 버터나 크림 등을 첨가하고 색소, 향료 등을 균질화 및 살균 처리하여 만든 것으로 딸기맛 우유, 바나나맛 우유, 커피맛 우유, 과일우유 등이 있음

2) 분유(milk powder)

우유 중 약 88%를 차지하는 수분을 제거하여 가루 형태로 만든 것으로 용적이 작아지고 저장성이 높아서 저장과 수송이 편리하게 된다. 대부분 분무건조법으로 생산된다.

분무건조(spray drying)

식품 등 어떤 재료의 액체를 열풍 속에 분무시켜, 1mm 이하의 미세한 물방울 상태로 기류에 동반시키면서 분말 상태의 제품을 얻는 건조 방법

(1) 전지분유(whole milk powder)

살균 처리한 전지유를 농축한 후 분무 건조시킨 분말우유로 저장 중 산패취 및 분해취의 생성 및 용해도 감소 등으로 오랜 기간 저장할 수 없는 문제점이 있다.

(2) 탈지분유(skim milk powder)

탈지유를 분무 건조시킨 분말우유로 저장기간이 길고 다양한 유가공품의 원료로 쓰이는 등 활용범위가 넓다.

(3) 가당분유(sweetened milk powder)

원유에 설탕, 과당, 포도당 등의 당류를 가하여 분말화한 것이다.

(4) 조제분유(modified milk powder)

유아의 성장에 필요한 요구조건에 맞추어 영양소를 첨가하여 모유와 비슷하게 만든 분말우유이다.

(5) 혼합분유(mixed milk powder)

원유, 전지분유, 탈지유 또는 탈지분유 50% 이상을 함유하고, 여기에 곡분, 곡류가공품, 코코아가공품, 유청, 유청분말 등의 식품 또는 식품첨가물을 가하여 제조 · 가공한 분말상의 것이다.

3) 농축우유(연유, condensed milk)

원유를 농축기에 넣고 70~80℃에서 감압 농축시킨 것으로 고형성분 함량이 높아 소화가 잘되고 맛이 고소하며, 실온에서도 장기간 보존이 가능하여 칼슘과 인의 좋은 공급원이 된다.

(1) 무당연유(evaporated milk)

원유 또는 저지방우유를 50~55℃의 진공 상태에서 우유의 수분을 60% 정도 증발시켜 농축시킨 것으로 고열압축에 의해 카세인이 미세한 커드로 되어 있고, 지방이 적은 입자로 되어 지방분해효소와 접촉이 쉬워져 생우유에 비해 소화하기가 쉽다. 커피크림, 유아용, 제과용으로 사용한다.

(2) 가당연유(sweetened condensed milk)

원유 또는 탈지유에 15% 정도의 설탕을 첨가하여 원액용액의 1/3 정도 되게 농축시킨 것으로 최종 당 함량은 42% 가량으로 저장성이 높으나 단맛이 강해 유아용으로는 부적당하며, 단백질, 지방, 비타민 C 등이 부족되기 쉽다. 온도가 높은 곳에 두거나 또는 오랫동안 저장하면 메일라드 반응(maillard reaction)에 의한 갈변현상이 일어난다. 제과, 아이스크림의 원료로 사용한다.

4) 크림(cream)

우유를 오래도록 방치하거나 원심분리 시 생기는 지방이 많은 부분으로, 유지방이 18% 이상인 것을 말한다. 소스, 수프, 푸딩, 아이스크림, 커피, 홍차 등에 사용한다. 아이스크림용은 지방이 많으면 교반 시 버터가 되기 쉬워 지방이 18~25%의 묽은 것을 사용하며, 휘핑용으로는 지방이 40% 정도인 것을 사용하고, 음료용 커피크림은 지방이 20~30%의 것을 사용한다.

〈표 12-3〉 크림의 종류

구분	유지방 함량	특징
생크림 (fresh cream)	30% 이상	우유에서 분리한 지방분을 살균·냉각한 것
커피크림 (coffee cream)	20~30%	커피 첨가용으로 테이블크림, 라이트크림이라고도 함
포말크림 (formal cream)	30~36%	생과자 장식용이나 디저트용으로 사용
휘핑크림 (whipping cream)	40~45%	과자 제조 또는 조리용으로 사용
발효크림 (sour cream)	18% 이상	젖산균으로 발효하여 산도가 약 0.6%인 크림 요리의 풍미를 증진시키거나 장식에 사용
플라스틱크림 (plastic cream)	79~83%	상온에서 고체 상태이며 주로 아이스크림의 원료나 연속 버터 제조 시 원료로 사용

5) 버터(butter)

우유에서 분리된 크림을 천천히 교반시켜 지방구의 막을 파괴하여 유지방을 분리시키는데, 이 유지방만 모아 압착시킨 후 남아 있는 수분을 분산시켜 유화상태로 만든 것이 버터이다. 유지방이 80% 이상, 수분 16% 내외, 무지고형분 1%, 무기질 2%, 소금 1.5% 정도를 함유하며, 특히 비타민 A가 많다.

크림의 발효 여부에 따라 발효버터(fermented butter)와 비발효버터(unfermented butter)로 분류되며, 발효버터는 젖산균(*lactic acid bacteria*)을 이용하여 발효시킨 것으로 풍미가 좋고, 비발효버터는 향기가 적은 대신 담백하여 보존하기에 좋다.

소금 첨가 유무에 따라 1.5~2.0%의 식염을 첨가한 가염버터(salted butter)와 가공 과정 중 소금이 첨가되지 않은 무염버터(unsalted butter)가 있다. 가정용은 모두 가염버터이며, 무염버터는 보존성이 짧고 식탁용으로는 맛이 부족하여 제과원료나 조리용으로 많이 이용된다.

버터의 색은 카로틴에 의한 것이며, 그 함량은 소의 품종이나 사료의 종류에 따라 많은 차이가 있다.

6) 발효유(fermented milk)

우유 또는 탈지유에 젖산균이나 효모를 배양, 젖당을 발효시켜 젖산이 약 0.3% 가량 함유되도록 제조한 음료이다. 발효유에는 젖산만을 발효시킨 젖산 발효유(lactic acid fermented milk)와 젖산 발효는 물론 알코올까지 발효시킨 알코올 발효유(alcoholic fermented milk)로 나뉜다. 젖산 발효유에는 요구르트, 버터밀크가 있다. 생성된 젖산은 제품의 보존성을 증진시키고 신맛과 청량감을 주며 해로운 미생물을 억제하고 단백질, 지방, 무기질의 이용을 증진시켜 소화액 분비를 촉진시키는 역할을 한다.

(1) 요구르트(yogurt)

원료유로는 탈지유가 주로 사용되며, 유고형분이 15% 정도 되도록 1/2로 농축시킨 탈지유에 8% 정도의 설탕을 넣고 살균한 후 젖산균을 첨가하여 42~46℃에서 4~5시간 발효시킨 것이다. 액상과 호상의 두 가지 형태로 제조된다.

(2) 버터밀크(butter milk)

원료유로는 저지방유나 탈지유가 주로 사용되고 젖산균을 첨가하여 20~22℃, pH 4.6 정도가 될 때까지 발효시킨 것이다.

7) 치즈(cheese)

치즈는 우유에 유산균을 첨가하여 발효시킨 후 레닛이나 단백질 분해효소를 작용시킨 것과 카세인의 등전점을 이용하여 산을 첨가하여 카세인을 응고시켜 만들어진 반고형물질인 커드(curd)에 세균이나 곰팡이 등을 작용시켜 숙성시킨 것이다. 치즈는 제조공정과 이용된 미생물의 종류에 따라 800여 종이 존재한다. 소, 염소, 양 등 원료유의 종류, 수분 함량, 숙성에 이용되는 미생물의 종류에 따라 매우 다양하다.

치즈는 수분 함량에 의해 연질치즈와 경질치즈로 나뉘며, 숙성하는 것과 숙성하지 않는 것으로 분류한다. 숙성하는 것은 숙성에 이용되는 세균, 곰팡이에 의해 구분된다. 숙성 여부에 의해 자연 치즈와 가공 치즈로 나뉘는데, 가공 치즈는 두 가지 이상의 자연 치즈를 분쇄, 가열, 용해, 유화한 것으로 영양가와 저장성을 높인 것이다.

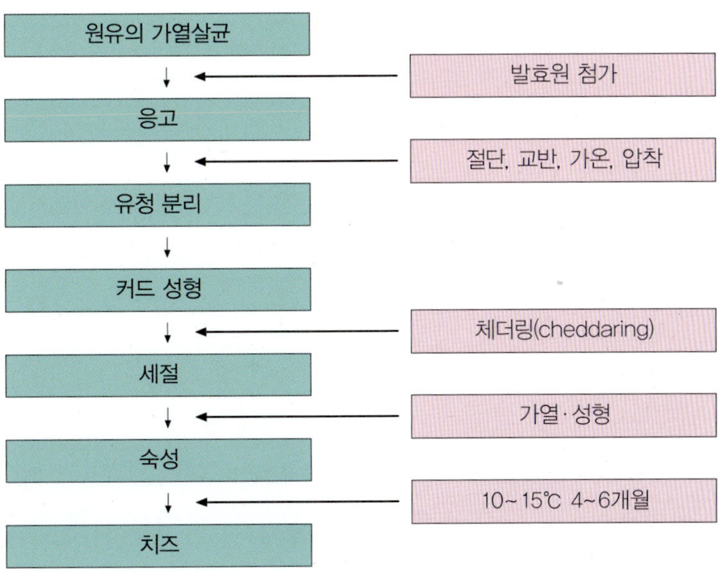

[그림 12-4] 치즈의 제조과정

(1) 자연치즈(nature cheese)

우유를 응고시키는 방법, 자르는 방법, 배양의 형태, 숙성상태에 따라 다양하다.

① 초경질치즈(very hard cheese)

수분 함량이 13~34% 정도이며, 독특한 향과 맛을 주기 위해 1년 이상 숙성시켜 만든 것으로 매우 딱딱하여 가루로 만들어 수프나 스파게티 등에 뿌려 사용하며 상온에서 장기간 저장이 가능하다. 파르메산(parmesan)치즈와 로마노(romano)치즈가 있다.

② 경질치즈(hard cheese)

수분 함량이 34~45% 정도이며, 최소 5~6개월 숙성시켜 만든 것으로 젖산균으로 숙성시킨 체다(cheddar)치즈와 고다(gouda)치즈는 가스 구멍이 없으나 프로피온산균으로 숙성시킨 에멘탈(emmental)치즈는 가스 구멍이 있는 것이 특징이다.

③ 반경질치즈(semi-hard cheese)

수분 함량이 45~55% 정도로, 젖산균으로 숙성시킨 브릭(brick), 림버거(limburger)가 있고, 푸른곰팡이로 숙성시킨 고르곤졸라(gorgonzola)와 블루(blue)가 있으며, 2개월에서 2년간 숙성시킨다. 샌드위치, 소스, 스낵 등에 이용된다.

④ 연질치즈(soft cheese)

수분 함량이 55~80% 정도이며, 숙성 연질치즈는 특유의 향미가 있으며, 브리(brie)치즈, 카망베르(camembert)치즈 등이 속한다. 비숙성 연질치즈인 코타지(cottage)나 크림(cream)치즈는 샐러드, 샌드위치, 치즈케이크 등에 이용되며, 모차렐라(mozzarella)치즈는 피자나 라자냐 등에 이용된다.

(2) 가공치즈(process cheese)

한 종류 이상의 자연치즈와 이에 양파 등 다른 식품, 유화제 등 식품첨가물을 가하여 유화시킨 다음 살균하여 저장성을 높인 것이다. 최대 수분 함량은 40%이며 탈지유로 만들어서 지질 함량이 낮고 콜레스테롤 함량도 낮다. 밀도가 치밀하면서도 조직이 부드럽고 부서지지 않고 잘 썰어지며, 가열 시 형태 변화 없이 부드럽게 녹아 용도에 따라 물리적 성질을 조정할 수 있고, 여러 가지 제품을 다양한 모양으로 만들 수 있다.

8) 아이스크림(ice cream)

우유 및 유제품에 설탕, 달걀, 안정제(젤라틴 등), 향료, 색소, 유화제 등을 넣고 혼합하여 균질화, 살균, 냉각, 숙성하고 휘저어서 공기를 함유시키고, 동결하여 만든 빙과류이다. 안정제는 겔 형성 및 균질성을 주며 조직을 부드럽게 해 준다. 좋은 질의 아이스크림은 약 10%의 우유지방이 함유되어 있으며 무지유 고형분을 15% 이상 함유하고 있는 것이다.

Chapter 13

해조류 및 버섯류의 조리원리

인류는 오래 전부터 자연과 함께 공존하면서 해조류와 버섯(fungi & mushroom)류를 식용으로 해 오고 있다. 해조류는 중국, 한국, 일본 등의 나라에서 널리 이용되고 있는 반면 버섯류는 동양뿐아니라 유럽에서도 애용하고 있다. 우리나라는 삼면이 바다에 접해 있어 해산물의 이용도가 높으며 조선시대에 버섯류로 복령, 영지, 동충하초, 저령, 송라, 표고버섯, 목이, 석이, 송이, 곰보버섯 등을 사용하였다는 기록이 있다. 해조류뿐 아니라 버섯도 많은 종류를 식용으로 하고 있고 비타민, 무기질 등이 풍부하고 독특한 맛과 향기가 있어 기호식품으로 많이 이용된다. 특히 해조류 중 미역은 우리나라의 식생활에 깊이 자리 잡고 있는 식품으로 출산 후 산부의 일용식으로 또 생일축하 식품으로 많이 이용되고 있다. 해조류 및 버섯류는 영양특성, 기호특성, 생리적 기능성을 모두 갖춘 건강식품으로 요사이 건강식품에 대한 이해와 함께 이에 대한 관심이 더욱 커지고 있다(김희섭 외, 2012).

1. 해조류 및 버섯류의 종류와 특성

1) 해조류의 종류와 특성

우리나라 연안에 서식하고 있는 해조류의 종류는 400여 종이 되나 식용으로 할 수 있는 것은 50여 종류이고, 그중 갈조류에 속하는 미역 · 다시마 · 톳 등과 녹조류에 속하는 파래 · 청각, 홍조류에 속하는 김 · 우뭇가사리 등이 주로 이용되고 있다. 해조류는 소화율은 낮으나 무기질인 칼슘, 철, 요오드 등과 비타민 A가 다량 함유되어 있어 무기질 급원 식품으로서의 가치가 크다(한국대학 식품영양관련학과 교수협의회, 2002).

(1) 김

김(purple laver)은 미역과 함께 한국에서 재배되고 있으며 한국, 일본, 중국의 전통 식품에 풍부하게 이용되고 있는 해조류이다. 질이 좋은 김은 검은 빛을 띠고 윤기가 나며 구우면 파랗게 변하면서 독특한 방향을 낸다. 김은 겨울에 생산되는 것이 가장 품질이 좋다.

(2) 한천

한천(agar)은 우뭇가사리 등의 홍조류의 즙액을 냉각시켜 응고 동결시킨 다음 건조시킨 것이다. 주성분은 다당류의 일종인 갈락탄(galactan)으로 인체 내 소화관에서 소화되지 않아 영양가는 별로 없으나 장의 연동운동을 도와 변비를 방지하는 효과가 있다.

(3) 미역

미역에 함유되어 있는 당질은 만니톨(mannitol)이나 알긴(algine) 등이고 이것을 구성하고 있는 갈락탄은 조리해도 거의 소화되지 않는다.

(4) 다시마

다시마(tangle)는 구성성분의 반 이상이 펜토산(pentosan), 만난(mannan) 등의 당질로 구성되어 있고 양질의 단백질과 프로비타민 A(provitamin A), 비타민 B_2를 함유하고 있다. 글루탐산(glutamic acid)은 다시마의 주된 맛난 맛 성분이다. 많은 양의 요오드를 함유하고 있어 요오드(I)의 주요한 급원이다.

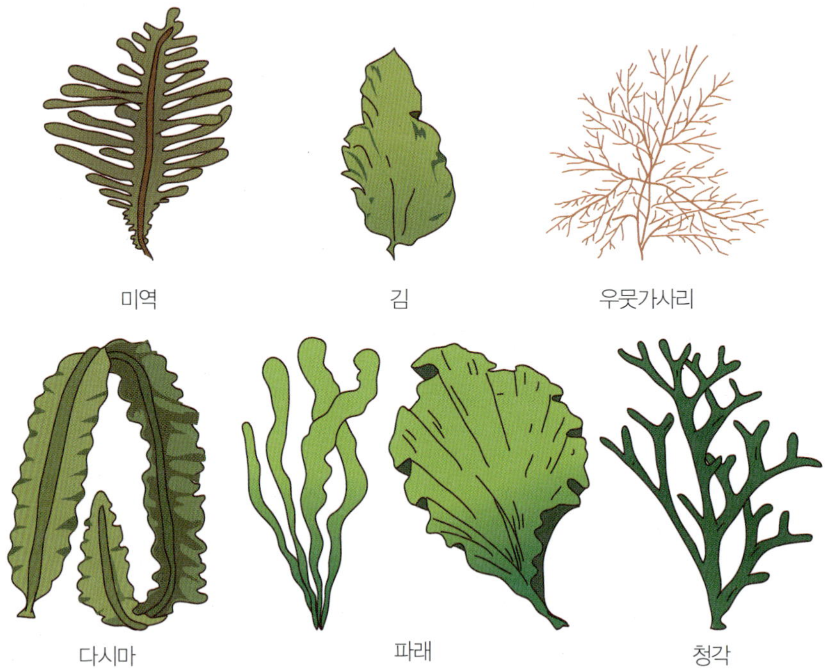

[그림 13-1] 해조류의 여러 가지 예

[그림 13-2] 생 미역

[그림 13-3] 파래

2) 버섯류의 종류와 특성

버섯류는 동물이나 식물의 유기물체에 기생하여 필요한 영양분을 섭취하는 곰팡이(mould), 효모(yeast) 등과 같이 균류에 속한다. 포자형성 방식에 따라서 담자균류와 자낭균류로 구분되며 자실체가 비대하여 갓 모양을 이룬다. 버섯은 담자균의 자실체를 말하나, 기능상으로 균사체는 영양기관이고, 자실체는 생식기관에 해당하기 때문에 버섯의 균사체와 균사체가 배양액으로부터 만들어 내는 여러 가지 물질에 많은 영양소 및 활성 물질이 축적되어 있다고 볼 수 있다. 버섯의 모양은 여러 가지이지만 형태는 우산모양이며 '갓', '주름살', '대', 대의 윗부분에 있는 '턱받이', 대의 밑동에 있는 '대주머니'의 다섯 부분을 갖춘 것이 가장 복잡한 형이다. 버섯류는 고등식물과 달리 엽록소가 없기 때문에 광합성을 하지 못하여 다른 유기물체에 기생하여 필요한 영양분을 섭취한다. 균류는 생태계에서 유기물을 분해하는 생물이다. 버섯의 대부분은 삼림의 생물로서, 특히 목재 분해의 주역이다. 주로 습도가 높은 장마철과 기온이 저하하는 가을에 많이 나며 먹을 수 있는 종류는 1천 종류이며 자주 이용되는 것은 약 80종이다. 우리나라에서 식용하고 있는 버섯은 송이버섯, 석이버섯, 밤버섯, 싸리버섯 등 자연산과 재배종인 표고버섯, 느타리버섯, 목이버섯, 흰목이버섯, 양송이버섯, 팽나무버섯 등이 있다. 버섯은 식용버섯과 독버섯이 있으므로 산에서 발견한 버섯을 함부로 먹지는 말아야 한다(최지유 외, 2013).

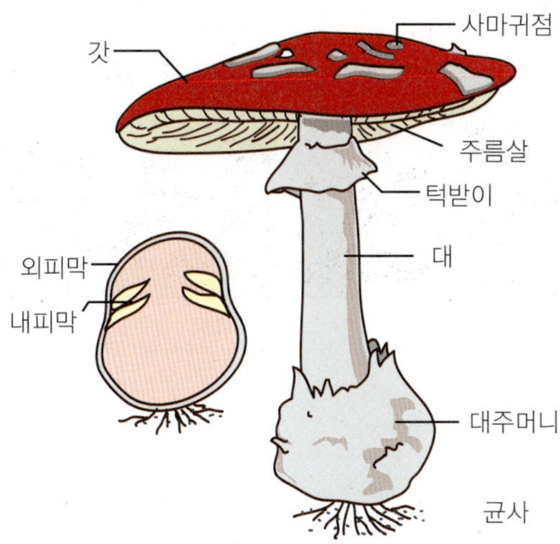

[그림 13-4] **버섯의 기본 구조**

(1) 식용 버섯류

식품으로서의 버섯은 영양가면에서 뿐만 아니라, 식물성과 동물성 식품에서는 얻을 수 없는 물질이 버섯을 비롯한 균류에 들어 있다. 식용버섯은 단백질, 지방 외에 조섬유, 칼륨, 인산, 비타민 B_2와 D, 효소 등이 풍부한 알칼리식품이다. 식용버섯의 독특한 맛과 향기는 아미노산, 만니톨, 트레할로오스 등이 많이 들어 있기 때문이다. 최근 식용버섯에 대한 수요가 증가하여 팽나무버섯, 나도팽나무버섯, 느타리버섯의 재배가 활발하며, 목이, 흰목이, 잎새버섯, 밤버섯, 느티만가닥버섯 등도 재배되고 있다. 이에 비해서 송이, 잿빛만가닥버섯, 젖버섯아재비 등과 같이 균근류 버섯은 재배할 수 없다.

식용버섯은 일반적으로 흰색과 연한 색이 많으며, 원색의 것이 있고, 조직이 치밀하다. 향기가 강하거나 자극성이 없으며 버섯을 찢었을 때 뿌리에서 균산까지 균등하게 찢어지는 경우가 많다. 우리나라에서 주로 식용으로 쓰이는 버섯 중 송이버섯, 표고버섯과 양송이버섯, 느타리버섯, 목이버섯, 흰목이버섯, 싸리버섯, 아가리쿠스 버섯을 살펴보고자 한다(김명곤 외, 2002).

[그림 13-5] 느타리버섯의 재배

[그림 13-6] 흰목이버섯의 재배

① 송이버섯

우리나라와 중국, 일본, 대만 등의 특산물로 9, 10월 경에 주로 생산된다. 이 균은 오래된 붉은 소나무 잔뿌리에 기생하기 때문에 인공배양은 어렵다. 신선한 송이버섯은 특유한 풍미와 육질로 인하여 먹을 때 식감이 좋으나 상처가 생겨 오래 두면 검어진다. 이의 향기성분은 메틸 시나메이트(methyl cinnamate), 마추타케올(matsutakeol) 및 옥테놀(octenol) 등이다. 또한 말린 것은 10% 이상의 만니톨(mannitol)을 함유하고 있으며 맛난 맛 성분은 구아닐산(guanylic acid)과 아미노산(amino acid) 등이다.

② 표고버섯

우리나라, 중국, 일본 등이 원산지이고 봄, 여름, 가을에 걸쳐 참나무, 밤나무, 신갈나무 등의 활엽수의 고목에 기생하는 버섯이며, 이들 원목에 종균을 접종하여 인공적으로 재배되고 있다. 표고버섯 내에 있는 글루탐산도 맛난 맛 성분이다.

③ 양송이버섯

유럽이 원산지인 버섯으로 퇴비 위에 종균을 접종하여 어두운 곳에서 인공 재배하고 갓이 열리기 전에 수확한다. 우리나라에서 재배되고 있는 알래스카종은 저온에서 성장이 양호한 장점이 있으나 티로시나아제(tyrosinase)에 의한 효소적 갈변이 일어나는 단점이 있다. 양송이의 색은 하얗고 향기는 송이버섯보다 못하지만 아주 연하며 글루탐산이 많이 함유되어 있어 그 맛이 특이하다. 양송이는 수프나 통조림, 병조림 등에 많이 이용된다.

④ 느타리버섯

느타리버섯은 가을철에 참나무, 오리나무, 미루나무, 버드나무 등 활엽수에서 자란다.

⑤ 목이버섯과 흰목이버섯

계절에 관계없이 비가 많이 내릴 때 여러 가지 나무에 많이 발생하고, 특히 흰목이버섯은 여름에서 가을 사이에 참나무 고목에서 나는데, 주로 중국 요리에 쓰인다.

⑥ 싸리버섯

여름에서 가을에 걸쳐 활엽수의 숲속에나 침엽수의 숲속에 난다.

⑦ 아가리쿠스 버섯

국내에는 '신령버섯'으로 알려져 있는 송이과에 속하는 버섯으로 각종 유용물질을 함유하고 있는 식용버섯이다.

[그림 13-7] 표고버섯

[그림 13-8] 양송이 버섯

[그림 13-9] 느타리버섯

[그림 13-10] 팽이버섯

(2) 해로운 버섯류

최근에는 버섯을 즐겨 식탁에 올리고 그 독특한 풍미를 즐기는 경향이 늘고 있다. 그러나 식용되는 종류가 많은 만큼, 독버섯으로 인한 중독도 적지 않다. 외국에서도 마찬가지여서 북유럽의 여러 나라나 이탈리아, 프랑스 등의 버섯 애호국가에서도 버섯 중독을 일으키는 경우가 있다. 중독을 일으키는 독버섯으로는 파리버섯, 무당버섯, 밤빛두메그물버섯, 광대버섯, 알광대버섯 등이 있다. 독버섯의 유독성분은 주로 아민(amine)류로서 고기가 부패할 때 생기는 프토마인(ptomaine)성분과 같다. 이들은 뇌, 위장 또는 여러 내장기관에 심한 중독을 일으키게 한다. 뉴린(neurine)은 호흡곤란, 설사, 경련, 마비 등을 일으키고, 무스카린(muscarine)은 위경련, 설사 등의 원인이 된다. 무스카리딘(muscaridine)은 광대버섯에 많으며 뇌를 비정상적으로 하여 일시적으로 미친 증상을 보이게 하며, 팔린(phaline)은 가장 독성이 강한 알광대버섯에 있는 독으로 강한 용혈작용이 있다. 아마니톡신(amanitoxin)도 알광대버섯에 있으며 내열성이 강하고 심한 설사를 일으킨다. 필즈톡신(pilztoxin)은 강직성 경련을 일으키며 파리를 죽이는 파리버섯에 들어 있다. 이러한 독증상을 유발하는 독버섯은 잘 식별하여 먹지 않도록 해야 하는데 이상한 자극성의 맛과 향기를 가지며, 울긋불긋한 것은 독이 있다고 하나 적용되지 않는 경우도 있으므로 항상 유의하여 모르는 버섯은 먹지 말아야 한다(김명곤 외, 2002; 강성태 외, 2002).

[그림 13-11] 광대버섯

[그림 13-12] 무당버섯

(3) 약용버섯류

약용으로 쓰이는 버섯은 자연에서 채취하거나 농가에서 재배하여 판매하기도 한다. 그 종류로는 영지버섯, 신령버섯, 목질진흙버섯(상황), 동충하초, 복령, 장수버섯, 잎새버섯, 노루궁뎅이버섯, 흰목이, 저령 등을 들 수 있다. 그중 주된 한방약재로서는 민주름버섯목의 복령과 저령을 들 수 있다. 둘 다 이뇨효과가 높아, 각종 한방약의 처방에 쓰이는 중요한 버섯이다. 특히 암의 민간치료약으로서 민주름버섯류가 사용되어 현저한 효과가 있었다. 한방에서 귀하게 쓰는 영지는 최근의 연구에서 항암물질인 다당류(polysaccharide)를 다량 함유하고 있는 것으로 밝혀졌다. 이 밖에 표고가 가지는 콜레스테롤 강하성분, 혈압 강하성분, 항바이러스성 등도 연구되고 있다.

(4) 버섯류의 생활사

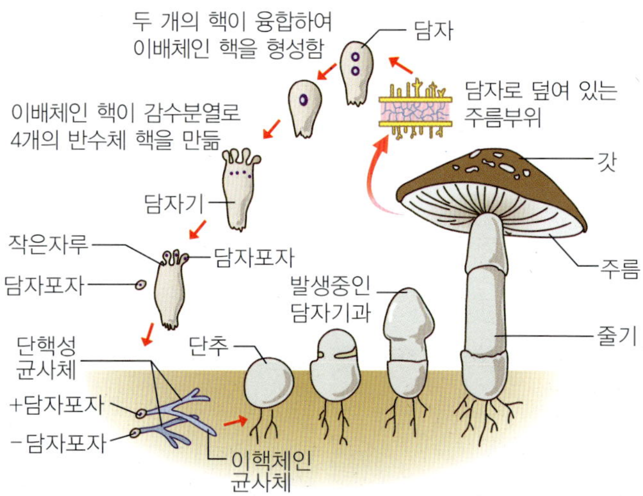

[그림 13-13] **버섯류의 생활사**

버섯(fungi)은 동물이나 식물의 유기물체에 기생하여 필요한 영양분을 섭취하는 균류 중 대형의 자실체를 형성하는 것의 총칭이다. 일반적으로 우리가 육안으로 보고 인식하는 버섯은 번식기관인 포자를 형성하는 육질의 자실체를 말한다. 주로 습도가 높은 장마철과 기온이 저하하는 가을에 많이 발견된다. 한꺼번에 많은 버섯들이 성숙하여 나타나는 것을 '대번성(flush)'이라고 한다. 대부분의 버섯은 사물기생균, 즉 부생균에 속하는 고등균류인데, 엽록소가 없어 광합성을 할 수 없고, 스스로 양분을 축적하지 못하므로 죽어 있는 특정 기주로부터 영양을 섭취하면서 생장하는 균이다. 활물기생균에 속하는 동충하초와 활물공생균에 속하는 송이, 그리고 활물기생과 사물기생 둘 다 가능한 복령 등도 있다.

버섯은 생활주기의 대부분을 땅 밑과 낙엽, 부식된 나무줄기 등에서 자라며 균사형태로 있다가 환경이 좋아지면 자실체를 만든다. 2핵인 2차 균사를 만든 다음에야 자실체의 형성이 가능해진다. 2핵성 균사(dikaryotic)는 자란 후에 버섯의 원시체인 작은 단추 모양의 구조를 형성한다. 단추 모양의 구조물들은 충분한 강우와 같은 생장촉진제에 의해 성숙하게 되며, 자연조건이 알맞게 될 때까지 오랫동안 땅속에서 존재하기도 한다. 버섯이 성숙하는 데는 몇 시간에서 며칠이 걸리기도 하는데 주로 수분의 흡수가 이를 결정해 준다[그림 13-13]. 많은 종의 버섯이 식용으로 이용되며 어떤 것들은 맛 또한 좋기 때문에 버섯은 여러 종류가 대량생산되고 있다.

2. 해조류와 버섯류의 구성성분

해조류의 영양성분은 생육장소, 채취 계절에 따라 다소 차이가 있다. 일반적으로 소화율이 낮아서 열량 원으로서는 가치가 없고 엽채류의 대용품이나 섬유성 식품으로 변통을 조절하는 데 이용되고 있다. 섭취 시 만복감을 주므로 비만인 사람에게는 다이어트 식품으로 이용된다. 버섯은 독특한 향기와 맛이 좋을 뿐 아니라 씹는 느낌이 좋아 널리 이용되고 있으며 요사이 관심을 많이 끌고 있는 건강식품 중 하나로 애용되고 있다. 우리와 함께하는 버섯은 그 종류만큼 쓰임새도 다양하여 어떤 것들은 암에 탁월하여 사랑을 받고, 좋은 향과 식감으로 식탁을 더욱 풍성하게 하고 있지만 주의하지 않으면 맹독으로 목숨을 앗아가는 것도 있으며 또 어떤 것들은 해는 없지만 먹기엔 부적합 것들도 있어 주의하여야 한다.

1) 해조류의 구성성분

(1) 당질

해조류의 종류에 따라 당질 함량이 크게 차이가 난다. 미역, 다시마, 파래, 김 등에는 30~45%의 당질을 함유하고 있으며 그 당질의 주성분은 점성 다당류로 가수 분해되면 글루코오스(glucose), 만노오스(mannose), 갈락토오스(galactose), 프룩토오스(fructose), 푸코오스(fucose), 자일로오스(xylose), 아라비노오스(arabinose), 요산(uric acid) 등이 생성된다.

녹조류인 파래, 청각 등에는 셀룰로오스(cellulose), 헤미셀룰로오스(hemicellulose), 갈조류인 미역, 다시마 등에는 알긴산(alginic acid), 셀룰로오스, 푸코이딘(fucoidin), 라미나린(laminarin) 등이 들어 있고 홍조류인 김, 우뭇가사리 등에는 한천(agar), 만난(mannan) 등이 들어 있어 해조류의 종류에 따라 다당류의 종류와 함량도 다르다.

(2) 단백질

말린 해조류는 약 10~30% 정도의 단백질을 함유하고 있으며 특히 김에는 40% 정도의 단백질이 들어 있다. 미역의 단백질은 12~13% 정도 함유되어 있다. 필수아미노산인 메티오닌(methionine)의 함량은 적으나, 트립토판(tryptophan)의 함량이 높다. 해조류에는 유리아미노산이 많아 좋은 맛을 내는데, 다시마의 정미성분은 글루탐산(glutamic acid)이다.

(3) 지질

해조류에는 지질이 극소량(약 1%) 들어 있다. 에테르(ether) 추출 시 카로티노이드(carotenoid)계 색소가 같이 추출된다.

(4) 무기질과 비타민류

해조류는 무기질이 풍부한 식품(약 10~40%)이며 무기질 함량은 해조류의 종류에 따라 다르다. 나트륨, 칼륨, 칼슘, 인, 철 등이 들어 있고 특히 요오드(I)의 함량이 많다.

엽록소를 가지고 있는 홍조류와 녹조류에는 카로틴(carotene)을 상당량 함유하여 비타민 A의 효력이 있다. 티아민(thiamin)은 적으나 리보플라빈(riboflavin)과 나이아신(niacin)의 함량이 높으며 신선한 해조류에는 비타민 C의 양도 많다.

(5) 기타

해조류의 색소 성분으로서 녹조류에는 클로로필(chlorophyll, 엽록소)이 많고 그 밖에 소량의 카로티노이드(carotenoid)가 들어 있어 푸른색을 나타내고 있다. 홍조류의 붉은색은 피코에리트린(phycoerythrin, 홍조소)에 의하며 가열하면 피코시안(phycocian, 남조소)으로 되어 파랗게 변한다.

① 색소

색소에는 엽록소와 카로티노이드가 들어 있어 해조류의 푸른색을 나타낸다. 홍조류의 붉은색은 피코에리트로빈(phycoerythrobin)에 의한 것이다. 김에는 녹색의 클로로필, 황색의 잔토필(xanthophyll, 엽황소), 청색의 피코시안(phycocyan), 적색의 피코에리트린 등이 혼합되어 있어 검게 보이며 구우면 녹색으로 변하는 것은 적색의 피코에리트린(phycoerythrin)이 탈수화되면서 피코시안이 되기 때문이다.

② 방향성 물질

해조류는 해산물 특유의 냄새를 가지고 있다. 갈조류의 냄새는 테르펜(terpene)계 물질이며 녹·홍조류에서는 함황계 화합물이 원인물질이다. 김의 냄새는 디메틸 설파이드(dimethyl sulfide)에 의한 것이다.

③ 지미성분

글리신(glycine), 알라닌(alanine) 등의 유리아미노산이 김의 구수한 맛을 내는 주성분이고 글루탐산(glutamic acid) 또한 김과 다시마에서 구수한 맛을 내는 성분이다.

2) 버섯류의 구성성분

(1) 버섯류의 일반성분

신선한 버섯의 경우 일반 성분은 수분 88~90%, 단백질 2~3%, 탄수화물 5~7%, 조섬유 7~8%, 무기질 6~7% 정도이고 소화율도 그다지 높지 않아 영양적으로 가치는 낮다. 건조버섯의 성분조성은 단백질 15~30%, 지방 2~10%, 조섬유 5~10%, 무기질 5~6%이다.

〈표 13-1〉 버섯류 일반성분의 특징

성분	특성
탄수화물	· 고형분의 주성분은 당질 · 트레할로오스(trehalose), 만니톨(mannitol) 등 소화 흡수되지 않는 당이 절반을 차지하므로 열량이 낮음 · 글루코오스(glucose), 덱스트린(dextrin), 글리코겐(glycogen) 등도 존재
비타민	· 비타민 A·C는 거의 없음 · 비타민 B_1·B_2, 나이아신(niacin)은 비교적 풍부한 편 · 프로비타민 D_2의 전구체인 에르고스테롤(ergosterol)을 다량 함유
단백질	· 건조물 중 20% 정도 · 조단백질의 절반은 비단백태 질소화합물임 · 아미노산(amino acid)류나 아데닌(adenine), 트리메틸아민(trimethylamine), 콜린(coline) 등의 염기도 존재 · 글루탐산(glutamic acid), 알라닌(alanine) 등이 함유되어 있어 감칠맛을 냄
지질	· 건조물 중 3~4% 정도 · 불검화물(ergosterol)이 많고, 그 구성 지방산은 리놀렌산(linolenic acid), 올레산(oleic acid)이 들어 있으며 에르고스테롤, 레시틴 등이 많음
무기질	· 칼륨이 많아서 전회분의 60% 이상을 차지. 그 다음 인산이 많음 · 다른 식품에 비하여 칼륨, 철, 구리, 망간 등의 무기질이 풍부해 알칼리성 식품

〈표 13-2〉 여러 버섯류의 일반성분 조성(%)

버섯류	수분	조단백질	조지방	조회분	당류
표고버섯	88.3	2.5	0.4	0.6	8.2
느타리	91.4	3.4	0.3	0.5	4.4
양송이	90.1	3.9	0.3	0.5	5.2
송이	89.7	1.9	0.4	1.7	6.3
팽나무 버섯	88.7	3.9	0.7	1.1	8.4
능이	84.3	4.8	0.4	1.7	8.7
싸리버섯	88.2	3.3	0.5	1.0	7.0
만가닥버섯	88.9	3.4	0.5	1.0	6.2
평균	88.1	2.9	0.5	1.0	7.5

*평균값은 31개 버섯의 평균치임.
김명곤 외(2002). 버섯생물학. 학문사.

(2) 버섯류의 특수성분

버섯류의 특수성분으로는 효소, 색소, 맛난 맛 성분, 기타 유익한 성분과 유독성분 등이 있다.

〈표 13-3〉 버섯류의 특수성분

성분	특성
효소	· 트립신(trypsin), 에렙신(erepsin), 아밀라아제(amylase), 글리코게나아제(glycogenase), 인베르타아제(invertase), 락타아제(lactase), 말타아제(maltase), 이눌라아제(inulase) 등 여러 가지가 있음 · 셀룰라아제(cellulase), 헤미셀룰라아제(hemicellulase), 펜토산나제(pentosanase) 등 특수한 효소도 존재 · 티로시나아제(tyrosinase), 페록시다아제(peroxidase), 우레아제(urease), 글리코시다아제(glycosidase), 리파아제(lipase) 등은 버섯의 변질을 촉진
색소	· 안트라퀴논(anthraquinone)계의 것이 많음 · 버섯의 변색은 옥시다아제(oxidase), 티로시나아제(tyrosinase) 등에 의하여 산화되기 때문
맛난 맛 성분	· 버섯류 특유의 좋은 맛 성분은 글루탐산(glutamic acid), 알라닌(alanine)과 함께 5'-구아닐산(5'-guanylic acid: 5GMP), IMP, 만니톨(mannitol), 트레할로오스(trehalose), 류신(leucine) 등 때문
유익한 성분	· 표고버섯, 양송이버섯에는 혈액 중 콜레스테롤 함량을 저하시키는 유효성분이 존재 · 기타 버섯에도 암 발생을 억제하는 물질과 콜레스테롤의 흡착을 방해하는 물질이 함유되어 암, 뇌졸중, 심장병 등 성인병 예방과 개선에 효과
독성분 (독버섯)	· 아민(amine)류인 무스카린(muscarine), 뉴린(neurine)과 알칼로이드(alkaloid) 및 펩타이드(peptide)인 팔로딘(phallodin), 아미니틴(aminitin) 등

3. 해조류와 버섯류의 조리 특성

1) 해조류의 조리 특성

한천은 물에 침적시키면 물을 흡수하여 팽윤(swelling)한다. 팽윤의 정도는 한천의 종류, 물의 pH, 온도, 침적시간에 따라 다르다. 팽윤한 한천에 물을 붓고 천천히 가열하면서 농축시키면 쉽게 용해하기 시작하는데, 한천의 농도가 낮을수록 빨리 용해된다. 가열 용해시켜 어느 정도의 농도에 이른 한천용액을 냉각시키면 점도가 증가하고 망상구조를 형성하면서 유동성을 잃고 겔(gel)화된다.

한천의 응고온도는 한천의 농도가 높을수록 높은 온도에서 빨리 응고하고 겔의 강도도 커진다. 설탕의 농도 역시 한천의 응고온도에 영향을 미치는데 설탕의 농도가 높을수록 응고점은 높아진다. 한천의 겔에 설탕을 첨가하면 점성과 탄력이 증가하고 투명도도 높아지며 설탕의 농도가 높을수록 겔의 강도도 커진다.

양갱을 만드는 재료가 한천이며 제품에 윤기와 광택을 부여하는 역할을 한다. 설탕에 조린 과일을 케이크 위에 장식하고 한천젤리로 고정하면 전체적으로 투명감과 윤기를 준다. 한편 한천젤리는 제품의 수분 증발을 막는 효과도 있다.

설탕 이외에 과일즙이나 우유 등을 첨가물로 이용하는데 과일즙을 첨가하면 과일즙의 유기산에 의하여 가수분해를 일으켜 겔이 약화되므로 한천용액을 60℃ 정도로 가열한 후 과즙을 첨가하도록 한다. 우유를 첨가할 경우에는 우유 속의 지방과 단백질이 한천 겔의 구조를 저해하므로 한천용액의 농도를 높여야 한다.

2) 버섯류의 조리 특성

신선한 버섯은 그 자체로서 수분이 많고 향과 맛이 있으므로 조리하기 전에 생채로 섭취할 수도 있다. 그러나 버섯류의 효소인 티로시나아제(tyrosinase), 우레아제(urease), 글리코시다아제(glycosidase), 리파아제(lipase) 등의 각종 효소가 그 활성도가 높기 때문에 버섯은 변질되기 쉬우므로 그 향과 맛을 해치지 않을 정도로 살짝 조리하여 섭취한다.

버섯은 살짝 열처리하여 냉동 · 냉장에 의한 저장을 하기도 하고 통조림, 병조림을 만들기도 하며 건조시키는 등 저장가공법을 이용한다.

표고버섯은 육질이 부드럽고 질겨 신선한 것은 생식하지만 대부분은 건조하여 이용한다. 표고버섯 중 에르고스테롤(ergosterol)은 갓에 많고 성숙함에 따라 그 함량도 많아지며 건조 중 햇빛에 의하여 에르고스테롤이 비타민 D_2로 변화된다. 표고버섯은 건조과정에서 리보뉴클레오타이드(ribonucleotide)가 가수 분해되어 정미성분인 5'-구아닐산(5'-guanylic acid)으로 되기 때문에 건조하면 풍미가 좋아진다(김동훈, 2015).

4. 해조류와 버섯류 조리 특성의 이용

1) 해조류의 조리특성 이용

(1) 해조류에서 얻어지는 검류

동식물에 존재하는 검류(gum)란 점성이 큰 콜로이드 용액을 만드는 점도가 큰 물질로 다당류에 속하는 물질이 많다. 검류는 해조류에서 얻어지는 것뿐 아니라 식물에서 얻어지는 것과 미생물에서 얻어지는 것들이 있다.

① 한천(agar)

홍조류의 김, 우뭇가사리 등의 세포벽 성분으로서 주성분은 다당류인 갈락탄(galactan)이다. 홍조류에서 추출된 한천은 D형과 L형의 갈락토오스(galactose)를 함유한 아가로오스(agarose)와 아가로펙틴(agaropectin)의 두 성분으로 구성되어 있다. 한천은 물에는 용해되지 않으나 물에 넣으면 강력히 물을 흡수하여 팽윤하고 이때 가열하면 용해된다. 용해된 한천을 냉각하면 겔화한다.

한천은 겔(gel) 형성 능력이 강해서 불과 0.1~0.2% 용액 정도의 낮은 농도에서도 겔을 형성한다. 그러므로 식품의 가장 우수한 겔화제이다. 한천 겔은 고온에 견디기 때문에 빵이나 과자류의 안정제로 사용되고 보수성이 좋으나 산에는 약해서 약간 가수분해한다.

한천 겔은 영양가는 없으나 겔 자체의 질감과 입에서의 탄력 있는 촉감으로 인해서 젤리와, 양갱, 양장피 등의 원료로 사용된다. 또 겔화 능력이 강하므로 여러 가지 영양소를 가하여 고체상태로 유지시켜서 미생물 배지로 사용하기도 한다.

② 알긴산(alginic acid)

미역, 다시마 등의 갈조류에 존재하는 알긴산은 주로 칼슘 혹은 나트륨과 결합한 상태로 있으며 이러한 염을 알긴(algin)이라고 한다. 알긴은 갈조류 세포막의 주요 성분으로 존재하는 복합다당류로 점도가 높은 물질이며 이 점성을 이용하여 식품공업계에서 안정제, 유화제로 사용되고 있다.

③ 푸코이딘(fucoidin 및 fucin)

갈조류에 함유되어 있는 것으로 펙틴(pectin)과 같은 점질물이다.

④ 카라기난(carrageenan)

카라기난은 홍조류에 속하는 해조들의 열수 추출물로 기본 구조는 한천과 같고 한천에 비하여 겔 탄력성이 크고 수분 보유성이 커서 동결이나 해동에 의한 이수현상이 적다. 초콜릿 우유의 안정제와 냉동식품에서의 얼음결정 억제제로 많이 이용된다.

(2) 한천을 이용한 음식

불린 한천을 녹여 다량의 설탕을 첨가하여 후식으로 이용한다.

① 젤리

딸기, 유자 등의 과일즙이나 주스가루를 물에 불려 용해시킨 후 설탕을 넣은 한천용액에 첨가하여 젤리 틀에 부어 식히면 여러 가지 종류의 과일 젤리가 된다.

② 양갱

양갱은 물에 침적하여 불린 한천을 가열 용해시킨 후 설탕을 넣고 끓인 다음 팥 앙금을 넣고 다시 끓인 후 틀에 넣어 팥 앙금과 한천이 분리되지 않도록 40℃를 유지하면서 천천히 응고시킨 것이다(우인애, 2014).

2) 버섯류의 조리특성 이용

버섯은 독특한 향을 즐기기 위해 간이나 향을 강하게 하지 않는다. 신선한 버섯의 경우 버섯의 향을 그대로 살리기 위하여 살짝 씻어 양념을 하지 않고 살짝 굽거나 끓이는 것이 가장 좋다. 말린 버섯은 그 향이 유지되도록 미지근한 물에 충분히 불려 사용하는 것이 좋다. 건조 목이를 불려 볶을 경우 그 형태상 수분을 머금고 있기 때문에 기름을 사용할 때 수분을 충분히 제거하여야 하며 살짝 볶아 사용한다.

버섯류는 수분 함량이 많아 조리에 의해 수분유출이 많으면 버섯의 질감에 나쁜 영향을 주므로 대개 강한 불에 짧게 조리한다.

Chapter
14

유지류의 조리원리

1. 유지류의 성분과 특성

1) 유지류의 성분

우리가 먹는 유지류는 대부분 중성지질(triglyceride)이며, 상온에서 액체인 기름(oil)과 고체나 반고체인 지방(fat)으로 나누어진다.

자연 중에 존재하는 지방산은 거의 대부분 짝수의 탄소를 가지며, 분자 중에 이중결합의 유무에 따라 포화지방산과 불포화지방산으로 나눈다. 불포화지방산 중 이중결합이 2개 이상인 지방산을 다가불포화지방산(Polyunsaturated Fatty Acid: PUFA)이라 한다.

유지류의 구성성분은 〈표 14-1〉과 같다.

〈표 14-1〉 유지의 지방, 지방산 및 콜레스테롤의 % 함량

급원		지방(%)	지방산(%)			콜레스테롤 (mg/100g)
			포화	단일불포화	다가불포화	
식물성 급원	홍화유	100	9.1	12.1	74.5	0
	해바라기유	100	10.1	45.4	40.1	0
	옥수수유	100	12.7	24.2	58.7	0
	올리브유	100	13.5	73.7	8.4	0
	참기름	100	14.2	39.7	41.7	0
	대두유	100	14.4	23.3	57.9	0
	낙화생유	100	16.9	46.2	32.0	0
	면실유	100	25.9	17.8	51.9	0
	팜유	100	49.3	37.0	9.3	0
	코코넛유	100	86.5	5.8	1.8	0
동물성 급원	라드	100	39.2	45.1	11.2	95
	쇠기름	100	49.8	41.8	4.0	109
	버터	81	50.5	23.4	3.0	219
막대마가린 (옥수수유)		80.5	13.2	45.8	18.0	0
소프트마가린 (옥수수유)		80.4	12.1	31.6	31.2	0

U.S. Department of Agriculture.

이중결합의 형태에 따라 시스(cis)형과 트랜스(trans)형으로 나눌 수 있다.

자연 중에 있는 불포화지방산의 형태는 주로 시스형이다. 동물성 지방에는 포화지방산인 팔미트산(palmitic acid), 스테아르산(stearic acid)이 많으며, 식물성 기름에는 불포화지방산인 올레산(oleic acid), 리놀레산(linoleic acid)이 많다〈표 14-2〉.

〈표 14-2〉 지방산 종류와 명칭

일반명	탄소수	이중결합수
뷰티르산(butyric acid)	4	0
카프로산(caproic acid)	6	0
카프릴산(caprylic acid)	8	0
카프르산(capric acid)	10	0
로르산(lauric acid)	12	0
미리스트산(myristic acid)	14	0
팔미트산(palmitic acid)	16	0
스테아르산(stearic acid)	18	0
올레산(oleic acid)	18	1
리놀레산(linoleic acid)	18	2
리놀렌산(linolenic acid)	18	3
아라키돈산(arachidonic acid)	20	4
에이코사펜타엔산 (eicosapentaenoic acid: EPA)	20	5
도코사헥사엔산 (docosahexaenoic acid: DHA)	22	6

2) 유지류의 물리적 특성

(1) 용해성(solubility)

유지는 극성 용매인 물에는 녹지 않으며, 비극성 유기용매인 에테르, 벤젠, 클로로포름 등에 녹는다.

(2) 비중(specific gravity)

대부분 유지의 평균 비중은 0.92~0.94로 물보다 낮아 물과 있으면 물 위에 뜨게되며, 이 현상은 기름과 식초를 이용한 프렌치드레싱에서 흔히 볼 수 있다.

(3) 비열(specific heat)

유지의 비열은 0.47 cal/g℃로 작아 온도가 쉽게 변한다. 그러므로 냉동식품과 같은 차가운 튀김 재료를 튀길 때는 한꺼번에 많이 넣으면 온도가 많이 내려갈 수 있으므로 튀김기름의 양을 많이 사용해야 한다.

(4) 융점(melting point)

융점은 고체가 액체로 되는 온도로서 자연 중에 존재하는 유지류는 여러 종류의 지방이 혼합되어 있으므로 융점이 모두 다르다. 융점은 지방산의 탄소수가 많을수록, 포화도가 높을수록(즉, 이중결합이 적을수록) 높아진다.

일반적으로 동물성 지방은 포화지방산의 함량이 많아 융점이 높으므로 상온에서 고체를 이루고, 식물성 유지는 불포화지방산의 함량이 높아 융점이 낮으므로 상온에서 액체 상태이다. 그러나 어유는 동물성이지만 다가불포화지방산을 많이 함유하고 있어 액체이며, 코코아버터(cocoa butter)는 식물성이지만 포화지방산을 많이 함유하고 있어 상온에서 고체로 존재한다.

(5) 발연점

유지를 가열하여 어느 온도에 도달하면 지방이 지방산과 글리세롤로 분해되며, 글리세롤은 다시 아크롤레인(acrolein)으로 분해되어 푸른 연기를 내기 시작하는데 이 온도를 발연점이라 한다. 연기의 주성분인 아크롤레인은 자극성이 강한 냄새와 맛이 나는 발암물질이므로 발연점이 낮은 기름은 튀김에 적합하지 않다〈표 14-3〉.

〈표 14-3〉 유지의 발연점

유지 종류	발연점(℃)	유지 종류	발연점(℃)
정제 대두유	256	비정제 대두유	210
정제 면실유	233	사용한 라드	190
정제 낙화생유	230	유화제 함유 쇼트닝	177
정제 옥수수유	227	비정제 참기름	175
버진 올리브유	190	비정제 올리브유	175
코코넛유	175	비정제 낙화생유	162

(6) 가소성(plasticity)

버터, 라드, 마가린, 쇼트닝 등의 고체지방이 외부에서 가해지는 힘에 의해 변하나, 외부 응력이 정점의 크기를 넘어서면 원상태로 회복되지 않는 성질로 크리밍성이 있어 공기를 혼합할 수 있다.

(7) 굴절률(refractive index)

지방산의 불포화도가 클수록, 탄소 사슬 길이가 길수록 가열 · 산화되면 굴절률이 커진다. 일반적으로 1.45~1.47이다.

(8) 점도(viscosity)

공기와 접촉면적이 넓어지고 200℃ 이상으로 가열할 때 점도가 증가한다.

(9) 색도

정제한 유지는 보통 담황색 또는 황금색이나 공기, 온도, 광선, 기름 중의 미량 금속, 철, 구리 등은 착색을 촉진한다.

(10) 유화성(emulsifying)

친수성기와 소수성기를 가지고 있어 유화시키는 성질을 가지게 된다. 한 액체가 그것과 혼합되지 않는 다른 액체에 작은 방울로 흩어져 분산되어 있는 상태로 본다. 난황이나 두류의 레시틴이 유화제로 사용된다.

수중유적형 (oil in water: O/W)	마요네즈 등
유중수적형 (water in oil: W/O)	버터, 마가린 등

3) 유지의 가공 처리 특성

(1) 수소화(경화: hydrogenation)

실온에서 액체기름에 수소를 첨가한 후 가소성 지방으로 변화하는 현상으로 불포화지방산의 이중결합에 수소가 결합하여 불포화도가 낮아지고 경화유가 되는 현상이다. 어유, 고래기름, 대두유, 면실유 등을 이용하여 마가린과 쇼트닝 등의 원료로 사용한다. 이러한 과정 중 자연 중에 액체기름에 존재하는 시스 형태의 불포화지방산이 트랜스형으로 전환되기도 하므로 건강상 문제가 될 수 있다.

트랜스지방산

트랜스지방산은 수소화과정이나 고온처리에서 생길 수 있어 마가린, 쇼트닝을 사용하여 만드는 케이크, 과자와 프렌치프라이, 팝콘 등 튀김류에 다량 함유되어 있다. 관상동맥경화증, 심장병 등과의 연관성에 관한 많은 논문들이 나오고 있어 우리나라에서도 모든 가공식품에 트랜스지방산의의 함량을 의무적으로 표시하게 되어 있다.

(2) 에스테르 교환반응

유지류에 금속염이나 리파아제(lipase)를 반응시키면 글리세롤에서 지방산이 분리되어 지방산을 서로 교환하여 새로운 중성지방을 형성하게 되는데, 이 과정을 에스테르 교환(interesterification) 반응이라 한다. 이외에 아세트산(acetic acid)을 첨가시켜 지방산을 대체하는 아세틸화(acetylation)를 이용하기도 한다. 이 반응은 융점을 높이고 다양한 지방산을 함유하게 되어 다양한 융점을 가지므로 퍼짐성이 좋고, 안정적이며 부드러운 질감을 갖는 β'결정형의 마가린이나 쇼트닝을 만드는 데 이용되고 있다.

(3) 동유 처리(winterization)

액체유를 7.2℃까지 냉각시킨 후 고체화된 지방을 여과하여 냉장온도에서도 혼탁을 방지하는 처리 과정으로 동유 처리를 한 식물성 기름은 냉장고에서도 맑게 유지된다. 샐러드유, 마요네즈 제조 시에는 반드시 동유 처리기름을 사용하여야 한다.

2. 유지류의 조리특성

1) 쇼트닝성(shortening power)

유지가 반죽의 표면을 둘러싸서 글루텐 망상구조를 형성하지 못하게 층을 형성함으로써 글루텐의 길이를 짧게 하는 것으로 연화 작용을 의미한다. 이러한 현상이 나타나는 이유는 유지가 소수성 성질을 가지므로, 밀가루의 단백질인 글리아딘과 글루테닌이 물과 결합하는 것을 방해하며 글루텐 표면을 둘러싸서 글루텐 형성과 발달을 막기 때문이다. 쇼트닝성을 적용하여 쿠키, 페이스트리, 파이 크러스트 등을 만든다. 불포화지방산이 많을 때, 기름의 양이 많을 때, 가소성이 클 때, 기름의 온도가 높을 때 쇼트닝성이 증가한다.

(1) 가소성

가소성이 클수록 쇼트닝성이 크다. 상온에서 70~80% 액체 유지와 15~30% 고체 유지가 섞여 있는 반도체일 때 가소성이 좋다. 그러므로 지방산의 조성과 온도에 영향을 받는다. 불포화지방산이 많이 함유된 유지는 이중결합에 의해 탄소 사슬이 구부러지면서 넓은 표면적을 덮을 수 있어 효과적이다. 그러나 상온에서 완전한 액체인 유지는 유동성이 좋아서 전분 입자 표면에 고정되어 글루텐이 물과 접촉하는 것을 효과적으로 차단하지 못한다. 반대로 냉장고에서 갓 꺼낸 버터

같은 고체 유지는 반죽 내에서 뭉쳐져 있기 때문에 넓은 범위의 글루텐을 차단하지 못한다. 그러므로 부드러운 쿠키나 촉촉한 파운드케이크를 만들려면 녹인 버터를 사용하며, 이와는 달리 바삭바삭한 켜가 생겨야 하는 페이스트리 반죽을 할 때는 지방을 냉장고에 보관해 눌러서 얇고 큰 막을 형성하여 위와 아래를 분리시켜 켜가 생기게 해야 한다. 라드같이 부드럽고 쉽게 퍼지는 고체 지방은 가소성이 있어 연화 작용은 좋으나 특유한 냄새가 있어 이를 대체한 것이 쇼트닝이다.

(2) 유화제

난황 등 유화제가 많으면 지방을 유화시켜 반죽이 묽어지고 쇼트닝성이 감소한다.

(3) 유지의 양

유지의 양이 많을수록 쇼트닝성이 크다. 그러나 도넛이나 약과 반죽에 기름을 너무 많이 넣으면 글루텐 형성이 잘 되지 않아 튀길 때 풀어지게 된다.

2) 유화성(emulsifying)

서로 섞이지 않는 두 종류의 액체가 함께 혼합된 상태이다. 유지는 물에 녹지 않지만 혼합하면서 저어 주거나, 친수성기와 소수성기를 갖고 있는 유화제와 함께하여 유화액을 이룬다. 천연유화제는 대두 및 달걀노른자에서 추출하는 레시틴이 있고 합성유화제로는 글리세린지방산에스테르, 소르비탄지방산에스테르, 자당지방산에스테르, 프로필렌글리콜에스테르 등이 있다. 식품에 존재하는 모노글리세라이드, 다이글리세라이드, 단백질 등도 우유, 크림, 버터 등에서 유화제의 역할을 한다.

(1) 마요네즈

마요네즈는 영구유화액으로 식물성유, 식초, 난황으로 만들어진 수중유적형 유화액 식품으로 난황이 유화제로 작용하고 있다. 이에 겨자와 후추, 소금이 첨가되는데 이들은 맛 이외에 유화액을 안정시키는 데 도움이 된다. 마요네즈를 만들 때 처음에 기름을 조금씩 떨어뜨려 혼합한 후 서서히 기름의 양을 증가시키며 저어 주어야 안정된 유화액을 이룬다. 마요네즈 저장 중에 분리가 일어나는 이유는 초기의 유화액이 불완전하거나, 기름을 너무 빨리 넣은 경우, 유화제에 비해 기름의 비율이 너무 높을 때, 젓는 방법이 적당하지 않을 때 등이다. 분리된 마요네즈의 재생법은 난황이나 잘 형성된 마요네즈에 분리된 마요네즈를 조금씩 넣어 계속 저어 주는 것이다.

(2) 프렌치드레싱

프렌치드레싱은 일시적 유화액으로 주재료는 기름과 식초로, 보통 3:1의 비율로 식성에 따라 비율을 조절할 수 있다. 프렌치드레싱에는 식초에 먼저 소금과 후추를 넣고 소금이 다 녹으면 기름을 넣어 잘 흔들어 주어야 간이 골고루 배며, 매번 사용하기 전에 다시 흔들어 유화액을 유지시켜야 한다.

3) 크리밍성(creaming)

버터, 마가린, 쇼트닝 같은 고체지방을 교반해 주면 속에 공기가 혼입되면서 색이 엷어지고 부드러운 크림상태가 된다. 공기를 많이 품을수록 크리밍 작용이 큰 것인데 이 작용은 쇼트닝>마가린>버터의 순으로 나타난다. 그러므로 공기를 함유하여 부드러운 질감을 가지는 빵이나 케이크를 만들 때 쇼트닝, 마가린, 버터 등과 같이 β'형으로 결정화된 유지를 사용하여 크리밍하면 많은 양의 공기가 작은 기포의 형태로 포집되어 우수한 제품을 만들 수 있다. 쇼트닝은 25℃에서 가장 좋은 크리밍 작용을 보인다.

4) 튀김(frying)

(1) 유지류의 가열에 의한 변화

튀김과 볶음요리에서 기름은 음식물의 휘발성 성분과 지용성 성분을 녹여 내어 음식의 향미를 증진시킨다. 중국요리가 전 세계에서 널리 사랑받고 있는 것도 이 같은 원리를 이용한 것이다. 또한 기름 자체 특유의 향미를 이용하는 것으로는 참기름, 들기름, 버터, 올리브유 등이 있다. 나물을 무칠 때 참기름을 넣으면 향미를 돋우게 되는데, 향기성분은 휘발성이므로 마지막 조리단계에서 넣는 것이 바람직하다. 유지는 물의 비점보다 더 높은 온도까지 가열될 수 있어서 물에서보다 조리시간이 짧고 단단한 식품의 조직을 연하게 해 주며 풍미와 색을 증진시킨다.

(2) 튀김 과정

튀김은 150~180℃의 고온에서 단시간 조리하므로 튀김 재료의 수분이 급격히 증발하고 기름이 흡수되어 바삭바삭한 질감과 함께 휘발성 향기성분이 생성되며 영양소나 맛의 손실이 적다. 튀김조리 시 다음의 세 단계를 거쳐 식품이 가열 조리된다.

- 제1단계: 식품이 뜨거운 기름에 들어가면 식품 표면의 수분이 수증기로 달아나며 이로 인해 식품 내부의 수분이 식품 표면으로 이동하게 된다. 이때 형성된 식품 표면의 수증기면은 고온의 기름온도에서 식품을 타지 않게 보호하며 기름이 흡수되는 것을 막아 주지만, 일부의 기름은 이 수분이 달아나는 기공을 통하여 흡수된다.
- 제2단계: 튀김 열에 의해 메일라드 반응이 일어나 식품의 표면이 갈색이 되며, 수분이 달아나는 기공이 커지고 많아지게 된다.
- 제3단계: 식품의 내부가 익게 되는데 이것은 직접적인 기름의 접촉보다 내부로 열이 전달되어 익게 된다.

그러므로 탈수를 시켜야 하는 감자칩은 재료에 튀김옷을 씌우지 않거나 전분을 약간 발라 튀겨야 하며, 반대로 수분의 증발을 원하지 않을 때는 수분이 많은 튀김옷을 입혀 튀김옷의 수분만을 증발되게 하면서 열이 내부로 전달되어 재료가 익도록 해야 한다.

(3) 튀김옷

튀김이 잘된 것은 튀김옷이 질기지 않고 기름이 적게 흡수되어 바삭한 것이다. 글루텐은 물을 흡수하여 글루텐 망상구조 안에 가두어 튀김 시 물의 증발을 어렵게 하므로 튀김옷이 두껍고 질겨진다.

- 밀가루: 글루텐 함량이 적은 박력분을 사용하는 것이 바람직하며, 튀김옷을 반죽할 때 밀가루에 물을 붓고 젓가락으로 저어 글루텐이 최소로 생기도록 한다. 중력분 사용 시에는 밀가루의 10~15% 정도의 전분을 섞어 사용한다.
- 달걀: 글루텐 형성이 덜되며 달걀 단백질이 열에 응고하면서 수분을 방출시켜 튀김이 연하며 바삭해진다. 과다 사용 시 튀김옷이 약간 두꺼워진다.
- 설탕: 넣으면 메일라드 반응이 일어나 갈색이 증진되며, 글루텐을 연화시켜 수분의 증발이 쉬워져 튀김옷이 연해지고 바삭해진다.
- 중탄산나트륨(식소다): 0.2% 정도 첨가하면 가열에 의해 탄산가스(CO_2)가 발생하면서 동시에 수분도 증발되어 바삭해진다.
- 물의 온도: 낮은 온도에서 글루텐이 수화가 적게 되고 형성이 덜 되어 유리수가 많아 수분의 증발이 잘되어 바삭해진다. 물의 온도가 높아지면 점도가 높아져 튀긴 후 두꺼워진다. 물에 얼음을 띄우거나 찬물을 사용하는 것이 좋다.

(4) 튀김기름

튀김 시 사용되는 기름은 발연점이 높고, 식품의 향기에 영향을 덜 주도록 향을 갖고 있지 않은 식물성 기름을 사용해야 한다. 이런 면에서 정제하지 않은 올리브유, 참기름은 튀김용으로 적당치 않다.

- 지방의 종류에 따라 발연점이 다른데 튀김기름으로는 발연점이 높은 것을 택해야 한다.
- 기름의 표면적이 넓으면 발연점이 낮아지므로 튀김용 기구는 되도록 좁은 것을 사용해야 한다.
- 유리지방산의 함량이 높을수록 발연점이 낮아지므로 가열시간이 길어질수록 발연점이 낮아지게 된다.
- 기름 속에 이물질이 많을수록 발연점이 낮아지는데 기름의 사용횟수가 많을수록 발연점이 낮아지므로 다시 기름을 사용하려면 이물질을 제거해야 한다.

(5) 튀김에 적당한 온도와 시간

튀김에 적당한 온도와 시간은 일반적으로 180℃ 정도에서 2~3분이지만, 식품의 종류와 크기, 튀김옷의 수분 함량 및 두께에 따라 달라진다. 기름의 온도가 낮을수록 소요시간은 길어지고 유지흡수량은 많아져 파삭거림이 덜해진다. 반면, 기름온도가 높으면 내부가 익기 전에 표면이 갈색화된다〈표 14-4〉.

〈표 14-4〉 튀김에 적당한 온도와 시간

튀김의 종류	튀김온도(℃)	튀김시간(분)	비고
프렌치프라이(감자)	185~195	2~3	냉동 프렌치프라이를 튀길 때
크로켓, 양파, 기타 채소	190~200	1	속이 이미 익어 있어 겉만 색이 나면 되거나 빨리 익는 재료이므로 고온에서 단시간 조리
닭튀김	1차: 165	8~10	속까지 충분히 익어야 하므로 비교적 저온에서 오래 조리
	2차: 190~200	1~2	남은 수분을 제거하여 바삭해지도록 두 번 튀김
각종 어패류 튀김	175~180	1~2	수분 제거 후 튀김
근채류 튀김	165~175	2~3	속까지 충분히 익어야 하므로 비교적 저온에서 오래 조리
프리터	160~170	1~2	달걀 튀김옷이 타지 않도록 비교적 저온에서 조리
도넛	160	3	당분이 많아 온도가 높으면 타기 쉬우므로 저온에서 조리

(6) 튀김기름의 적정 온도 유지를 위한 사항

① 튀김기름의 양과 재료의 양

튀김 재료의 10배 이상의 충분한 양의 기름을 준비한다. 한 번에 넣고 튀기는 재료의 양은 일반적으로 튀김 냄비 기름 표면적의 1/3~1/2 이내여야 비열이 낮은 기름의 온도의 변화가 적어 맛있는 튀김이 된다. 재료를 넣으면 재료의 온도가 낮아지고 동시에 재료에 존재하는 수분이 증발하여 기화열을 빼앗기므로 기름의 온도가 일단 저하된다.

수분 함량이 많은 식품은 기름 온도를 저하시키므로 미리 어느 정도의 수분을 제거시킨다. 냉동식품을 튀길 경우, 튀김옷을 입힌 식품은 냉동상태에서 가열하고, 옷을 입히지 않은 식품은 반 해동상태에서 튀기는 것이 좋다.

② 튀김 냄비

튀김할 때 온도의 변화를 막기 위해서 두꺼운 금속용기로 직경이 작은 팬을 사용하며 많은 양의 기름을 넣어서 튀길 때 기름온도의 변화가 적다. 철제 팬에 동물성 식품을 튀긴 기름은 식품 중 헤모글로빈과 철화합물이 결합하여 산화촉매 작용으로 산화가 촉진된다.

(7) 튀김기름의 가열에 의한 변화

- 열로 인해 가수분해적 산패와 산화적 산패가 촉진된다.
- 유리지방산과 이물질의 증가로 인해 발연점이 점점 낮아진다.
- 지방의 중합현상이 일어나 점도가 증가한다.
- 튀기는 동안 식품에 존재하는 단백질이 열에 의해 분해되어 생긴 아미노산과 당이 메일라드 반응에 의해 갈색 색소를 형성하여 색이 짙어진다. 특히 생선이나 육류같이 단백질이 다량 함유된 식품의 경우 이 현상이 크게 나타난다.
- 튀김기름의 경우 거품이 생성되는 현상이 나타나는데, 처음에는 비교적 큰

거품이 생성되며 쉽게 사라지나 여러 번 사용할수록 작은 거품이 생성되며 쉽게 사라지지 않는다.

3. 유지의 저장

1) 유지의 변향

유지의 지방산의 이중결합이 산소와 반응하여 생성되는 알데히드에 의해 나타나며 절은 냄새의 원인이다. 리놀렌산이 많은 콩기름의 경우 변향이 잘된다.

2) 산패

유지의 산패는 열을 가하거나, 장기간 저장하여 일어나는 불쾌한 냄새, 맛의 저하, 영양가 저하 등 품질 저하 현상을 말하며, 원인에 따라 가수분해에 의한 산패와 산화에 의한 산패로 분류할 수 있다.

(1) 가열에 의한 산패

① 중합(polymerization)

지방 분자가 농축되어 큰 지방 분자를 형성하게 됨에 따라, 점성이 높아지고 영양가가 손실된다. 불포화도가 높은 기름이나 튀김용으로 반복하여 사용한 기름 등에서 발생한다.

② 산화(oxidation)

음식을 튀길 때 고온에서 더 촉진된다.

③ 가수분해

기름을 고온으로 계속 가열하면 유리글리세롤이 분해되어 점막을 자극하는 아크롤레인(acrolein)이 형성된다.

가수분해: TG(중성지방) + $3H_2O$ → glycerol + 3 FFA(유리지방산)

(2) 산화에 의한 산패

유지는 공기 중에 노출되면 산소와 반응하여 산화하게 되어 불쾌한 냄새와 맛을 주며 영양가도 저하되고 결국에는 독성을 나타내게 된다. 이는 자연 발생적으로 일어나게 되므로 자동산화(autoxidation)라고 한다. 이때 불포화지방산을 많이 가질수록 산화는 쉽게 일어난다. 불포화도가 높은 식물성 유지나 어유가 쉽게 산화한다. 자동산화는 초기반응, 연쇄반응, 하이드로퍼옥시드(hydroperoxide)의 분해반응, 종결반응의 단계로 이루어진다. 자극적인 냄새, 맛이 나빠지고 색이 짙어지고 점도가 상승하고, 영양가의 저하와 유독성분 생성이 초래된다.

3) 산패 방지법

- 빛: 지방산화를 촉진시키므로 착색 병을 사용하는 등 빛을 차단시켜야 한다.
- 온도: 높을수록 모든 반응은 속도가 증가하므로 낮은 온도에서 보관한다.
- 산소: 차단시키기 위해 뚜껑을 닫고 적당한 탈산소제나 포장재를 이용한다.
- 사용했던 기름: 이물질을 제거한 후 보관한다.
- 구리, 철 같은 금속: 지방산화를 촉진시키므로 조리도구는 금속을 피하여 스테인레스 스틸을 이용하는 것이 바람직하며, 철을 많이 함유하는 육류, 붉은살 생선 등을 튀긴 기름은 재사용하지 않는 것이 좋다.
- 리폭시제네이즈 같은 지방산화촉진효소를 많이 함유한 두류 등은 오래 저장하려면 가열처리하여 효소를 불활성시킨 것이 좋다.
- 가공식품의 경우 유지의 산패를 방지시키기 위해 항산화제를 첨가할 수 있다.

· 천연 항산화제: 토코페롤(식물성 기름), 세사몰(참기름), 고시폴(면실유)
· 합성 항산화제: BHA, BHT, PG, EP 등

4. 지질가공식품

1) 식물성 유지

식물성 유지를 요오드가에 따라 건성유, 반건성유, 불건성유로 나눌 수 있다.

- 건성유: 요오드가 130 이상으로 공기 중에 두면 쉽게 굳어지는 것으로 들기름, 겨자유가 이에 속한다.
- 반건성유: 요오드가 100~130으로 건성유와 불건성유의 중간적 성질을 가지며 콩기름, 면실유, 참기름, 옥수수유, 해바라기유가 이에 속한다.
- 불건성유: 요오드가 100 이하로 공기 중에 두어도 굳지 않는 것으로 올리브유, 피마자유, 낙화생유가 이에 속한다.

(1) 대두유

세계에서 많이 사용되고 있는 기름으로 천연 항산화제인 비타민 E를 상당량 함유한다. 혈액 내 중성지방과 콜레스테롤 함량을 낮추는 효과가 있는 것으로 알려진 불포화지방산인 올레산(oleic acid)과 리놀레산(linoleic acid)을 많이 함유하며, 또한 리놀렌산(linolenic acid)도 상당량 함유하므로 지방산화에 주의해야 한다. 샐러드, 조리용 등 다양한 용도로 사용 가능하며 정제된 대두유는 향미가 약하고 발연점이 높아 튀김용으로 특히 좋다.

(2) 옥수수유

옥수수의 배아로부터 분리한 후 동유 처리하여 샐러드유로 많이 사용되고 있다. 지방산의 조성은 대두유와 비슷하여 용도도 튀김, 샐러드, 조리용으로 사용되고 있으며 마가린, 쇼트닝, 마요네즈의 원료로 이용되고 있다. 발연점이 높아 튀김용으로 적당하다.

(3) 면실유

목화를 섬유용으로 사용하고 부산물로 얻어지는 종실을 이용하여 튀김용과 동유 처리 후 샐러드용으로 사용되고 있다. 쇼트닝, 마가린의 원료로 이용하고 있으며, 항산화력이 있으나 독성이 강한 고시폴(gossypol)을 함유하므로 정제하여 사용하여야 한다.

(4) 참기름

참깨를 볶은 후에 압착법을 사용하여 짜낸 기름으로 특유의 고소한 향미를 주며, 우리나라 요리에서 무침용으로 사용하고 있다. 불포화지방산이 80%이며, 이 중 올레산(oleic acid)과 리놀레산(linoleic acid)이 대부분을 차지한다. 참기름은 천연 항산화제인 토코페롤과 세사몰(sesamol)을 함유하고 있다. 튀김용으로는 부적당하다.

(5) 올리브유

올리브유는 참기름, 들기름처럼 독특한 향을 갖고 있으며, 클로로필 때문에 연한녹색을 갖고 있으며 지중해 지역에서 많이 이용되고 있다. 그러므로 질이 좋은 올리브유는 향을 잃지 않는 압착법을 사용한다. 혈액 내에서 중성지방과 콜레스테롤 함량을 낮춰 주는 작용을 갖고 있다고 알려진 올레산을 다량 함유하고 있다. 요즈음 우리나라에서도 올리브유의 장점이 알려짐에 따라 이용이 증가하고 있다. 독특한 향과 색으로 이탈리아 요리, 샐러드유로 사용하거나 빵에 찍어 먹는 등 널리 사용되고 있으나, 정제하지 않은 올리브유는 발연점이 낮아 튀김용으로 적당하지 않다.

① 엑스트라 버진(extra virgin)

산도 0.8% 이하의 최상급으로 낮은 온도에서 압착법에 의해 기름을 추출하므로 특유의 향과 색을 갖고 있다.

② 버진(virgin)

산도 2% 미만으로 엑스트라 버진처럼 압착법에 의해 기름을 추출하므로 향이 좋다.

③ 퓨어(pure) 올리브유 또는 포마스(pomace)

압착법에 의한 버진 올리브유와 추출법으로 정제한 올리브유를 혼합한 기름으로 경제적이지만 향이 덜 강하다.

(6) 들기름

들깨를 압착법으로 추출하여 독특한 향이 살아 있는 유지로 다른 식물성 기름과 달리 오메가-3 지방산인 리놀렌산(linolenic acid)이 약 50~60%로 많이 들어 있으며, 참기름과 달리 천연 항산화제 함량이 낮아 쉽게 산화되므로 저장성이 떨어져 냉장고에 보관하는 것이 좋다.

(7) 코코넛유 · 팜유

코코넛유(coconut oil)와 팜유(palm oil)는 식물성 유지이지만 포화지방산의 함량이 많아 상온에서 반고체를 이루며 산화에 비교적 안정하며 장기간 보존이 가능하므로 식품산업에서 많이 이용되고 있다. 그러나 혈액의 중성지방과 콜레스테롤 농도가 높아지는 건강상 문제를 일으킬 수 있다.

(8) 코코아버터

카카오콩을 볶아 특이한 방향이 나게 한 다음 과육을 압착하여 얻은 지방으로 팔미트산(26%)과 스테아르산(34%) 등 포화지방산의 함량이 놓아 녹는점이 30~36℃로 체온에 쉽게 용해되는 점이 특징으로 초콜릿의 원료로 이용된다.

2) 동물성 유지

(1) 버터

우유에서 분리된 유지방의 크림(cream)을 가열하여 살균과 리파아제를 불활성화시킨 후 교반과정을 거쳐 유장을 제거한 지방 80%, 수분 16%, 우유 고형질 4%로 구성된 유화액이다. 이때 교반과정을 통하여 수중유적형 유화액인 크림이 유중수적형 유화액인 버터로 바뀌게 된다. 이 교반과정은 지방구를 둘러싸고 있는 인지질막을 깨지게 하여, 우유의 지방이 서로 엉겨 붙게 된다.

버터의 특유한 풍미는 다이아세틸(diacetyl), 프로피온산(propionic acid), 초산(acetic acid) 등 저급지방산에 의한 것이다. 노란색은 우유 지방에 함유된 카로틴(carotene)에 의한 것이다. 버터는 발효를 시킨 버터와 발효시키지 않은 버터, 향을 첨가하여 만든 버터 등 여러 종류가 나오고 있다. 우리나라에 시판되고 있는 대부분의 버터는 당류를 첨가한 발효시키지 않은 버터이다.

(2) 라드

돼지의 지방을 수증기나 건열로 추출하여 정제시킨 지방이다. 질이 좋은 라드는 색이 희고 냄새가 나지 않는 것으로 복부 부위에서 얻어진 지방이 이에 속한다.

라드를 구성하는 지방은 주로 포화지방산이나, 우지보다는 포화도가 낮아 융점이 우지보다 낮고, 쇼트닝 작용이 크나 크리밍성은 약하여 케이크 등에서는 문제가 될 수 있다. 또한 발연점이 높지 않아 튀김용으로는 부적합하다. 요즘에는 식물성 기름으로 만든 라드의 대용품인 쇼트닝이 더 많이 사용되고 있다.

(3) 어유

어종에 따라 지방산이 상당히 차이가 있으나 대부분 불포화지방산을 많이 함유하여 상온에서 액체를 이룬다. 특히 EPA나 DHA같은 오메가-3계열 다가불포화지방산을 많이 함유하고 있어 관상 심장질환을 감소시키며 뇌세포 구성 물질로 관심을 받고 있다. 그러나 이러한 다가불포화지방산은 이중결합이 많아 공기 중에서 쉽게 산화하므로 저장에 주의를 해야 한다.

(4) 우지

소의 내부 지방조직으로부터 얻어지는 연한 황색의 고체지방으로 융점이 높아 식으면 고형으로 변하기 쉽다.

3) 가공유지

(1) 마가린(margarine)

나폴레옹 전쟁 시 버터 대용으로 사용하기 시작한 것으로, 버터와 비슷하게 약 85%의 지방과 약 15%의 수분으로 구성된 유중수적형 유화액이다. 마가린은 대두유, 옥수수유 등 식물성 유지를 원료로 하여 탈취 정제한 후 원하는 정도 만큼 수소화시켜 경화를 이룬 다음, 유화제, 비타민 A, 비타민 D, 버터향을 위한 다이아세틸(diacetyl), 탈지고형분, 색소, 소금을 혼합하여 교반시켜 만든다.

필수지방산인 리놀레산(linoleic acid), 아라키돈산(arachidonic acid)의 함량이 높은 옥수수, 해바라기씨유 등을 이용하여 다가불포화지방산 함량이 보통 마가린보다 많이 들어 있도록 만들게 되면 상온에서 보다 액체상으로 있는 비율이 높아 소프트 마가린이 된다.

마가린은 가격이 저렴하며 식물성 유지로부터 만들어져 콜레스테롤 함량이 낮아 건강상 좋은 면도 있으나, 수소화 과정에서 생성되는 트랜스지방산이 문제로 제기되고 있다. 보통의 마가린보다 물의 함량을 약 2배로 늘려 지방 함량을 약 40% 함유한 다이어트 마가린과 공기를 투여하여 부피를 증가시켜 만든 지방 함량 약 60%인 휩트(whipped) 마가린이 새로 만들어져 사용되고 있다.

(2) 쇼트닝(shortening)

쇼트닝은 라드의 대용품으로 초기에는 동물성 유지와 수소 처리한 식물성 유지를 혼합하여 만들었으나, 지금은 식물성 유지만 이용하여 원하는 경도를 이룰 수 있게 수소화시키며, 질소나 공기를 혼입시켜 크리밍성과 가소성(plasticity)을 증진시키며 색을 더 희게 만든다. 수소화로 인해 불포화도가 낮아져 산화에 대해 보다 안정하므로 식품업계에서는 이를 튀김용으로도 널리 사용하고 있으나, 트랜스지방이 생성되므로 주의가 필요하다.

쇼트닝의 특징은 무색, 무미, 무취이며, 작용은 쇼트닝성, 크리밍성이 뛰어나고, 보통 모노글리세라이드(monoglyceride: MG)와 다이글리세라이드(diglyceride: DG)를 첨가시켜 반죽 시 유화제 작용을 하므로 빵, 쿠키, 케이크 등 제빵과 제과에 널리 이용되고 있다.

• Colo
• Body
• Textu

Chapter 15

조리원리와 관능평가

1. 관능적 특성

관능적 요소는 음식 품질의 요소인 미생물적, 영양적 요소와 함께 3대 요소라 할 수 있다.

1) 기호

기호란 어떤 사물을 즐기고 좋아하는 것을 말하는데, 자라온 환경에 의하여 형성되는 개인의 습관과 해당 물질의 품질에 의하려 영향을 받는다. 따라서 음식이나 식품의 품질은 그에 대한 기호를 결정하는 데 매우 중요한 역할을 한다.

2) 음식과 식품의 품질

음식이나 식품의 품질 평가요소에는 다음과 같은 것들이 있다.

- 양적 요소: 무게, 부피, 고형분 함량, 수량 등이며, 실험적으로 측정하거나 목측하여 알아볼 수 있다.
- 영양적 요소: 식품의 영양적 조성 및 함량, 영양소의 질 및 효율 등이다.
- 위생적 요소: 영양 저해물질, 독성물질, 유해 미생물의 유무 등이다.
- 관능적 요소: 맛, 외관(모양, 색), 향(냄새), 질감, 소리 등이며, 우수한 영양과 위생을 갖춘 음식이라도 맛이 없어 먹지 않으면 소용이 없기 때문에 관능적 요소는 음식의 품질 평가에서 매우 중요한 위치를 차지한다. 음식의 상태(객체)를 오감으로 느끼는 특성을 관능적 특성이라 한다.

2. 관능평가

고객관점에서의 평가도 중요하지만, 과학적인 품질기준도 중요하다. 가장 중요한 요소는 풍미(flavor), 질감(texture), 외관(appearance), 점도(consistency), 영양가(nutritional value), 안전성(safety), 편리성(convenience), 저장성(storage stability), 포장성(packaging)으로 음식의 화학적 · 물리적 측정요소와 음식에 대한 고객의 수용요소로 볼 수 있다.

- **모양 평가 용어(appearance)**

시각적으로 보이는 요소

구분				
색상	푸른색(blueness)	어두운색(dark)	녹색(greeness)	빨간색(redness)
	밝은색(bright)	희미한 색(dull)	밝은색(light)	흰색(white)
	갈색(brownness)	회색(grayness)	엷은 색(pale)	노란색(yellowness)

구분			
기타요소	맑은(clear)	가라앉은(irridescent)	혼탁한(scum)
	반투명한(translucent)	흐린(cloudy)	광택 있는(lustrous)
	침전기 있는(sediment)	투명한(transparent)	거품 있는(frothy)
	더러운(muddy)	빛나는(shiny)	통일된(uniform)
	광택 있는(glossy)	우중충한(opaque)	반짝거리는(sparkling)

물리적 요소

부러진(broken)	큰(large)	둥근(rounded)
완만한(smooth)	푸석푸석한(crumbly)	가벼운(loose particles)
오그라든(shriveled)	섬유질의(stringy)	굳은(curdled)
중간의(medium)	시든(shrunken)	일정한 모양의(uniform shape)
평평한(flat)	거친(rough)	작은(small)
불규칙한(irregular)	일정한 크기의(uniform size)	

• **향과 입안에서의 맛 평가 용어(aroma and flavor by mouth)**

탄 맛(burned)	달걀 맛(eggy)	약 맛(medicinal)
강한 맛(scorched)	버터 맛(buttery)	생선 맛(fishy)
너트 맛(nutty)	향료 맛(spicy)	캐러멜 맛(caramelized)
꽃 맛(floral)	불쾌한 맛(putrid)	풀 먹인 맛(starchy)
우유 맛(dairy-like)	과일 맛(fruity)	썩은 맛(rancid)

• **품질판단 평가 용어(quality judgments)**

좋은(acceptable)	신선한(fresh)	낮은(low)	적절한(optimum)
매력 있는(appealing)	완벽한(full-bodied)	기분 좋은(mellow)	즐거운(pleasing)
섬세한(delicate)	보통(good)	정상적인(normal)	모자라는(poor)
바람직한(desirable)	높은(high)	불만인(objectionable)	풍부한(rich)
훌륭한(excellent)	이상적인(ideal)	불쾌한(obnoxious)	싱싱하지 않은(stale)

• **맛과 화학적 느낌 요소 평가 용어**

수렴성의(astringent)	탄(burning)	날카로운(sharp)	달콤한(sweet)
쏘는 듯한(biting)	찬(coolness)	신(sour)	떫은(tart)
쓴(bitter)	짠(salty)		

• **질감 요소 평가 용어(textural attributes)**

일정한 모양을 유지하려는 성질(consistency)

액체의(liquid)	빳빳한(stiff)	두꺼운(thick)
점액의(viscous)	흐르는(runny)	시럽 같은(syrupy)
얇은(thin)	물 같은(watery)	가냘픈(slimy)

기하학적 요소(geometrical properties)

침식된(abrasive)	유리 같은(crystalline)	낟알의(granular)
거친(rough)	부푼(aerated)	편평한(even)
불규칙적인(irregular)	날카로운(sharp)	일정한(regular)
가느다란(fine)	덩어리의(lumpy)	완만한(smooth)
구슬모양의(beady)	조각의(flaky)	구멍 있는(porous)
실 같은(stringy)	잘라진(broken)	울퉁불퉁한(uneven)
납작한(flat)	일정한(uniform)	가루 같은(powdery)
세포질의(cellular)	보풀보풀한(fluffy)	부풀은(puffy)
크리미한(creamy)	낟알 모양의(grainy)	무정형의(amorphous)

기계적인 요소(mechanical deformation)

달라붙는(adhesive)	탄성 있는(elastic)	가루 모양의(mealy)
뻣뻣한(stiff)	튀는(ouncy)	딱딱한(firm)
페이스트리(pastry)	끈끈한(sticky)	파삭한(brittle)
부서지는(fracturable)	플라스틱(plastic)	진득한(tacky)
잘 씹히지 않는(chewy)	부서지기 쉬운(friable)	고무 같은(rubbery)
부드러운(tender)	결합력 있는(cohesiveness)	끈적한(gooey)
짧은(short)	투스팩킹(toothpacking)	바삭한(crisp)
점착성의(gummy)	부드러운(soft)	거친(tough)
아드득 아드득하는(crumbly)	딱딱한(hard)	고형의(solid)
아삭아삭한(crunchy)	부드러운(limp)	축축한(springy)

입안에서 잘릴 때의 수분과 유분성분의 느낌(mouth feel)

건조한(dehydrating)	기름기 있는(greasy)	축축한(moist)
침이 나오는(saliva-inducing)	마른(dry)	수분이 많은(juicy)
입안을 감도는(mouthcoating)	물기 많은(soggy)	

1) 화학적 요인

(1) 맛

맛은 음식에 대한 만족도를 결정짓는 가장 중요한 요소이며, 식욕을 증진시키고 식사 중의 만족감을 줄 뿐 아니라 음식의 소화 흡수에도 영향을 준다.

① 맛을 느끼는 감각기관

혀 표면이나 연구개에는 맛을 감지하는 미뢰(taste bud)가 존재하는데, 이곳의 미각 수용체 자극이 미각 신경을 따라 대뇌중추에 전해져 맛을 느끼게 된다. 일반적으로는 혀의 다른 영역에서 다른 맛을 느끼는 미각 분포지도가 있다고 해왔으나, 맛을 느끼는 특성은 혀의 모든 영역에서 같으며 부위에 따른 차이가 없다.

② 다섯 가지 기본맛

맛은 헤닝(Henning, 1924년)이 단맛, 짠맛, 신맛, 쓴맛을 네 가지 기본맛(4원미)으로 한 것에서 시작하여, 현재는 이 네 가지 기본 맛에 감칠맛을 더하여 다섯 가지 기본 맛으로 분류하고 있다.

- 단맛: 단맛(sweet taste)을 내는 물질은 크게 당질 감미료와 비당질 감미료가 있으며, 이들 물질들은 상대적인 감미도가 다르다.
- 짠맛: 짠맛(salty taste)을 내는 물질은 소금(NaCl)이며, 음식으로 적당한 농도는 사람의 체액과 비슷한 0.85% 정도를 기준으로 하고 있다.
- 신맛: 식품이나 음식의 신맛(sour taste)은 주로 맛이 좋은 유기산에서 나오며, 향기를 동반하는 경우가 많아 향미를 더해 미각을 자극하여 식욕을 증진시킨다.
- 쓴맛: 쓴맛(bitter taste)을 내는 물질은 소수성기를 가진 것이 특성이다. 약간의 쓴맛은 기호도를 높이는 작용을 하여 식품의 맛에 좋은 영향을 주므로, 이들 제품은 주로 기호품으로 분류되는 것이 많다.

- 감칠맛: 감칠맛(palatable taste, umami)은 1908년 다시마의 감칠맛이 L-글루탐산에 의한 것으로 밝혀지고 그 후 혀 표면의 수용체도 발견되어, 네 가지 기본 맛의 혼합에 의해 생기는 맛이 아닌 독립된 맛으로 인정되어 다섯 가지 기본 맛의 하나가 되었다. 동양에서는 예로부터 간장, 된장, 고기즙, 생선즙, 조개류, 젓갈류, 해조류, 버섯 등에서 감칠맛을 얻어 왔다.

③ 기타의 맛

이상의 다섯 가지 기본 맛 외에 혀나 구강 점막 등을 직접 자극하는 통각, 온각 등을 통하여 느끼는 매운맛이나 떫은맛, 아린 맛 등이 있다.

- 매운맛: 매운맛(hot taste)은 혀, 구강 및 비간 점막 등을 직접 자극하는 통각으로 느껴지며, 식품의 종류에 따라 함유 성분이 달라 느끼는 맛이 약간 차이가 난다. 적당한 매운맛은 맛에 긴장감을 주고 식욕을 증진시킨다.
- 떫은맛: 떫은맛(astringent taste) 성분에는 탄닌 등이 있는데, 이들 성분이 혀 표면의 점막에 닿으면 점막 단백질이 일시적으로 변성되어 미각신경이 마비됨으로써 수렴성(astringent)의 불쾌한 떫은맛은 쓴맛에 가깝게 느껴져, 특히 포도주나 차의 극히 약한 떫은맛은 다른 맛과 조화되어 독특한 향미를 자아내어 기호에 영향을 준다.
- 아린 맛: 아린 맛(acrid taste)은 쓴맛과 떫은맛이 함께 어우러져 나타나는 불쾌한 맛인데, 토란, 우엉, 가지, 고사리, 죽순 등의 아린 맛 성분은 호모젠티스산(homogentisic acid)이다.

(2) 냄새(향)

① 냄새를 느끼는 감각기관

냄새 성분은 휘발성이므로 코 위쪽에 있는 후각상피에 녹아 상피 중에 분포되어 있는 후각세포의 섬모에 닿아 후각세포를 자극하면 이 자극이 후각신경을 통해 뇌에 전달되어 냄새를 느끼게 된다. 사람의 후각은 10^{-9} M 정도의 매우 낮은 농도의 물질의 냄새도 느낄 만큼 매우 예민하다. 그러나 같은 냄새를 오래 맡게 되면 후각이 둔화되어 냄새를 느끼지 않게 되고, 이는 다시 회복되는데, 보통 1~10분 내에 둔화현상과 회복현상이 모두 일어난다.

(3) 향미

향미(flavor)는 맛과 냄새가 어우러져 느껴지는 특성을 말한다. 즉 냄새와 맛을 인지하는 화학적 감각이라고 불리는 후각 · 미각적 요소이다.

2) 물리적 요인

음식이 맛있다는 느낌에 영향을 주는 요인으로는 화학적 요인 외에도 색이나 형태 등의 외관, 질감, 온도, 소리 등과 같은 물리적 요인도 있다.

(1) 외관

음식의 외관적 특성은 모양, 크기, 색, 형태, 투명도, 윤기, 외적 결함 등을 판단할 수 있는 시각적 요소이며, 시세포에 의해 지각된다. 이 중 맛이나 식욕 증진과 관련성이 가장 큰 것은 색이며, 색에 따라 관능적 특성을 다르게 느낀다. 즉 음식을 만들 때 함께 사용하는 식품의 색이나 담는 그릇과의 조화 등에 따라서도 느낌이 달라진다. 식품 재료를 색으로 구분해 보면 곡류(흰색), 육류(적색), 채소류(녹색), 근채류(황색), 해조류나 버섯류(흑색) 등이 있다.

(2) 질감

질감(texture)이란 식품에서는 주로 경도나 점도 등을 말하며, 입안에서의 촉각에 의해 평가되는 식품의 물리적 성질을 말한다. 또한 입안의 혀, 잇몸, 입천장, 치아 등의 근육운동에 의한 것과 넘길 때 목에서의 느낌, 손가락 등으로 눌러 볼 때 느끼는 촉각적 요소도 포함된다.

(3) 온도

구강 내 피부 감각에 의해 인지되는 온도는 질감과 함께 음식을 맛있게 느끼는 데에 영향을 주는 요인이며, 맛의 종류에 따라서 그 맛을 느끼는 최적온도가 다르다. 단맛은 당의 종류에 따라서도 아주 다르지만, 온도에 따라서도 달라진다. 맥아당의 상대적 감미도는 온도와 무관하지만, 과당의 상대적 감미도는 온도가 낮을수록 강해진다. 음식이 맛있게 느껴지는 온도는 음식의 종류에 따라 다르지만, 대체로 체온을 중심으로 ±25~30℃ 범위라고 한다. 따라서 음식을 더 맛있게 먹기 위해서는 적절한 온도에서 먹을 수 있도록 하는 것이 중요하다.

(4) 소리

먹을 때 채소의 아삭하는 소리나 과자의 바삭하는 소리, 찌개가 보글보글 끓는 소리, 스테이크가 지글지글 익는 소리 등은 그 음식을 더욱 맛있게 느끼게 하는 소리이다. 일본에서는 면류를 먹을 때에 소리를 내서 먹으면 더 맛있게 느껴진다고 한다.

3) 음식의 관능적 특성에 영향을 주는 요인

(1) 생리적 요인

① 연령과 미각

젊을 때와는 달리 50세 전후부터는 미뢰의 수가 감소함에 따라 미각 감도가 심하게 떨어져 음식의 관능적 특성이 다르게 받아들여진다.

② 온도와 미각

- 음식 자체의 온도와 미각: 맛의 종류에 따라서도 그 맛을 느끼는 최적 온도가 다르며, 단맛은 온도에 따라서도 크게 달라진다. 또한 음식이 맛있다고 느끼는 온도는 음식의 종류에 따라 다르다.
- 계절과 미각: 계절에 따라 온도나 습도의 변화로 인해 식욕이나 음식에 대한

기호가 달라진다. 즉 더운 여름에는 땀도 많이 흘리므로 소금을 적당량 섭취해야 하며 단백질이 적은 산뜻하고 차가운 음식을 선호하는 반면, 추운 겨울에는 체온 상승 작용이 있는 단백질 식품과 열량 보충을 위한 기름기 많은 음식을 선호하게 된다.

③ 맛의 상호작용

맛 성분을 서로 혼합했을 때 다음과 같이 상호작용하여 여러 효과를 나타낸다 〈표 15-1〉.

- 맛의 대비: 서로 다른 맛 성분들이 혼합되었을 경우 주된 성분의 맛이 강하게 느껴지는 것을 맛의 대비현상(taste contrast)이라 한다.
- 맛의 억제: 서로 다른 맛 성분이 몇 가지 혼합되었을 때 주된 성분의 맛이 약하게 되는 것을 맛의 억제(taste inhibition)라 한다. 초절임에 설탕이나 소금을 넣어 주면 신맛이 억제되고, 커피에 설탕을 넣으면 쓴맛이 억제되는 경우이다.
- 맛의 상쇄: 서로 다른 맛을 가진 물질 두 가지가 혼합되었을 때 각각의 고유한 맛이 약해지거나 없어지면서 조화된 맛으로 느껴지는 현상을 맛의 상쇄(taste compensation)라 한다. 김치의 짠맛과 신맛이 상쇄되어 조화롭게 느껴지거나, 청량음료의 단맛과 신맛이 상쇄되어 조화된 맛으로 느껴지는 경우이다.
- 맛의 상승: 같은 종류의 맛을 내는 물질 두 가지를 서로 섞으면 각각 가지고 있는 맛의 이론상의 값보다 훨씬 강하게 느껴지는 것을 맛의 상승효과(taste synergistic effect)라 한다. 다시마와 다랑어포를 함께 넣어 만든 국물은 MSG와 IMP 간의 상승효과로 인해 훨씬 더 맛있게 느껴지는 맛을 낸다.
- 맛의 피로(순응): 같은 맛을 지속적으로 맛보면 맛이 변하거나 미각이 둔해져 느끼지 못하게 되는 것을 맛의 피로나 순응(taste fatigue)이라 한다.

〈표 15-1〉 맛을 혼합했을 때의 상호작용

분 류	맛의 혼합	효과	실제 예
대비작용	단맛(주) + 짠맛	단맛이 강하게 느껴짐	단팥죽에 소금 약간 넣음
	감칠맛(주) + 짠맛	감칠맛이 강하게 느껴짐	다시국물에 소금 약간 넣음
	짠맛(주) + 신맛	짠맛이 강해짐	소금 간을 한 무생채에 식초를 넣으면 짠맛이 더 강해짐(저염식 응용)
억제작용	신맛(주) + 단맛	신맛이 약해짐	초절임에 설탕을 넣음
	신맛(주) + 짠맛	신맛이 약해짐	초절임에 소금을 넣음
	쓴맛(주) + 단맛	쓴맛이 약해짐	커피에 설탕을 넣음
상쇄작용	짠맛 + 신맛	조화된 맛으로 느껴짐	김치
	단맛 + 신맛	조화된 맛으로 느껴짐	청량음료
상승작용	MSG+IMP(or GMP)	감칠맛이 강하게 느껴짐	다시마와 다랑어포의 혼합 맛국물

(2) 심리적 요인

음식이 아무리 맛있게 조리되어도 그것을 먹는 사람의 정신적인 불안이나 긴장, 스트레스 정도 등에 따라 미각은 달라진다.

(3) 환경적 요인

사람은 어릴 때부터 익히 먹고 자란 음식에 대한 기호는 일반적으로 긍정적으로 나타나는 반면에, 전혀 경험해 보지 못한 음식에 대해서는 일반적으로 기피하는 경향이 있다. 이렇듯 그 사람을 둘러싸고 있는 식습관이나 식문화, 식탁환경 등의 환경적 요인도 음식의 관능적 특성에 영향을 미친다.

3. 관능검사

1) 관능검사의 정의 및 중요성

관능검사(sensory evaluation)란 음식이나 식품, 물질의 특성을 사람의 미각, 시각, 후각, 청각, 촉각에 의해 인지하고 이를 측정, 분석, 해석하는 것을 말한다.

외식과 급식의 대형화와 식품산업의 발달로 조리 가공된 음식과 식품이 대중화되고 일반화된 현대사회에서는 관능검사가 매우 중요시되고 있다.

2) 관능검사의 적용

식품회사의 연구개발부나 외식 및 급식업체 등에서 신제품 개발이나 제품 개량, 품질 유지, 저장 안정성 검사, 소비자 선호도 조사 등을 위해 관능검사를 실시하여 그 결과를 식품 및 음식연구, 마케팅의 여러 분야에 적용하고 있다.

3) 관능검사 평가원(패널)의 분류 및 선정

관능검사의 목적과 평가원의 능력에 따라 크게 세 그룹으로 분류한다.

- 전문가(expert, connoisseur): 한두 전문가의 의견과 결정이 절대적으로 품질 평가에 반영된다. 예를 들어 맥주나 포도주 등의 주류 감정사, 차 · 커피 등의 기호 음료 감정 전문가, 향료 · 향수를 제조하는 조향사 등이다.
- 훈련된 관능평가원(trained panelist): 주로 검사실, 실험실에서 활동하는 평가원이며 훈련이 되어 있는 평가원이다.
- 소비자(consumer): 조사대상 식품 또는 유사품을 사용하고 있는 사람 중에서 사용하는 계층을 대표할 수 있도록 무작위로 선발하며 최소한 24명 이상이어야 한다.

4) 관능검사실의 환경

- 실내온도 및 습도: 온도는 20~25℃, 습도는 50~60℃를 유지하도록 한다.
- 장소: 소음이 없고 번잡하지 않으면서 모이기 편한 장소가 좋다.
- 구조: 시료의 조리 및 저장이 가능한 준비실과 평가수행 장소로 나누어져 있어야 한다.
- 평가수행 장소의 구조: 개별 칸막이(booth) 10개 정도와 맛을 보며 토론할

수 있도록 원탁이 있는 개방된 공간이 있어야 한다.

- 조명: 자연광과 인공조명을 함께 사용하도록 한다,
- 실내 색: 연회색 등 밝고 안정된 색으로 한다.
- 환기시설: 환기시설을 완비한다.

5) 시료의 준비 및 제시

- 시료의 제조: 정해진 방법에 따라 매번 동일한 조건으로 준비하고, 사용하는 기구 및 용기는 유리, 사기, 스테인리스 재질 등을 사용한다.
- 시료 담는 용기: 자체 냄새가 없으며 시료의 색깔에 영향을 주지 않는 재질을 선택하고, 하나의 계속된 실험 시에는 같은 종류의 용기를 사용한다.
- 시료 제공 분량: 일반적으로 평상시 먹을 때와 같은 상태, 같은 분량을 맛보도록 하며, 3~4번 먹어 볼 수 있는 분량을 제공한다.
- 시료의 번호 부여: 난수표를 이용하여 무작위로 세 자리 숫자를 선정하여 표시한다.
- 시료의 수: 한 번에 많은 수의 시료를 평가하면 정신적 피로만이 아니라 감각의 둔화로 제대로 평가할 수 없게 되므로, 한 번에 검사하는 시료의 수를 조절해야 한다.
- 제공 시 시료의 온도: 일반적으로 일상생활에서 그 식품을 섭취하는 온도로 제공하며, 검사가 진행되는 동안 시료 간에 동일한 온도를 유지하도록 한다.

6) 관능검사 방법

관능검사 측정방법은 비교검사(paired comparison), 순위검사(ranking test) 스케일검사(hedonic scale) 등을 통하여 실행한다.

paired comparison 양식의 예

음식명:

panelist 이름:
날짜:

※두 샘플의 감미도(sweetness)를 비교하여 평가하시오.

코드번호 581 　　　 코드번호 716

의견:

ranking test 양식의 예

음식명:

panelist 이름:
날짜:

※ 머핀의 촉촉함을 평가하여 가장 수분이 적은 샘플 번호부터 적으시오. 다음의 순서대로 평가하시오.

〈212, 336, 471, 649〉

____ 1 　 ____ 2 　 ____ 3 　 ____ 4

hedonic scale 양식의 예

음식명:

panelist 이름:
날짜:

※ 다음의 속성에 관하여 평가하시오.

sweetness	saltiness	crumbliness
□ 매우 좋다	□ 매우 좋다	□ 매우 좋다
□ 좋다	□ 좋다	□ 좋다
□ 보통이다	□ 보통이다	□ 보통이다
□ 싫다	□ 싫다	□ 싫다
□ 아주 싫다	□ 아주 싫다	□ 아주 싫다

의견:

BIO
LEICHT FRUCHTIG
745
744

참고문헌

참고문헌

강성태·윤재영(2002). 식품미생물학. 서울: 형설출판사.

김갑영·박혜원(2012). 조리와 과학의 만남. 충남: 공주대학교.

김귀영·양영숙·윤재영·이춘자·전정원·정외숙·최영희(2017). 발효식품. 경기: 교문사.

김동훈(2015). 식품화학. 서울: 탐구당.

김명곤·김형무·나의식·유승현·채정기·홍재식(2002). 버섯생물학. 서울: 학문사.

김철재·송태희·서희재(2015). 식품과학. 경기: 교문사.

김향숙·오명숙·황인경(2014). 조리과학. 서울: 수학사.

김희섭·이정희·최영희·최정희·윤재영·유혜경(2005). 세계요리 문화 산책. 서울: 도서출판 대가.

김희섭·이정희·최영희·최정희·윤재영·유혜경(2012). 조리의 과학. 서울: 도서출판 대가.

남상명·김덕희·김성옥·오명석·윤인자·정한진(2015). 쉽게 풀어 쓴 조리원리. 서울: 지식인.

농업진흥청 국립농업과학원(2016). 국가표준 식품성분표. 제9 개정판.

농촌진흥청 농업과학기술원 농촌자원개발연구소(2006). 식품성분표(7차 개정).

동아일보(2009. 8. 28.). 냉면이 질길까, 쫄면이 질길까?. 김윤미 기자.

배영희·박혜원·박희옥·정혜정·최은정·채인숙(2003). 식품과 조리과학. 서울: 교문사.

송태희·우인애·손정우·오세인·신승미(2011). 이해하기 쉬운 조리과학. 경기: 교문사.

식품재료사전편찬위원회(2012). 식품재료사전. 서울: 한국사전연구사.

신말식·이경애·김미정·김재숙·황자영(2009). 조리과학. 서울: 파워북.

신말식·이경애·김미정·김재숙·황자영(2011). 조리과학. 서울: 파워북.

안기정·최은희·유창희·고승혜(2016). 똑똑하게 풀어 쓴 조리원리. 서울: 지식인.

안미령·유주연·전태연·나정숙·배현수·이윤정·이미영·조한용(2016). 에센스 조리원리. 경기: 지구문화사.

양일선·이보숙·차진아·이진미·한경수·채인숙·이해영·박문경(2018). 단체급식. 경기: 교문사.

엄우흠·고주희·박은주(2005). 잘먹고 잘사는 법 시리즈 067: 설탕. 경기: 김영사.

우인애·손정우·오세인·신승미(2011). 이해하기 쉬운 조리과학. 교문사.

우인애·이병순·김동희·오세인·송태희(2014). 실험조리. 경기: 교문사.

이애랑·하애화·류혜숙(2016). 식생활관리 2판. 경기: 교문사.

이주희·김미리·민혜선·이영은·송은승·권순자·김미정·송효남(2012). 과학으로 풀어 쓴 식품과 조리원리. 경기: 교문사.

이주희·김미리·민혜선·이영은·송은승·권순자·김미정·송효남(2015). 과학으로 풀어 쓴 식품과 조리원리. 경기: 교문사.

이주희·김미리·민혜선·이영은·송은승·권순자·김미정·송효남(2016). 과학으로 풀어 쓴 식품과 조리원리. 경기: 교문사.

이주희·김미리·민혜선·이영은·송은승·권순자·김미정·송효남(2017). 과학으로 풀어 쓴 식품과 조리원리. 경기: 교문사.

조경련·김미리·김옥선·손정우·송미란·최향숙·최해연(2013). 이해하기 쉬운 식품과 음식재료. 서울: 파워북.

조리교재발간위원회(2002). 조리체계론. 서울: 한국외식정보.

조미자·강옥주·계인숙·김명숙·김병숙·김애정·문숙희·박재희·박희옥·이근종·이미경·이미영·최은영·최진영·한정순(2015). 조리원리 이론과 실습. 서울: 교문사.

조신호 외(2009). 식품학. 경기: 교문사.

조신호 외(2009). 식품화학. 경기: 교문사.

주나미·박상현(2007). 조리과학 및 실험. 서울: 파워북.

주나미·박상현·정은경·김보람·이희정(2015). 조리원리 및 실험. 경기: 파워북.

최지유·권수연·윤지현(2013). 조리원리 및 실습. 경기: 양서원.

축산물품질평가원. *http://www.ekape.or.kr*.

축산유통종합종보센터. *www.ekapepia.com*.

한국대학 식품영양관련학과 교수협의회 편저(2002). 식품학. 서울: 문운당.

한국식품과학회(2008). 식품과학기술대사전. 서울: 광일문화사.

한국식품연구원(2010). 식재료품질규격 가이드. 서울: 다다아트.

한국식품영양학과관련교수협의회(2018). 영양사 요점정리 19판. 서울: 문운당.

한국영양교육평가원 홈페이지. *www.kidee2011.or.k*. "영양사 국가시험 과목별 학습목표".

Bowers, J.(1992). *Food Theory and Applications* 2nd ed. MacMillan.

U.S. Department of Agriculture.

저자소개

강경심

공주대학교 가정교육과 교육학박사
공주대학교 식품과학부 교수

윤재영

이화여자대학교 식품영양학과 이학박사
안산대학교 호텔조리과 교수

이진미

Kansas State University, HRIMD 전공 (Ph.D)
백석문화대학교 식품영양과 교수

최영진

한양대학교 식품영양학과 이학박사
가톨릭관동대학교 가정교육과 교수

최은정

가톨릭대학교 식품영양학과 이학박사
가톨릭대학교 식품영양학과 강사

조리원리

초판 1쇄 인쇄 2018년 8월 10일
초판 1쇄 발행 2018년 8월 13일

지 은 이 | 강경심 · 윤재영 · 이진미 · 최영진 · 최은정
펴 낸 이 | 김기섭
편 집 인 | 이초롱
펴 낸 곳 | 창지사 www.changjisa.com
08589 서울시 금천구 가산디지털 1로 83 파트너스타워 1차 9층
전화 (02)719-2211~3
팩스 (02)701-9386
등　　록 | 1977년 4월 28일 · 제1-421호

ISBN 978-89-426-0998-7 (93590)

값 20,000원

이 도서의 국립중앙도서관 출판예정도서목록(CIP)은 서지정보유통 지원시스템 홈페이지(http://seoji.nl.go.kr)와 국가자료공동목록시스템(http://www.nl.go.kr/kolisnet)에서 이용하실 수 있습니다(CIP제어번호: CIP2018025233).